Python을 이용한 데이터 분석과 시각화

김계수 지음

한나래 아카데미

Python을 이용한 데이터 분석과 시각화

2020년 10월 5일 1판 1쇄 박음
2020년 10월 15일 1판 1쇄 펴냄

지은이 | 김계수
펴낸이 | 한기철

펴낸곳 | 한나래출판사
등록 | 1991. 2. 25. 제22-80호
주소 | 서울시 마포구 토정로 222, 한국출판콘텐츠센터 309호
전화 | 02) 738-5637 · 팩스 | 02) 363-5637 · e-mail | hannarae91@naver.com
www.hannarae.net

ISBN 978-89-5566-240-5 93310

* 이 도서의 국립중앙도서관 출판예정도서목록(CIP)은 서지정보유통지원시스템 홈페이지(http://seoji.nl.go.kr)와 국가자료종합목록 구축시스템(http://kolis-net.nl.go.kr)에서 이용하실 수 있습니다.(CIP제어번호: CIP2020039268)

'개인과 조직의 가치창출의 원천은 무엇일까?' 제가 항상 고민하는 문제입니다. 가치창출은 기본 실력에서 나온다고 생각합니다. 학문에서 문과와 이과의 경계가 사라지고 있는 상황에서 분석기반 데이터 과학(data science)은 전공을 불문하고 모든 사람들이 관심을 가져야 할 영역입니다. 데이터를 바탕으로 한 분석이 올바르다면 기존의 정책, 편견 등을 바로잡을 수 있습니다.

데이터 분석을 통해 새로운 가치를 창출하는 사람들을 데이터 과학자(data scientist)라고 부릅니다. 필자는 데이터 과학자가 갖추어야 할 역량으로 이른바 'MAS'를 강조합니다. MAS는 모델링(Modeling), 분석(Analysis), 전략(Strategy) 수립 능력을 말합니다. 이 세 가지 역량을 갖춘 사람은 문제가 발생했을 때 체계적인 절차와 과정을 거쳐 이를 해결하고 유용한 정보와 지식을 도출해낼 수 있습니다.

그렇다면 MAS를 갖춘 데이터 과학자가 되기 위해 우리는 무엇을 해야 할까요?

$$\sum(D+I)\times ITU=\text{데이터 과학자}$$

공식을 빌어 설명하면 D(Discipline, 끊임없는 훈련)와 I(Innovation, 끊임없는 혁신)를 기반으로 ITU(Intensity of Tech Use, 기술의 사용정도)를 강화해야 합니다. 데이터 분석에 대해 지속적으로 관심을 가지면서 데이터 정제 방법, 새로운 기술과 분석 관련 지식을 습득해야 합니다.

앞으로 학생들이 전공을 불문하고 관심을 가져야 할 영역이 바로 머신러닝과 인공지능입니다. 머신러닝과 인공지능은 두려움의 대상이 아니라 미래에 함께 해야 할 대상입니다. 지인들이 데이터 과학 관련 기초부터 머신러닝과 인공지능까지 체계적으로 다룬 책을 집필하는 것이 어떻겠느냐고 자주 이야기를 해왔습니다. 또 강의를 하거나 컨설팅 용역에 참여했을 때 '데이터 분석을 잘하려면 어느 부분부터 공부를 시작하는 것이 좋은지'를 질문하는 분들이 많았습니다. 이러한 이유로 본서를 기획하게 되었고 데이터 분석의 기본 지식부터 머신러닝과 인공지능까지 관련 지식을 쉽게 다루고자 했습니다.

이 책이 추구하는 목표는 세 가지입니다.

- 데이터 과학에 대한 자신감 배양을 통해 가치창출에 기여한다.
- 활용 예제를 통해 실제적 학습이 이루어지도록 한다.
- 분석 결과에 대한 시각화 방법을 제시한다.

본문은 기초편, 중급편, 고급편으로 나누어 구성하였습니다. 기초편에는 Python과 데이터 과학, 데이터 관리와 시각화에 대한 내용을 담았습니다. 중급편에는 자주 사용하는 데이터 분석 방법을 담았습니다. 그리고 고급편에는 머신러닝, 인공지능, 모델 최적화를 다루었습니다. 수학적, 통계적 기본 지식이 약한 분들도 되도록 쉽게 이해할 수 있도록 기본 내용부터 고급 내용을 체계적으로 풀어냈고 다양한 예제를 담아 실제적 학습이 이루어지도록 하였습니다. 따라서 독자들은 눈으로만 이해하지 말고 꼭 직접 고민하면서 코딩해보길 권합니다. 스스로 생각하면서 타이핑해보는 것이 데이터 분석 지식을 얻을 수 있는 원천입니다.

책에서 사용한 프로그램은 Python과 Jupyter입니다. Python은 누구나 쉽게 사용 가능하고 확장성과 유연성이 높은 프로그램입니다. Jupyter는 아나콘다(Anaconda)가 제공하는 GUI(Graphic User Interface, 그래픽 사용자 환경)입니다. 파이썬은 복잡한 소스코드를 입력할 때는 불편하기 때문에 노트북처럼 편안하게 사용할 수 있는 Jupyter가 편리합니다.

부족한 원고의 출간을 흔쾌히 도와주신 한나래출판사 한기철 대표님, 조광재 상무님, 우정은 편집자님께 감사드립니다. Python 프로그램에 관심을 갖고 있을 때에 프로그램 개발자인 조카 김용성의 도움은 정말 큰 힘이 되었습니다. 이 밖에도 응원해준 여러 지인들에게 감사드립니다. 항상 그렇지만 사랑하는 가족의 기도가 없었다면 책 집필은 불가능했을 것입니다.

아무쪼록 이 책을 읽은 독자들이 자신의 연구 분야와 실무에서 데이터 과학을 기반으로 한 문제 해결에 주도적으로 임할 수 있기를 바랍니다. 그리고 이를 통해 자신의 삶은 물론 사회의 가치창출에 기여할 수 있기를 바랍니다!

2020년 9월

김계수 드림

contents

part 02

중급편

ch. 3 그래프 함수 활용하기

ch. 4 평균비교

ch. 5 상관분석

ch. 6 회귀분석

part 03

고급편

일러두기

- 이 책에서 사용한 데이터는 한나래출판사 홈페이지(www.hannarae.net/) 자료실 → 데이터 자료실과, 깃허브(https://github.com/semlove/P4DS)에서 내려받을 수 있다.
- 실습 데이터를 사용할 때는 Anaconda 프로그램이나 Jupyter 프로그램을 설치한 다음, 로컬 디스크의 사용자(usrer)란에 P4DS 디렉터리(다른 명칭을 부여해도 문제없음)를 만들고, 본서에 쓰인 Jupyter 파일을 저장한 후 이용하면 된다.
- 이 책에서는 Python 3.8버전을 사용해 데이터 분석을 실시하였다.
- 인쇄상 제약으로 시각화 작업의 실제 색을 반영하지 못한 부분이 있다.

part

01

기초편

ch. 1 Python과 데이터 과학

학습목표

- ◆ 데이터 과학에 대해 이해한다.
- ◆ Python의 특징을 파악한다.
- ◆ Python을 설치하고 간단한 예제를 실행한다.

1 데이터 과학

하루만 지나도 온라인과 오프라인상에는 엄청난 데이터가 축적된다. 데이터 관련 업무를 하는 모든 개인과 조직의 임무(mission)는 이처럼 매일매일 쌓여가는 방대한 데이터 속에서 유용한 정보를 추출하여 이해당사자들에게 가치창출 능력을 제공하는 것이라 할 수 있다.

우리는 일상에서 의식적으로든 무의식적으로든 데이터 과학을 경험하게 된다. 데이터 과학과 늘 함께 생활하고 있다고 해도 과언이 아니다. 아침에 일어나 습관적으로, 자신이 선호하는 검색엔진으로 온라인상에서 무엇인가를 검색하고 유용한 정보를 획득했다면 이는 데이터 과학의 결과라고 할 수 있다. 만약 어느 환자가 지난주에 위내시경 검사를 받은 뒤 의사로부터 위염 증세가 있다는 진단과 함께 약을 처방받았다면 이 또한 데이터 과학의 도움을 받은 것이라고 할 수 있다. 또 실시간으로 날씨를 검색해보고 비가 올지 기온은 어떠한지 등을 미리미리 알아볼 수 있는 것도 데이터 과학이 주는 혜택이라고 볼 수 있다.

그런데 우리의 일상이 이러한데도 데이터 과학이나 데이터 과학자라는 용어를 생소해하는 이들이 아직 많다. 데이터 과학이라고 해서 꼭 컴퓨터를 다루는 데 탁월한 소질이 있는 사람만 할 수 있는 것은 아니다. 요즈음은 마음만 먹으면 누구나 뛰어난 프로그램을 활용해 데이터 과학을 경험할 수 있다. 그것을 가능하게 해주는 대표적인 프로그램이 바로 Python(파이썬)이다. 오픈소스 프로그램인 Python은 라이브러리가 풍부하고 다양한 플랫폼에서 사용할 수 있어 누구나 쉽게 데이터 분석을 할 수 있게 해준다.

데이터 과학(data science)이란 어떠한 문제를 해결하기 위해 데이터를 기반으로 기술(description), 예측(forecasting), 통제(control)에 이르는 체계적 과정을 거쳐 유용한 정보와 지식을 추출하고 가치를 창출하는 학문이라고 할 수 있다.

데이터 과학: 데이터를 기반으로 체계적인 절차를 통해서 문제를 해결하고 유용한 정보와 지식, 가치를 창출하는 작업.

데이터 과학자(data scientist)는 수학, 통계학, 컴퓨팅, 데이터 엔지니어링 등 다양한 분야에 대한 지식과 경험을 갖추고 데이터를 기반으로 어떠한 문제를 체계적으로 분석하고 해결방안을 제시할 수 있는 사람이다. 오늘날 데이터 과학을 수행하지 않으면 사회와 조직이 당면하는 복잡한 문제를 해결할 수 없다. 이러한 이유로 전문기관에서는 데이터 과학자를 21세기 가장 유망한 직업군으로 분류하고 있다.

데이터 과학자: 다양한 분야에 대한 지식과 경험을 갖추고 데이터를 기반으로 어떠한 문제를 체계적으로 분석하고 해결방안을 제시할 수 있는 사람.

데이터 과학자가 지녀야 할 역량에는 무엇이 있을까? 필자는 모델링, 분석, 전략 수립 세 가지 역량이 필요하다고 보고 이를 'MAS'라고 칭한다.

- 모델링(Modeling): 해결할 문제에 대한 범위와 내용을 연구모델, 연구가설, 수학식으로 나타낼 수 있는 역량이다. 문제 해결을 위해 데이터를 수집·추출하고 정형데이터와 비정형데이터에서 변수를 추출하는 능력 등이 포함된다.
- 분석(Analysis): 모델링을 거치고 데이터를 확보한 다음 기본 통계분석 지식, 고급통계분석 지식, 고급 알고리즘을 통해서 데이터의 패턴을 발견해내거나 추정과 가설검정을 할 수 있으며 분석 결과를 시각화할 수 있는 역량이다.

- 전략(Strategy): 통계분석 결과가 주는 의미를 정확하게 인지하여 결과를 호소력 있게 전달하고, 분석 결과를 기반으로 차별적인 전략을 수립하며 프레젠테이션을 할 수 있는 역량이다.

데이터 과학자의 역량: MAS, 모델링(Modeling)-분석(Analysis)-전략(Strategy).

그렇다면 이러한 역량을 지닌 데이터 과학자로 거듭나기 위해서는 어떠한 자세가 필요할까? 다음과 같은 식을 제시할 수 있다.

$$\sum(D+I) \times ITU = \text{데이터 과학자}$$

여기서 D는 끊임없는 훈련(Discipline), I는 끊임없는 혁신(Innovation), ITU는 기술의 사용정도(Intensity of Tech Use)를 나타낸다. 즉 데이터 과학자는 끊임없는 훈련을 통해 분석 역량을 키워야 하고, 혁신하는 자세를 견지해야 하며, 새롭게 등장하는 기술에 대한 사용정도를 높여야 한다.

2 Python

2-1 Python

Python은 확장성과 유연성이 뛰어나 어떤 플랫폼에서도 구현 가능하다. Python은 누구나 사용하기 쉽고 어떤 플랫폼에서도 구현할 수 있는 프로그램을 만들어야 한다는 귀도 반 로섬(Guido van Rossum)의 기본 철학에 의해 1989년 개발되었다. 이에 오늘날 많은 사람들이 Python을 이용해 데이터 분석 작업을 효율적으로 수행하고 있다. 아울러 Python은 연구자들에 의해 무수히 많은 수학 관련 라이브러리가 시시각각 개발되고 있어 분석자들이 상대적으로 손쉽게 데이터 분석 작업을 수행해 큰 성과를 거둘 수 있다.

Python 향상 제안서(Python Enhancement Proposals, PEPs)를 보면 '살아 있고 지속적으로 증가하는 언어를 통해서 데이터 분석에 종사하는 사람들뿐만 아니라 개발자들이 무수히 많은 유용한 어플리케이션을 개발할 수 있게 한다'는 내용이 담겨 있다. 이러한 취지에 대해서는 많은 사람들이 공감을 표시하고 있다. 데이터 분석에 관심 있는 사람들이나 다양한 기업에서 Python을 사용하는 이유는 다음과 같다.

- 비상용 프로그램(noncommercial program): Python은 무료이며 오픈 소스이다. 누구나 언제 어디서든지 마음만 먹으면 자유롭게 사용할 수 있어 가성비가 높은 프로그램이다.
- 라이브러리 지원(library support): Python은 한 개인이나 조직에서만 사용할 수 있는 라이브러리를 넘어 수많은 라이브러리를 지원하고 있다. 자료에 대한 정규적인 표현, 시계열화, 압축, 다양한 분석 등이 가능하다. 라이브러리(library)란 일종의 프로그램 코드덩어리(코드묶음)로, 다른 프로그램에서는 라이브러리 속에 구현된 코드를 호출해서 사용할 수 있다. 라이브러리 안에는 다양한 함수가 통합되어 있는 모듈(module)이 있다.
- 병렬처리(parallel processing): Python을 이용하면 여러 작업을 동시에 실시할 수 있어 병렬처리가 가능하다. 예를 들어, 지역별 날씨예보를 지원하는 기상예보 시스템에서 날씨 정보와 도시 정보를 동시에 연동할 수 있다.
- 데이터 접근(data access): 거대한 데이터를 항상 메모리에 저장해둘 수는 없기 때문에 대용량의 데이터를 클라우드(cloud)에 저장하는 것이 일반적이다. Python은 클라우드에 저장된 데이터에 접근하고 처리할 수 있는 작업을 용이하게 해준다. 또한 시베이스(Sybase), 인포믹스(Infomix), 오라클(Oracle), 마이에스큐엘(MySQL) 등의 데이터베이스에 접근할 수 있는 도구를 제공한다.
- 데이터 표현(data display): 데이터 분석 과정을 거쳐 결과를 표현하는 다양한 라이브러리로 텍스트 형태나 시각화 형태 결과물을 보여줄 수 있다.

2-2 데이터분석을 위한 라이브러리

Python을 이용하여 데이터 분석을 하기 위해 필요한 기본적인 라이브러리는 다음과 같다.

- SciPy(http://www.scipy.org) : 수학적인 계산이나 최적화를 목적으로 수학, 과학, 엔지니어링 분야 문제를 해결하기 위해 지원되는 라이브러리로 scikit-learn, scikit-image, statsmodel 등 세부 라이브러리가 지원된다. Scipy를 설치하면 Numpy, SciPy, matplotlib, Jupyter, Sympy, pandas 등의 라이브러리와 동시에 작업을 할 수 있다.
- Numpy(http://www.numpy.org) : n-차원의 행렬(matrix)을 효율적으로 관리해주는 라이브러리다. Numpy 라이브러리를 통해서 선형대수(linear algebra), 푸리에 변환(Fourier transform), 난수생성(random number generation) 등의 작업을 할 수 있다.
- Pandas(http://pandas.pydata.org/) : 데이터 구조와 데이터 분석 툴을 지원하는 라이브러리다. Pandas는 데이터 분석과 모델링 지원으로 데이터 분석 업무를 빠르고 효율적으로 수행할 수 있도록 도와준다. Pandas의 기능 때문에 Python이 R프로그램과 유사하다고 생각하는 사람들도 있다.
- scikit-learn(http://scikit-learn.org/stable/) : Numpy와 SciPy에 의해 구축된 scikit 라이브러리의 하나로 분석자들이 데이터 분석과 데이터마이닝 등 특정 업무를 수행하도록 도와주는 라이브러리다. scikit-learn에서 지원하는 기능은 분류(classification), 회귀(regression), 군집(clustering), 차원축소(dimensionality reduction), 모델선택(model selection), 사전처리(preprocessing) 등이다.
- matplotlib(http://matplotlib.org) : 2차원 그래프 작성과 상호작용 그래프를 구현해주는 라이브러리다. matplotlib 라이브러리가 없으면 시각적인 결과물을 생성할 수 없어 외부 사람들과 의사소통하는 것이 불가능하다.
- Keras(https://keras.io)와 TensorFlow : Keras는 어플리케이션 프로그래밍 인터페이스(Application Programming Interface, API)로 딥러닝 모델 학습에 사용된다.

일반적으로 API는 처리할 모델에 대하여 하나의 실행결과만을 제공하지만 Keras는 하나의 실행결과를 제공하지 않기 때문에 유용하다. Keras와 같은 기능을 하는 것이 구글이 제공하는 TensorFlow이다.

3 Python 운용

3-1 Python 설치

1단계: Python 홈페이지(www.python.org/downloads)를 방문하여 가장 최신 버전을 다운로드한다(이 글을 작성하고 있는 시점에서 최신 버전은 3.8버전이었음).

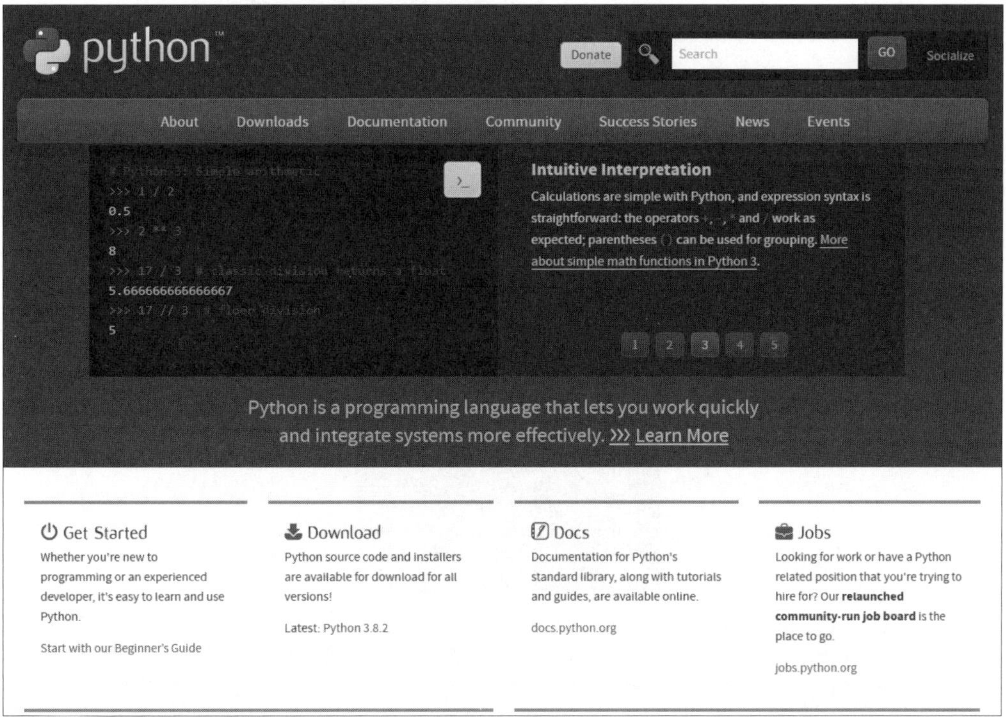

[그림 1-1] Python 홈페이지

2단계: 다음 화면에서 'Install Now' 단추를 누른다. 모든 사용자에게 권장사항인 Install launcher for all users (recommended)를 클릭한다. 또한 Python을 어느 프로그램이나 경로에서든 사용할 수 있도록 하기 위해서 'Add Python 3.8 to PATH'를 클릭한다.

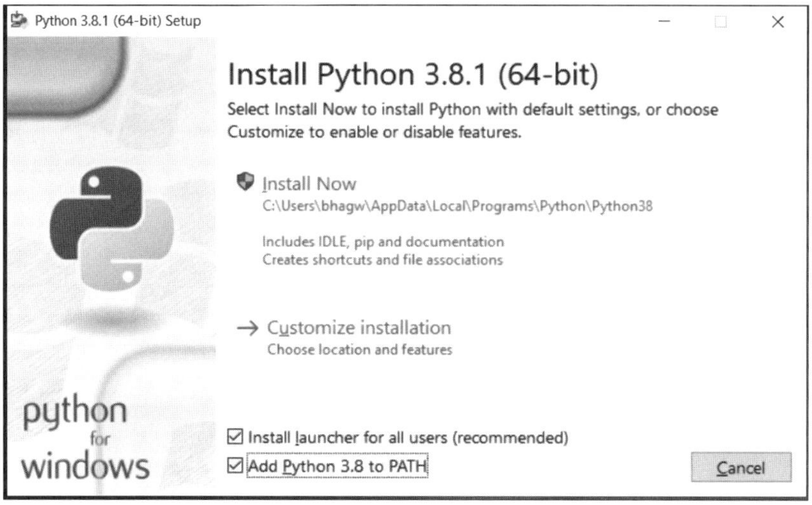

[그림 1-2] Python 설치 화면

3단계: 설치가 완료되면 Close 단추를 누르고 종료한다.

4단계: Python 프로그램이 정상적으로 설치되었는지를 알아보기 위해서 프로그램 메뉴에서 시작 → 모든 프로그램 → Python 3.8을 눌러 확인한다.

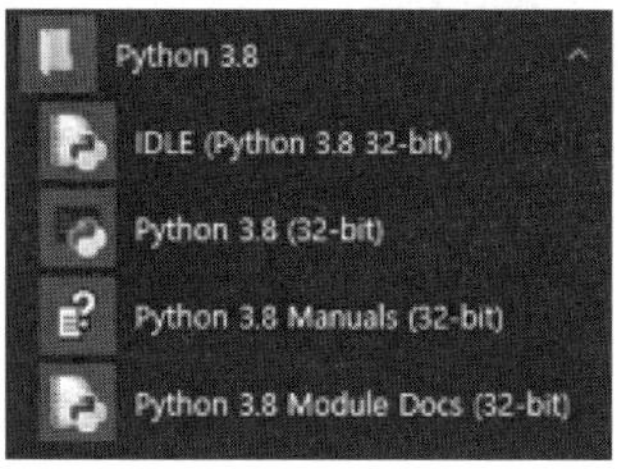

[그림 1-3] Python 설치 프로그램

3-2 Python 기본 내용 직접 해보기

1) Python 실행해보기

모든 일이 그렇듯이 데이터 분석에 있어서도 분석자가 프로그램을 직접 실행해보지 않으면 지식과 경험이 쌓이지 않는다. 직접 다뤄보는 것이 실력을 축적하는 지름길이다. 백 번 듣는 것보다 한 번 보는 것이 낫고, 백 번 보는 것보다 한 번 실행해보는 것이 낫다(百聞以 不如一見 百見以 不如一行).

1단계: Python 프로그램을 실행하기 위해 프로그램 → Python 3.8 → Python 3.8(32-bit)을 선택하면 다음과 같은 화면이 나타난다.

```
Python 3.8.1 (tags/v3.8.1:1b293b6, Dec 18 2019, 22:39:24) [MSC v.1916 32 bit
(Intel)] on win32
Type "help", "copyright", "credits" or "license" for more information.
>>>
```

2단계: >>> 옆에 값이나 수식을 입력하고 자판의 엔터를 누르면 결과를 곧바로 확인할 수 있다. 이처럼 명령어를 입력하면 바로 실행되는 대화형 모드의 프로그램 작성창을 대화형 인터프리터 또는 Python 셸(Python shell)이라고 부른다. 3개의 꺽은 화살표는 수식이나 값을 입력하기 위한 명령 프롬프터(prompt)라고 부른다.

```
>>> 2+5
7
```

3단계: 대화형 인터프리터를 종료할 때는 화면 오른쪽 상단의 [×] 닫기 단추를 누른다.

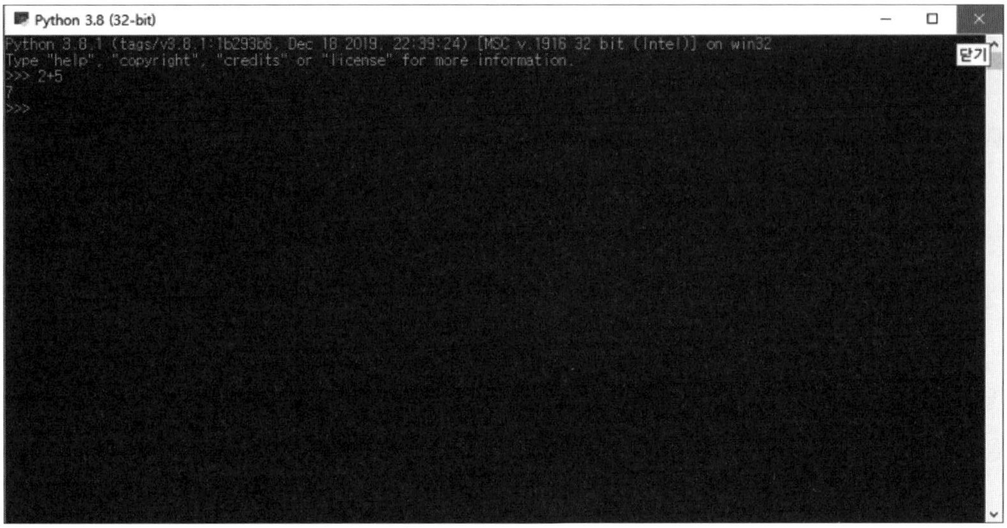

[그림 1-4] Python 종료하기

2) Python 기본 문법 실행해보기

(1) 사칙연산

Python을 이용하면 일반 계산기처럼 쉽게 사칙연산을 할 수 있다.

```
>>> 2+3
5
>>> 3-2
1
>>> 2*3
6
>>> 3/2
1.5
```

(2) 변수 이용 계산

변수에 수치를 대입하고 다음과 같이 결과값을 얻을 수 있다.

```
>>> a=2
>>> b=3
>>> a+b
5
```

변수에 문자를 대입하고 결과물을 얻을 수 있다. print(변수) 또는 변수만을 적고 곧바로 엔터키를 누르면 결과를 얻을 수 있다.

```
>>> a="Hello, World"
>>> print(a)
Hello, World
```

```
>>> a="Hello, World"
>>> a
'Hello, World'
```

혹시 변수나 문자에 에러가 있어 수정해야 할 상황이 발생하면 당황하지 말고 자판의 상(▲), 하(▼) 단추를 눌러 내용을 교정하고 다시 실행하면 된다.

(3) if 조건문

if 조건문을 사용하여 결과물을 쉽게 확인할 수 있다. 다음은 'a=10이라는 값이 5보다 크다면 a는 5보다 크다'라는 결과를 산출하기 위한 문장이다(a is bigger than 5).

```
>>> a=10
>>> if a > 5:
...    print("a is bigger than 5")
...    ↓
a is bigger than 5
```

여기서 주의할 점은 >>> if a > 5: 다음 줄의 … 이후에 스페이스 바(space bar)를 이용하여 4칸 들여쓰기를 했다는 사실이다. 이러한 들여쓰기 규칙은 명령 제어문(if, for, while) 작성 시에 반드시 지켜야 한다. 위의 내용에서 ↓키는 엔터키를 누르라는 의미로 표시한 것이니 착각하지 않기를 바란다.

(4) else

앞에서 설명한 if문에 else('그러지 않으면 ~을 한다')를 사용하여 결과를 보여줄 수 있다. if문과 같은 위치에 else:라고 붙이면 된다. 아래는 'a=4라는 값이 5보다 작다면 a는 5보다 작다'라는 결과를 산출하기 위한 문장이다(a is smaller than 5).

```
>>> a=4
>>> if a > 5:
...     print("a is bigger than 5")
... else:
...     print("a is smaller than 5")
...
a is smaller than 5
```

(5) elif

elif문은 else문과 if문이 합쳐진 문장으로 if문에서 지정한 조건이 성립하지 않을 경우 다른 조건을 찾을 때 사용한다. 다음 예는 a=3일 때 어디에 해당하는지를 찾는 예이다.

```
a = 3
if a == 1:
  print("최우수")
elif a == 2:
  print("우수상")
elif a == 3:
  print("장려상")
else:
  print("죄송합니다. 순서에 없습니다.")
장려상
```

(6) for 반복문

for 반복문을 사용하면 해당하는 값이나 문자를 차례로 보여줄 수 있다.

```
>>> for a in [1, 2, 3, 4, 5]:
...    print(a)
...
1
2
3
4
5
```

(7) while 반복문

반복적인 작업을 실행할 때 유용하게 사용할 수 있다. 아래는 i값이 5보다 작을 때 i=i+1에 대한 반복적인 작업을 수행해서 print(i)를 산출하라는 내용이다.

```
>>> i = 0
>>> while i < 5:
...    i=i+1
...    print(i)
...
1
2
3
4
5
```

(8) def 함수

def문은 함수를 만들 때 사용하는 문장이다. Python에서는 def문으로 표현 형식에 대하여 정의를 내린 다음 해당 값을 입력하였을 경우 결과물을 보여주기 때문에 매우 유용하게 사용할 수 있다. 여기서는 변수 b와 a의 빼기(sub)를 계산하기 위한 것으로 b에는 5를 입력하고 a에는 3을 입력했더니 결과값 2가 산출되었다.

```
>>> def sub(b, a):
...   return b-a
...
>>> sub(5, 3)
2
```

3) Python 에디터 사용

조금 전까지 Python 대화형 인터프리터를 사용하였다. 대화형 인터프리터는 결과를 곧바로 보여준다는 점에서 편리하게 사용할 수 있지만, 인터프리터를 종료할 경우 실행 명령문이 사라지고 저장할 수 없다는 단점이 있다. 이에 분석자가 여러 차례 사용하기 위한 명령문을 만들 때는 대화형 인터프리터가 아니라 에디터를 사용해야 한다. 즉 간단한 문장은 Python 셀에서 작업하고 여러 행의 복잡한 문장을 작성할 때는 Python IDLE창에서 작성한다.

에디터(editor)는 소스코드를 자유롭게 작성하고 편집할 수 있는 프로그래밍 툴을 말한다. Python을 실행할 수 있는 다양한 에디터가 있는데, 여기서는 Python 설치 시 기본으로 설치되는 Python IDLE(Integrated Development and Learning Environment, 통합개발환경)와 아나콘다의 Jupyter에 대해 주로 설명할 것이다.

(1) Python IDLE

1단계: Python IDLE를 실행하기 위해 프로그램 → Python 3.8 → IDLE (Python 3.8 32-bit)를 클릭한다.

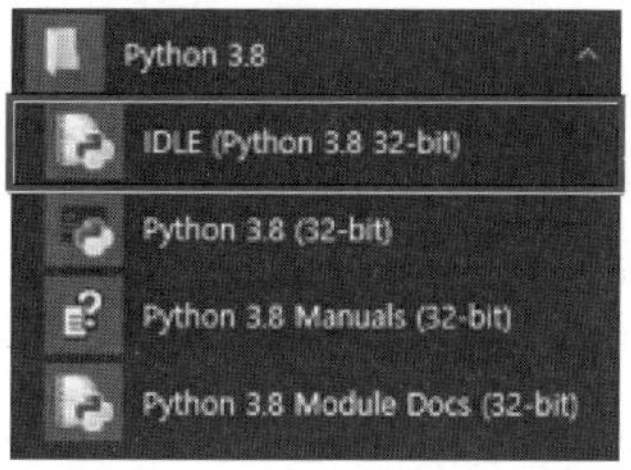

[그림 1-5] Python IDLE 선택 화면

2단계: 그러면 다음과 같은 화면을 얻을 수 있다. Python IDLE 셸창은 File(파일), Edit(편집), Shell(셸), Debug(디버그), Options(선택), Window(윈도우) 등으로 구성된다.

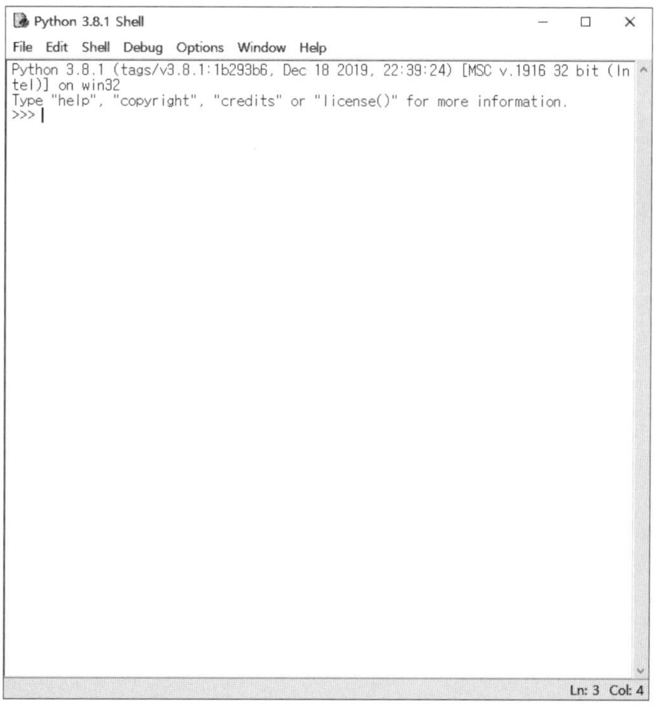

[그림 1-6] Python IDLE 셸창

IDLE 셸창은 크게 IDLE Window 셸과 IDLE 에디터 두 가지 창으로 구성되어 있다.

- IDLE Window 셸창: IDLE 에디터창에서 작성한 내용을 실행하였을 경우 결과가 나타나는 창
- IDLE 에디터창: 프로그램 명령문을 작성하거나 편집하는 창

3단계: 프로그램을 작성하기 위해서 IDLE 에디터를 실행해보기로 하자. IDLE 셸창에서 File → New File(Ctrl+N)을 누른다.

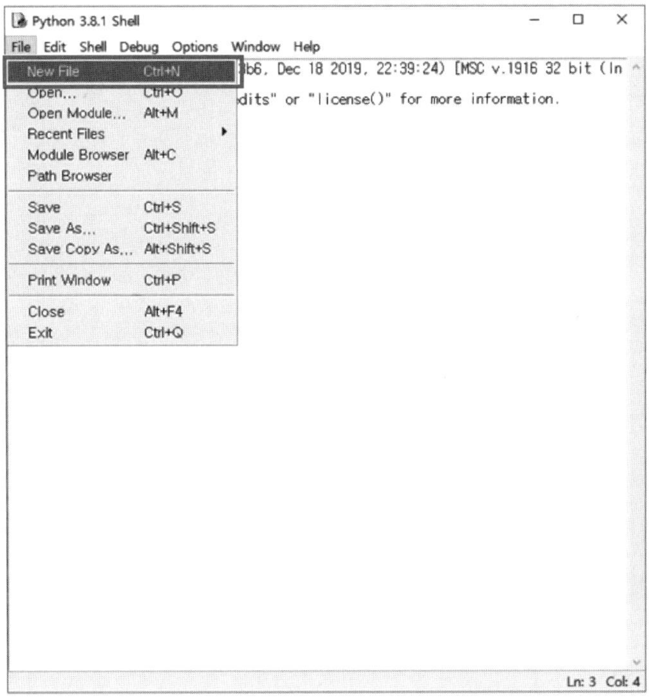

[그림 1-7] Python 새로운 파일 선택창

4단계: 그러면 다음과 같은 IDLE 에디터창을 얻을 수 있다.

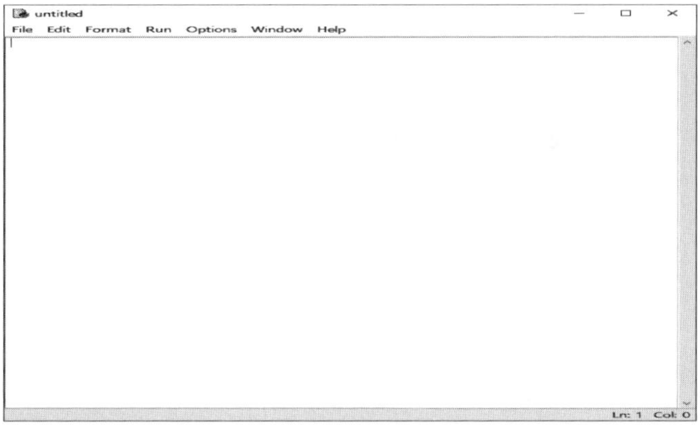

[그림 1-8] IDLE 에디터창

5단계: IDLE 에디터창에서 다음과 같은 문장을 작성해보자.

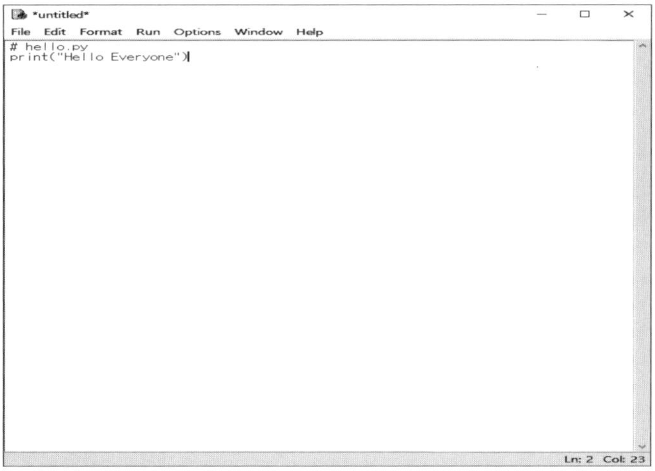

[그림 1-9] IDLE 에디터창에서 문장 작성하기

해시태그(#)가 있는 행의 내용은 프로그램 관련 주석(설명문)에 해당한다. 이는 프로그램 실행에 지장을 주지 않는다. 참고로 여러 줄의 주석을 작성할 경우는 주석 앞뒤에 큰따옴표 3개(“““----”””)를 표시한다.

6단계: IDLE 에디터창에서 작성한 문장을 실행해보자. Run → Run Module(F5)를 누른다.

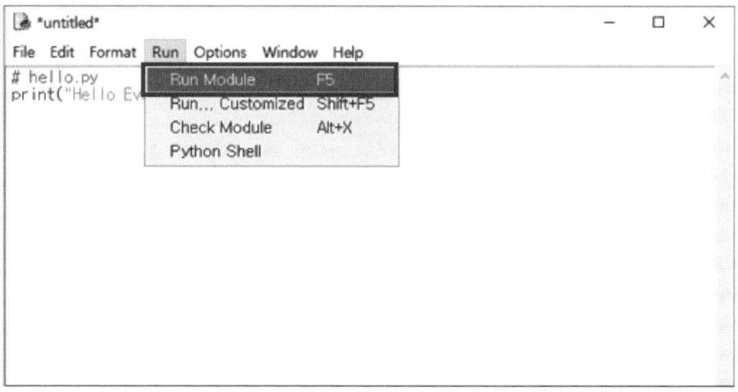

[그림 1-10] Run Module창

7단계: Run → Run Module(F5)를 실행하면 다음과 같이 프로그램을 실행하기에 앞서 저장하라는 내용이 나온다.

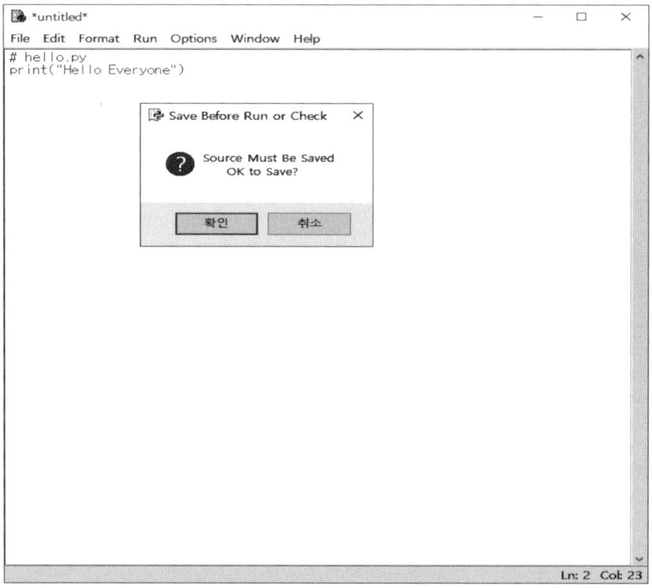

[그림 1-11] 저장 요청 문장

8단계: 위와 같은 화면에서 확인 단추를 실행하여 프로그램을 저장하기 위한 경로 (C:\gskim\P4DS\data)를 생성하고 파일 이름을 hello로 입력한다. Python의 파일 형식은 .py이다.

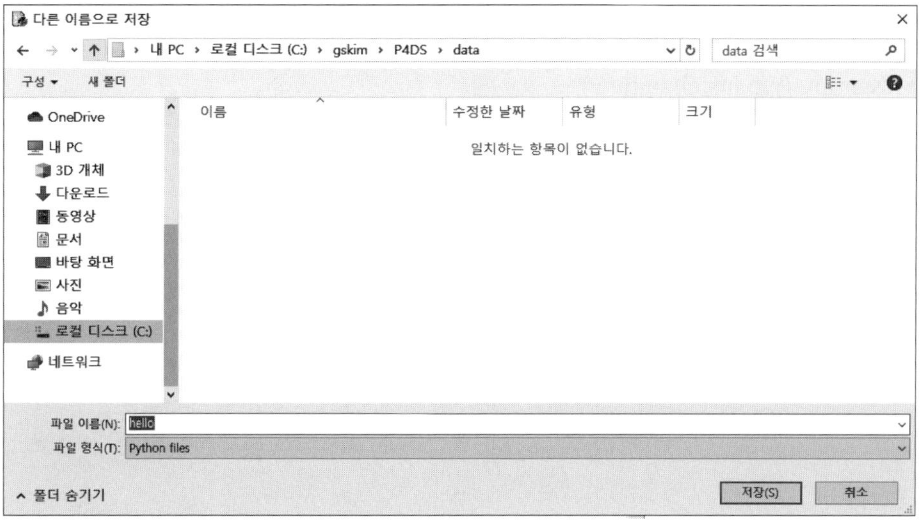

[그림 1-12] 파일 저장 경로

9단계: 저장(S) 단추를 누르면 Python 프로그램이 실행된 결과를 확인할 수 있다.

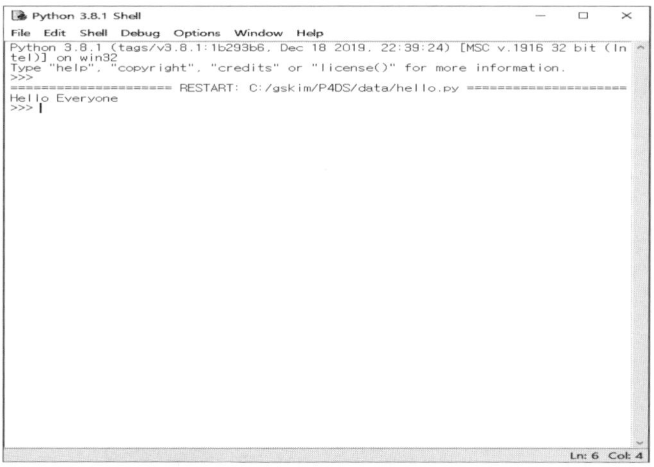

[그림 1-13] 실행 결과창

10단계: Python에서 자주 사용하는 라이브러리를 설치하거나 업데이트를 해야 할 때는 pip install 명령문을 사용한다. 구체적인 방법은 다음과 같다.

- pip install —upgrade x x x 또는 python –m pip install —upgrade x x x
- SciPy scikit–learn (pip install scikit–learn)
- Numpy (pip install numpy)
- Pandas (pip install pandas)
- matplotlib (pip install matplotlib)
- Jupyter (pip install jupyter)
- 라이브러리 업데이트 특정 버전 명시: pip install –U numpy==1.14.5, pip install –Unumpy

만약 Anaconda 프로그램(주로 Jupyter 프로그램)을 사용하는 경우라면 다음과 같이 하면 된다.

- conda install numpy (conda install 라이브러리명)
- 라이브러리 업데이트 (numpy 라이브러리 업데이트 경우: conda update numpy, 모든 라이브러리 업데이트 경우: conda update –all)

(2) 명령문 프롬프트에서 프로그램 실행하기

앞에서 Python IDLE를 이용해 프로그램을 작성하여 파일(hello.py)을 저장하였다. 여기서는 명령문 프롬프트에서 실행하는 방법을 알아보자.

1단계: 컴퓨터 자판에서 '윈도우 키+R'을 동시에 누르면 다음과 같은 화면이 나타난다.

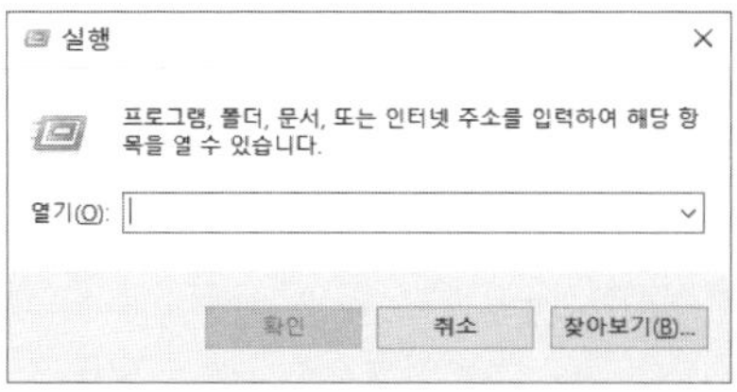

[그림 1-14] 실행창

2단계: '열기(O)' 부분에 cmd를 입력하고 [확인] 단추를 누른다.

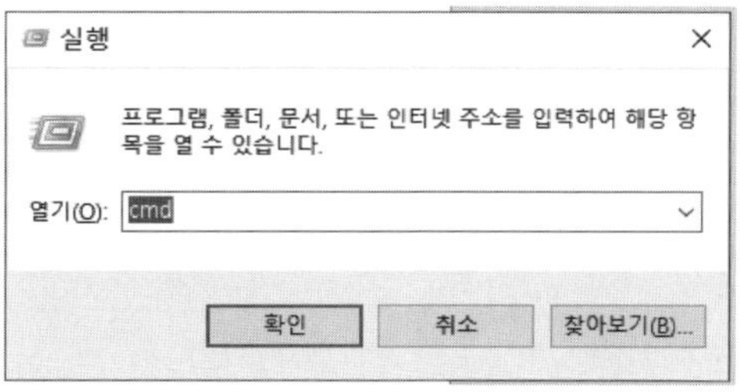

[그림 1-15] cmd 입력

3단계: 그러면 다음과 같은 내용이 나온다.

```
C:\Users\gskim>
```

여기서 gskim은 필자가 지정한 폴더 이름이다(독자분들 역시 각자 지정한 이름으로 나타날 것이다).

4단계: 앞에서 생성한 저장 경로(C:\gskim\P4DS\data)로 이동하기 위해서 cd(change directory)라는 명령어를 입력한 후 이동할 경로를 적어주고 엔터키를 누른다.

```
C:\Users\gskim>cd C:\gskim\P4DS\data
C:\gskim\P4DS\data>
```

프롬프트에서 경로가 C:\gskim\P4DS\data로 변경된 것을 확인할 수 있다.

5단계: 이어서 실행할 데이터 파일명 hello.py를 입력한다.

```
C:\gskim\P4DS\data>hello.py
```

6단계: 이후 엔터키를 누르면 다음과 같은 결과(Hello Everyone)가 나타난다.

```
C:\gskim\P4DS\data>hello.py
Hello Everyone
```

7단계: 실행 결과에 대한 전체 화면은 다음과 같이 나타난다.

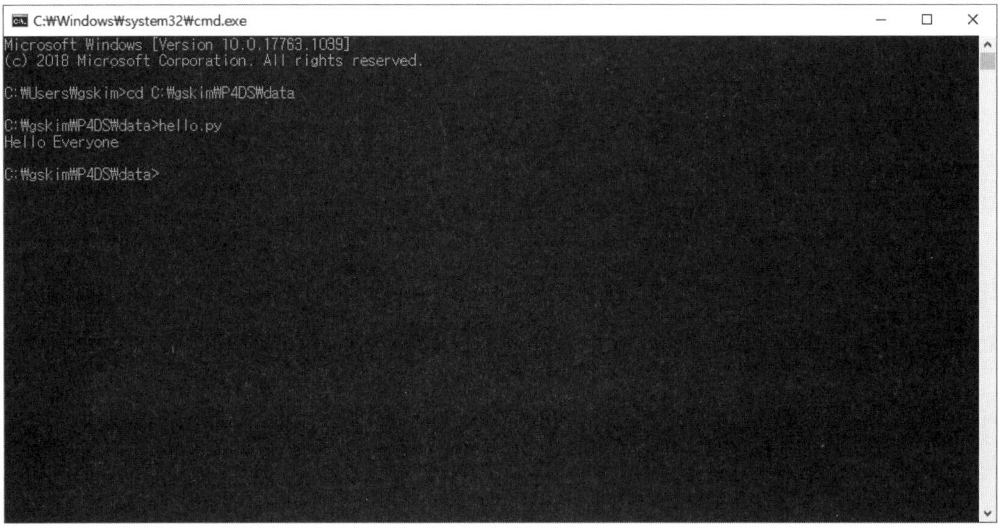

4 유용한 에디터

4-1 Anaconda와 Jupyter

앞에서 Python의 운용체계를 대략적으로 알아보았다면 이제 Jupyter를 사용해보기로 하자. 이를 위해서는 Anaconda를 설치해야 한다. Anaconda(아나콘다)는 Python 기반의 데이터 분석에 필요한 각종 수학과 과학 라이브러리 등의 오픈소스를 모아놓은 개발 플랫폼 또는 가상 개발 환경을 말한다. Jupyter(주피터)는 아나콘다가 제공하는 GUI(Graphic User Interface, 그래픽 사용자 환경)이다. Anaconda는 Python을 포함하고 있기 때문에 두 프로그램을 모두 설치하면 중복 파일이나 환경변수 충돌 문제가 발생할 수 있다. Anaconda는 Python 전용 에디터이므로 별도로 Python을 설치할 필요는 없다.

Anaconda 설치 순서는 다음과 같다.

1단계: Anaconda 홈페이지(https://www.anaconda.com/distribution/)를 방문하여 프로그램을 다운로드한다.

2단계: 본인의 컴퓨터나 노트북 사양에 적합한 프로그램을 설치한다.

3단계: 모든 프로그램에서 Anaconda Navigator(Anaconda3)를 실행한다.

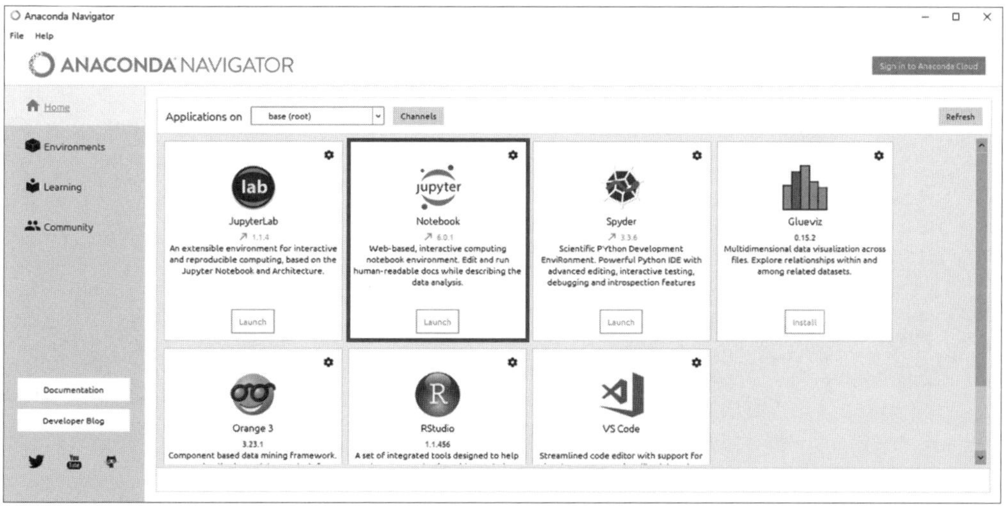

[그림 1-16] Anaconda Navigator

4단계: 위의 그림에서 Jupyter Notebook의 Launch 단추를 클릭한다. 이후 Jupyter Notebook이 실행된다.

4-2 Jupyter Notebook 실행하기

1단계: 모든 프로그램 → Anaconda Navigator(Anaconda3) → Jupyter Notebook Launch를 누르거나, 모든 프로그램 → Anaconda3 → Jupyter Notebook을 누른다.

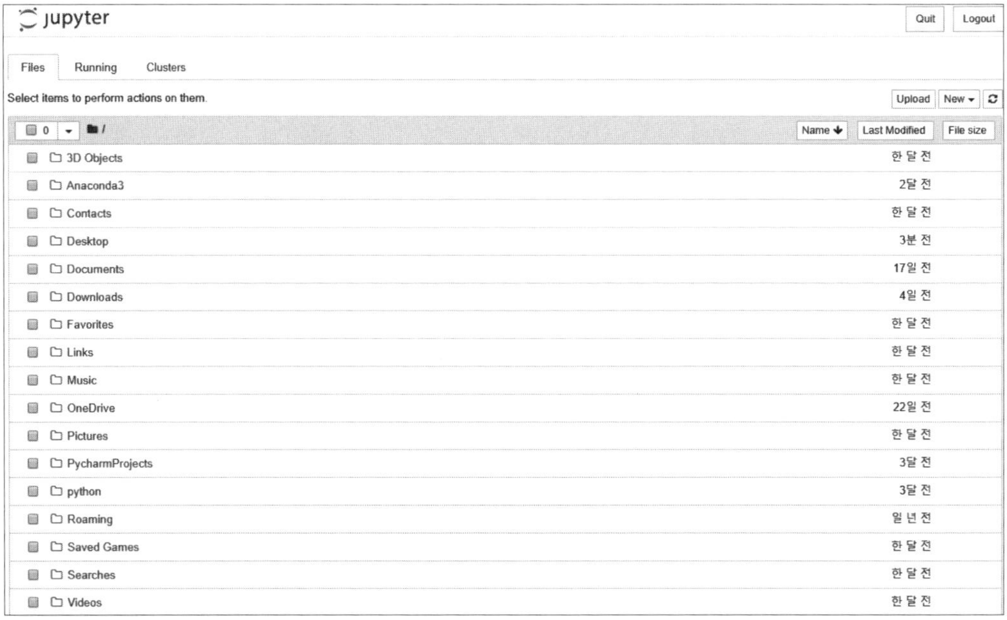

[그림 1-17] Jupyter 초기화면

2단계: Jupyter Notebook을 이용하여 명령문을 작성할 경로를 만든다. 이를 위해 Desktop에 마우스를 올려놓고 클릭한 후 오른쪽 상단의 New ▾ 드롭단추를 누른다. 새로운 폴더를 만들기 위해서 Folder를 누른다.

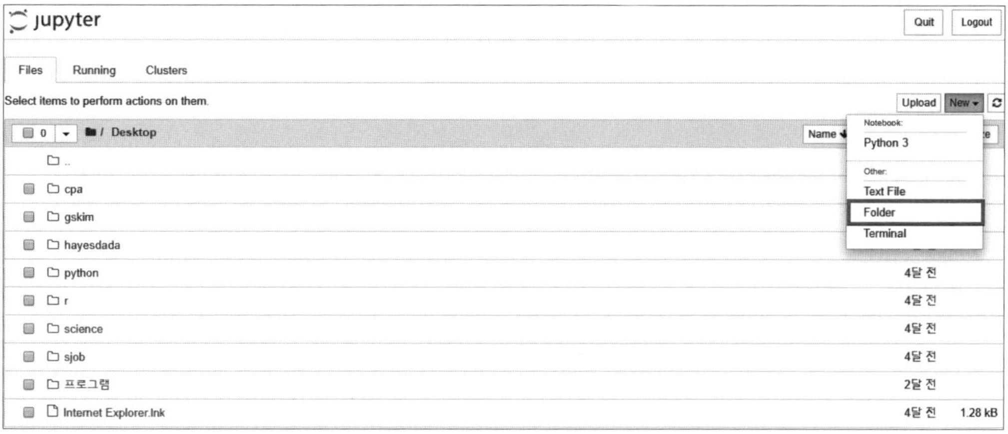

[그림 1-18] 폴더 만들기 화면

3단계: 그러면 다음과 같이 Untitled Folder가 생성된다.

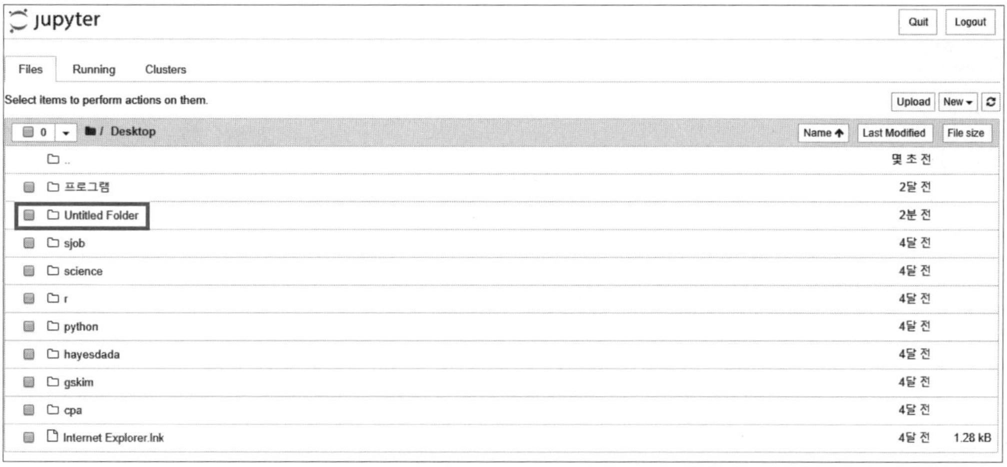

[그림 1-19] 폴더 생성 화면

4단계: Untitled Folder를 마우스로 지정하고 [Rename]을 누른다.

[그림 1-20] 새로운 폴더창 지정

5단계: 이후 Enter a new directory name에 P4DS(Python for Data Science)로 입력한다(사용자 임의로 작성하면 됨).

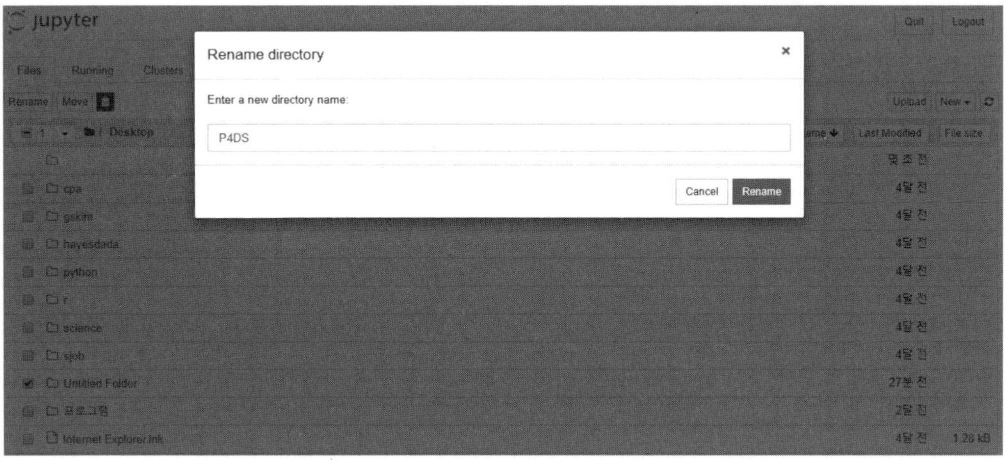

[그림 1-21] 새로운 폴더명 입력

6단계: 이후 [Rename] 단추를 누른다. 그러면 다음과 같이 폴더 명칭이 변경된 것을 확인할 수 있다.

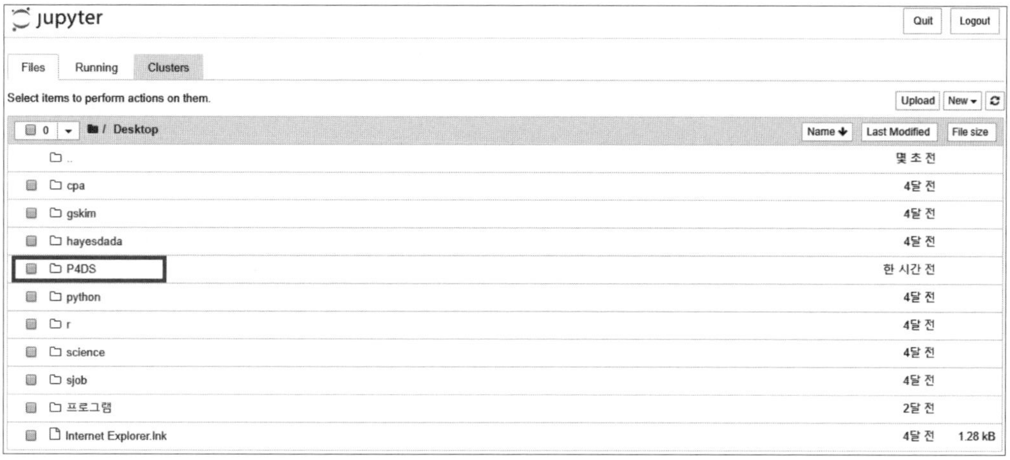

[그림 1-22] 폴더명 변경

7단계: 이어서 Jupyter Notebook을 실행하기 위해 P4DS를 누르고 오른쪽 상단의 New → Python3를 누른다.

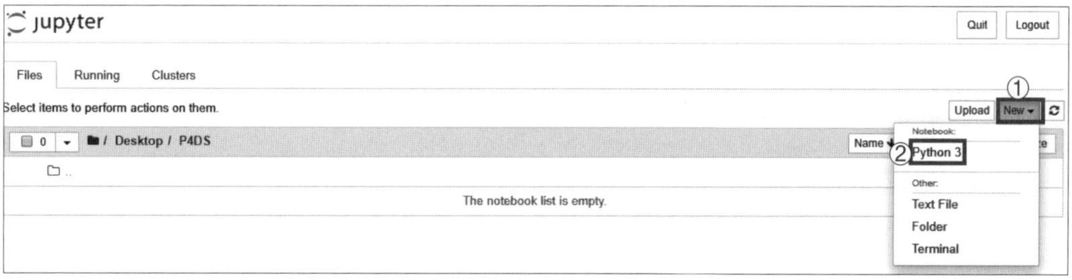

[그림 1-23] Python3 지정하여 Jupyter 열기 1

8단계: 그러면 다음과 같은 창이 나타난다.

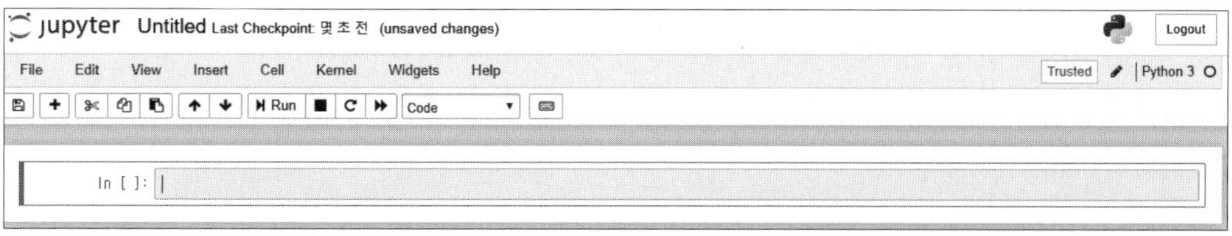

[그림 1-24] Python3 지정하여 Jupyter 열기 2

9단계: In [ ]:란에 print('Hello, Everyone')를 입력한다.

[그림 1-25] 프로그램 명령어 입력

10단계:  단추를 눌러 실행한다.

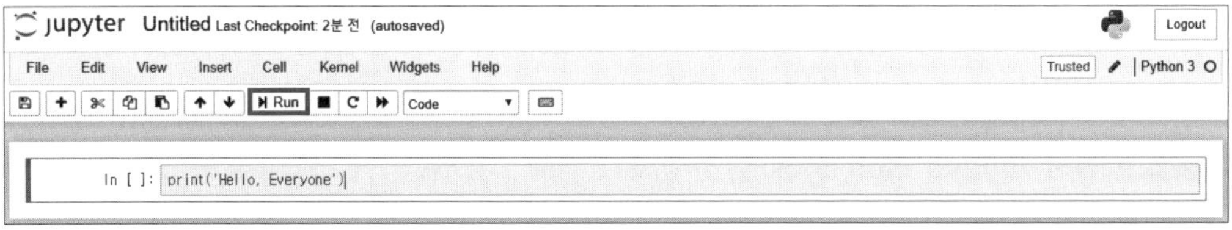

[그림 1-26] 실행 단추 누르기

11단계: 그러면 다음과 같은 결과를 얻을 수 있다.

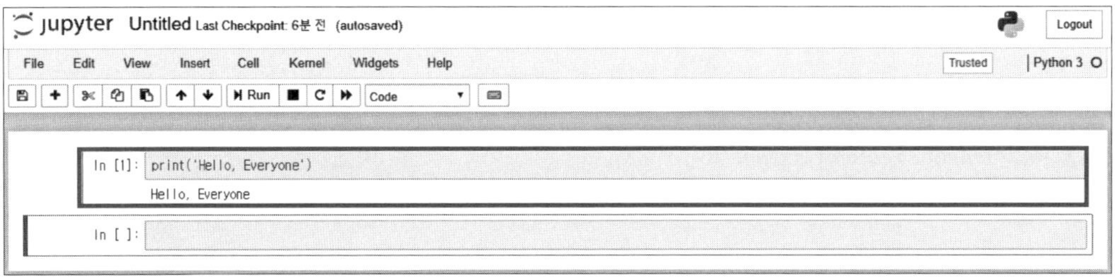

[그림 1-27] 실행 결과 화면

실행 결과 In [1]:이라는 내용이 나오고 이어 Hello, Everyone이라는 내용이 나온다. In [1]은 명령문을 첫 번째 행에 작성했고 이를 처음 실행했음을 나타내는 것이다.

12단계: 파일명을 입력하기 위해서 상단에 있는 Untitled을 마우스로 누른다.

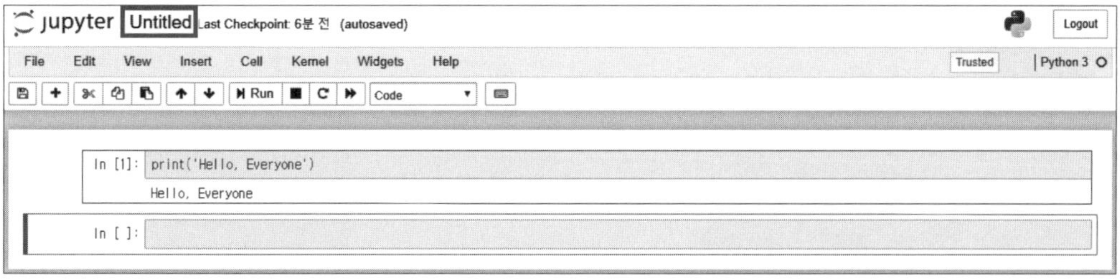

[그림 1-28] Untitled 지정 화면 1

13단계: 다음과 같은 화면이 나타나면 Untitled 대신 hello를 입력한다,

[그림 1-29] Untitled 지정 화면 2

14단계: hello로 입력하고 Rename 단추를 누르면 다음과 같이 파일명이 hello로 변경된 것을 알 수 있다.

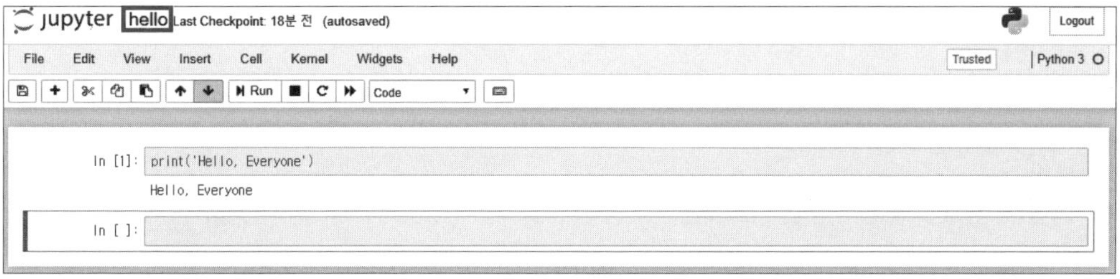

[그림 1-30] 파일명 변경 화면

15단계: Jupyter 프로그램 작업을 종료하려면 File → Close and Halt를 누르거나 오른쪽 상단의 Logout 단추를 누른다.

연습문제

1 데이터 과학이란 무엇인지 정의해보자.

2 데이터 과학자란 누구를 말하는가? 이들이 지녀야 할 역량은 무엇이라고 생각하는가?

3 'Data Science is art!'라는 내용을 Python에 입력하고 결과물을 나타내보자.

4 if문을 이용하여 변수 d=12일 때 10보다 크면 '큰 값'이라고 산출하라.

5 else문을 이용하여 d=9일 때 10보다 작으면 '작은 값'이라고 결과를 도출하라.

6 그룹에서 1그룹은 '상위', 2그룹은 '중간', 3그룹은 '하위'라고 가정하자. 어느 학생이 2그룹에 포함될 때 결과가 나타나도록 elif문을 이용하여 작성하라.

1 데이터 과학은 어떠한 문제를 해결하기 위해 데이터를 기반으로 기술(description), 예측(forecasting), 통제(control)에 이르는 체계적 과정을 거쳐 유용한 정보와 지식을 추출하고 가치를 창출하는 학문이다.

2 데이터 과학자는 수학, 통계학, 컴퓨팅, 데이터 엔지니어링 등 다양한 분야에 대한 지식과 경험을 갖추고 데이터를 기반으로 어떠한 문제를 체계적으로 분석하고 해결방안을 제시할 수 있는 사람이다. 데이터 과학자에게 필요한 역량은 MAS 즉 모델링(Modeling), 분석(Analysis), 전략(Strategy)이다. 데이터 과학자들은 이러한 역량을 지니기 위해 끊임없는 훈련(Discipline)을 통해 분석 역량을 키워야 하고, 혁신(Innovation)하는 자세를 견지해야 하며, 새롭게 등장하는 기술에 대한 사용정도(Intensity of Tech Use)를 높여야 한다(∑ (D+I) × ITU=데이터 과학자).

3 print("Data Science is art!")를 실행하면 된다.

4

```
d=12
if d > 10:
  print("큰 값")
큰 값
```

5

```
d=12
if d > 10:
  print("큰 값")

d=9
if d > 10:
  print("큰 값")
else:
  print("작은 값")
작은 값
```

6

```
g = 2
if g == 1:
  print("상위")
elif g == 2:
  print("중간")
elif g == 3:
  print("하위")
else:
  print("죄송합니다. 어느 그룹에도 포함되지 않습니다.")
중간
```

ch. 2 데이터 관리

학습목표

- ◆ 데이터의 종류를 인지한다.
- ◆ 집합 데이터를 처리할 수 있다.
- ◆ 무응답 데이터 처리 방법을 이해한다.
- ◆ 슬라이싱과 다이싱을 할 수 있다.
- ◆ 데이터 불러오기를 할 수 있다.

1 데이터 종류

1-1 데이터

데이터는 통계분석의 원재료이다. 필요한 데이터를 수집하여 그것이 정확한지, 혹은 사용 가능한지 제대로 평가하지 않은 채 실시한 통계분석은 신뢰할 만하지 못하다. 데이터 수집과 관리는 연구에서 기본이 되는 중요한 부분으로 이것이 연구의 성패를 좌우한다고 해도 과언이 아니다. 데이터(data)란 대상 또는 상황을 나타내는 상징으로서 수량, 시간, 금액, 이름, 장소 등을 표현하는 기본 사실들의 집합을 뜻한다. 데이터에는 조직 내부용으로 수집하는 일상적인 것과 정부 또는 사설 기관에서 수집하는 경제 및 사회 분야에 관한 것 등이 있다.

올바른 연구를 위해서는 적절한 데이터를 수집하여야 한다. 연구에 적합한 데이터를 얻으려면 관찰 대상에 내재하는 성질을 파악하는 기술이 있어야 한다. 이를 위해 규칙에 따라 관찰 대상에 대하여 기술적으로 수치를 부여하게 되는데 이것을 측정(measurement)이라고 한다. 여기서 규칙이란 어떻게 측정할 것인가를 정하는 것을 의미한다. 예를 들어,

세 종류의 자동차에 대해 개인적인 선호도를 조사한다면 자동차에 대하여 개별적으로 좋다/보통이다/나쁘다 중에서 하나를 택하게 할 것인가, 또는 좋아하는 순서대로 순위를 매길 것인가 등등 여러 가지 방법을 고려해볼 수 있다. 이와 같이 측정이란 관찰 대상이 지니는 속성의 질적 상태에 따라 값을 부여하는 것을 뜻한다.

1-2 척도

측정 규칙을 설정하는 것은 척도의 설정을 의미한다. 척도(scale)란 일정한 규칙을 가지고 관찰 대상을 측정하기 위하여 그 속성을 일련의 기호나 숫자로 나타내는 것을 말한다. 즉, 척도는 질적인 데이터를 양적인 데이터로 전환해주는 도구이다. 이러한 척도의 예로 온도계, 자, 저울 등이 있다. 척도에 의하여 관찰 대상을 측정하면 그 속성을 객관화시킬 수 있으며 본질을 명백히 파악할 수 있다. 그뿐만 아니라 관찰 대상들을 서로 비교할 수 있으며 그들 사이의 일정한 관계를 알 수 있다. 관찰 대상에 부여한 척도의 특성을 아는 것은 연구에서 매우 중요하다. 척도의 성격에 따라서 통계분석 기법이 달라질 수 있으며, 가설 설정과 통계적 해석의 오류를 사전에 방지할 수 있기 때문이다. 척도로 구성되어 있는 데이터의 유형을 제대로 알면, 데이터 정리 과정에서 시간을 절약할 수 있고 데이터 분석 과정에서의 실수를 사전에 방지할 수 있다.

척도는 측정의 정밀성에 따라 명목척도, 서열척도, 등간척도, 비율척도로 분류한다. 이를 차례로 살펴보면 다음과 같다.

1) 명목척도

명목척도(nominal scale)는 단지 구분을 목적으로 사용되는 척도이다. 명목척도는 관찰 대상을 범주로 분류하거나 확인하기 위하여 숫자로 나타내는데, 이때 숫자는 양적인 의미를 지니지 않으며 데이터가 지닌 속성을 상징적으로 드러낼 뿐이다. 명목척도를 일반적으로 더미변수(dummy variable)라고 부르기도 한다. Python에서는 명목척도를 불(bool) 자료라고 부르기도 하는데, 이는 참(true)과 거짓(false)을 나타내는 자료를 말한다. 예를 들어 회사원을 남녀로 구분한다고 하자. 남자에게는 1, 여자에게는 2를 부여한 경우에 1과

2는 단순히 사람을 분류하기 위해 사용된 것이지 여성이 남성보다 크다거나 남성이 여성보다 우선한다는 것을 의미하지는 않는다. 명목척도는 측정 대상을 속성에 따라 상호 배타적이고 포괄적인 범주로 구분하는 데 이용된다. 이것에 의하여 얻어진 척도값은 네 가지 척도의 형태 중에서 가장 적은 양의 정보를 제공한다.

2) 서열척도

서열척도(ordinal scale)는 관찰 대상이 지닌 속성의 순서적 특성만을 나타내는 것으로, 척도 사이의 차이가 정확한 양적 의미를 나타내는 것은 아니다. 예를 들어 좋아하는 운동 종목을 순서대로 나열한다고 할 때, 1순위로 선정된 종목이 야구이고 2순위가 축구라고 해서 축구보다 야구를 2배 더 좋아한다고 볼 수는 없다. 이것이 의미하는 것은 단지 축구보다 야구를 상대적으로 더 좋아한다는 것뿐이다. 서열척도는 관찰 대상의 비교우위를 결정하며 각 서열 간의 차이는 문제 삼지 않는다. 각 서열 간의 차이가 같지 않더라도 단지 상대적인 순위만 구별한다. 서열척도는 정확하게 정량화하기 어려운 소비자의 선호도 같은 것을 측정하는 데 이용된다.

3) 등간척도

등간척도(interval scale)는 관찰치가 지닌 속성 차이를 의도적으로 양적 차이로 측정하기 위해서 균일한 간격을 두고 분할하여 측정하는 척도이다. 대표적인 것으로 리커트 5점 척도와 7점 척도가 있다. 5점 척도에서 1과 2, 4와 5 등 각 간격의 차이는 동일하다. 등간척도에서 구별되는 단위 간격은 동일하며, 각 대상은 크고 작은 것 또는 같은 것으로 그 지위를 구별한다. 속성에 대한 순위는 부여하되 순위 사이의 간격은 동일하다. 측정 대상의 위치에 따라 수치를 부여할 때 이 숫자상의 차이를 산술적으로 다루는 것은 의미가 있다.

4) 비율척도

비율척도(ratio scale)는 앞에서 설명한 각 척도의 특수성에 비율 개념이 첨가된 척도이다. 연구조사에서 가장 많이 사용하는 척도로, 절대적 0을 출발점으로 하여 측정 대상이 지니고 있는 속성을 양적 차이로 표현한다. 비율척도는 서열성, 등간성, 비율성의 세 속성을 모두 지니므로 곱하거나 나누거나 가감하는 것이 가능하며, 척도값의 차이는 양적인 의미를 지닌다. 비율척도는 거리, 무게, 시간 등에 적용된다. A는 B의 2배, B는 C의 1/2배 등의 비율이 성립된다. 비율척도에서 값이 영(0)인 경우에 이것은 측정 대상이 아무것도 가지고 있지 않다는 뜻이다.

이상과 같이 네 가지 종류의 척도에 대하여 알아보았다. 사실 측정 방법은 측정 대상과 조사자의 연구 목적에 따라 달라지며, 관찰 대상을 측정할 때 어떠한 척도 방법을 선택하는가에 따라 통계 작업이 영향을 받는다. 조사연구를 할 때 데이터가 지닌 성격을 정확히 파악하는 것은 중요한 일이지만, 그러한 속성을 고정적인 것으로 보고 그 틀에 갇힐 필요는 없다. 데이터의 기본 속성에서 크게 벗어나지 않는다면 연구 목적을 위해서 명목척도와 순위척도를 마치 등간척도나 비율척도처럼 사용하는 경우도 있다. 그러나 위의 네 가지 척도에서 정보의 수준은 명목척도, 서열척도, 등간척도, 비율척도 순으로 높아진다.

명목척도와 서열척도로 측정된 데이터는 비정량적 데이터 또는 질적 데이터라고 부른다. 한편 등간척도와 비율척도로 측정된 데이터는 정량적 데이터 또는 양적 데이터라고 한다. 비정량적 데이터에 적용 가능한 방법은 비모수 통계기법이며, 정량적 데이터에는 모수 통계기법을 이용할 수 있다. 데이터의 성격에 적합한 분석 기법을 선택하는 것은 중요하다. 비모수 통계분석은 주로 순위 데이터와 명목 데이터로 측정된 데이터에 대한 통계적 추론에 이용되는 분석 방법이다. 그러나 주로 사용하는 통계기법은 모수 통계분석인데, 이것은 주로 양적 데이터를 대상으로 표본의 특성치인 통계량을 이용하여 모집단의 모수를 추정하거나 검정하는 분석 방법이다.

지금까지 설명한 내용을 정리하면 다음과 같다.

[표 2-1] 척도별 분석 방법

구분	자료	설명	분석 방법	예
질적 데이터	명목척도 (nominal scale)	분류나 구분을 위한 척도	빈도분석, 교차분석	성별(여성 1, 남성 2), 집단구분, 성공 여부(성공, 실패)
	서열척도 (ordinal scale)	대소 및 순서가 있는 척도	서열상관분석, 비모수통계	선호도, 소득수준
양적 데이터	등간척도 (interval scale)	등간격에 의미가 있는 척도	모수통계	온도, 인지도, 선호도
	비율척도 (ratio scale)	비례에 의미가 있는 척도	모수통계	학점, 매출액, 소득, 나이

2 집합 데이터 및 행렬 처리

2-1 집합 데이터 만들기

Python에서 집합 데이터를 만들 때는 set 함수를 사용한다. Jupyter에서 연습해보자.

```
s1=set([4,5,6])
s1
{4, 5, 6}
```

2-2 집합 계산하기

다음 2개의 집합 데이터가 있다고 하자. s1은 4부터 6까지의 숫자를 갖고 s2는 6부터 8까지의 숫자를 갖는다.

```
s1=set([4,5,6])
s2=set([6,7,8])
```

합집합을 계산해보자. 이를 위해서는 다음과 같이 하면 된다. 여기서 중복되는 6은 한 번만 카운트됨을 알 수 있다.

```
s1=set([4,5,6])
s2=set([6,7,8])
s1.union(s2)
{4, 5, 6, 7, 8}
```

여기서 s2.union(s1)으로 바꿔도 결과는 동일함을 알 수 있다.

다음으로 교집합을 구해보자. 이를 위해서는 & 기호를 사용하거나 s1.intersection(s2)을 사용한다. s2.intersection(s1)으로 집합 순서를 바꾸어도 결과는 동일하다.

```
s1=set([4,5,6])
s2=set([6,7,8])
s1&s2
{6}
```

차집합(s1-s2)을 계산해보자. 차집합을 계산하기 위해서 빼기 기호(-)를 사용하거나 s1.difference(s2)를 사용해도 무방하다.

```
s1=set([4,5,6])
s2=set([6,7,8])
s1-s2
{4, 5}
```

2-3 집합 데이터 관리 함수

집합 자료(s1)에 데이터 한 개(7)를 추가해보자. 이 경우는 add 함수를 사용한다.

```
s1=set([4,5,6])
s1.add(7)
s1
{4, 5, 6, 7}
```

2개 이상의 데이터(7, 8, 9)를 동시에 추가하는 경우 update라는 함수를 사용한다.

```
s1=set([4,5,6])
s1.update([7,8,9])
s1
{4, 5, 6, 7, 8, 9}
```

데이터(여기서는 6)를 제거하고자 할 경우에는 remove 함수를 사용한다.

```
s1=set([4,5,6])
s1.remove(6)
s1
{4, 5}
```

지금까지 연습해본 것은 ch2-1.ipynb에 저장되어 있으니 확인하면 된다.

2-4 행렬

1) 행렬

앞에서 살짝 기본 내용을 다뤄 이해하겠지만, 행렬(matrix)은 복잡한 계산을 간단한 형태로 나타내기 위해서 가로 줄인 행(row)과 세로 줄인 열(column)로 배열한 것이다. 벡터(vector)는 여러 개의 데이터를 한 줄로 나타낸 것으로 방향과 크기를 지닌다. 행으로 나타낸 것을 행벡터(row vector), 열로 나타낸 것을 열벡터(column vector)라고 한다. 따라서 행렬은 벡터의 개념이 확장된 것이라고 생각하면 된다.

여러 개의 데이터를 나타낸 것을 컴퓨터에서는 배열(array)이라고 부른다. 복잡하게 배열된 행렬을 NumPy 라이브러리를 이용하여 간단하게 처리해보기로 하자. Numpy를 불러들이기 위해서는 import numpy as np 문장을 사용한다. 이는 NumPy를 np라는 이름으로 임포트(import)한다는 뜻이다. 아래는 각 행 배열에서 가장 큰 값과 가장 작은 값의 차(–)를 구하는 예제이다.

데이터 mtrch2.ipynb

```
import numpy as np
dataset = np.array([[2, 4, 6, 8, 3, 2, 5],
                    [7, 5, 3, 1, 6, 8, 0],
                    [1, 3, 2, 1, 0, 0, 8]])
print(np.max(dataset, axis=1)-np.min(dataset, axis=1))
```

실행 결과, 가장 큰 값과 가장 작은 값의 차는 [6 8 8]임을 알 수 있다. 행에서 가장 큰 값은 [8, 8, 8]이고 가장 작은 값은 [2 0 0]이기 때문이다.

2) 스칼라

스칼라배(sclar multiple)를 계산하는 방법에 대하여 알아보자. 스칼라는 앞에서 언급한 벡터와 대비되는 개념으로 크기만 있고 방향이 없는 상수나 변수 같이 1차원의 값을 말한다. 따라서 스칼라배를 계산할 때는 전체 원소에 스칼라값을 곱해주면 된다.

$$2\begin{bmatrix}1\\2\\3\end{bmatrix}=\begin{bmatrix}2\times1\\2\times2\\2\times3\end{bmatrix}=\begin{bmatrix}2\\4\\6\end{bmatrix}$$

위 내용을 Python에서 계산해보자.

데이터 mtrch2.ipynb

```
import numpy as np
a = np.array([1, 2, 3])
a = a*2
print(a)
```

앞의 수작업과 같이 [2 4 6]을 얻을 수 있다.

3) 행렬 곱

행렬 곱을 계산하는 함수로 np.dot(a,b)가 있다. 이를 이용하여 두 행렬의 곱을 계산해보자.

데이터 mtrch2.ipynb

```
import numpy as np
a = np.array([[1, 0],
              [0, 1]])
b = np.array([[4, 7],
              [1, 7]])
c = np.dot(a, b)
print(c)
```

결과는 다음과 같다.

```
[[4 7]
[1 7]]
```

이는 $\begin{bmatrix}1&0\\0&1\end{bmatrix}\begin{bmatrix}4&7\\1&7\end{bmatrix}=\begin{bmatrix}4&7\\1&7\end{bmatrix}\begin{bmatrix}1&0\\0&1\end{bmatrix}=\begin{bmatrix}4&7\\1&7\end{bmatrix}$로 계산 결과와 동일하다. 여기서 $\begin{bmatrix}1&0\\0&1\end{bmatrix}$은 행과 열의 수가 동일한 정방행렬(square matrix)이다. 정방행렬 중 대각선으로는 1의 값을 가지며 나머지는 0인 경우를 단위행렬(identity matrix)이라고 부른다. 앞에서 알 수 있듯이 어떤 행렬이든 벡터에 단위행렬을 곱하면 그 결과가 달라지지 않고 원래의 행렬이나 벡터값이 나온다는 것을 확인할 수 있다.

4) 벡터 노름

벡터 노름(vector norm)은 벡터의 이동거리를 말한다. 이동거리를 계산하는 방법을 알아보자. 벡터 노름 계산은 회귀분석이나 머신러닝과 인공지능에서 기본으로 적용되는 것이기 때문에 미리 알아놓으면 도움을 받을 수 있다. 우선, 벡터 v=(1, 2)를 그림으로 나타내면 다음과 같이 표현할 수 있다.

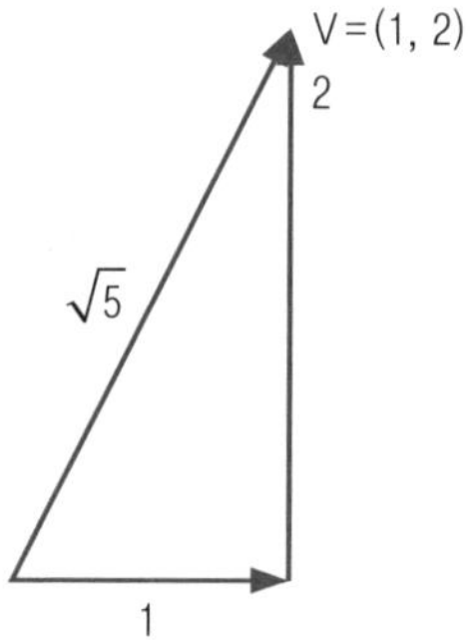

[그림 2-1] 벡터 v=(1, 2)

이 그림에서 움직인 거리를 보면 x축으로 1, y축으로 2만큼 움직였음을 알 수 있다. 이를 합산하면 3만큼 움직인 것이다. 이를 맨해튼 거리 또는 노름 1(norm 1)이라고 한다. 노름 1은 벡터의 절댓값의 합을 나타낸다. V에 대한 노름 1의 식은 다음과 같이 나타낼 수 있다.

$$\|v\|_1 = |v_1| + |v_2| + \cdots + |v_n| = \sum_{i=1}^{n} |v_i|$$

노름 1을 Python으로 계산하기 위해서 LA.norm 함수를 이용한다. 다음과 같이 입력하고 실행하면 된다.

```
from numpy import linalg as LA
v=([1,2])
LA.norm(v,1)
```

```
3.0
```

이어서 벡터 v=(1, 2)의 직선으로 움직인 거리를 계산할 수 있다. 이렇게 직선으로 움직인 거리를 노름 2(norm 2) 또는 유클리디안 거리라고 한다. 이 직선의 이동거리는 피타고라스 정리식을 이용해 계산할 수 있다.

$$\|\upsilon\|_2 = \sqrt{\upsilon_1 + \upsilon_2 + \cdots + \upsilon_n} = \sqrt{\sum_{i=1}^{n} \upsilon_i}$$

$$\sqrt{(1)^2 + (2)^2} = \sqrt{5}$$

Python을 이용하여 노름 2를 계산할 때는 다음과 같이 두 가지 방법으로 할 수 있다.

```
import numpy as np
v = np.array([[1, 2]])
np.linalg.norm(v)
```

```
2.236
```

```
from numpy import linalg as LA
v=([1,2])
LA.norm(v,2)
```

```
2.236
```

5) 전치행렬

전치는 행렬에서 행과 열을 바꾸는 것을 말한다. 행과 열을 바꾸는 전치행렬(transpose matrix)을 나타내는 방법을 알아보자. 이 경우는 리스트(x)에 x.T를 해주거나 np.transpose(x) 함수를 사용한다.

```
import pandas as pd
import numpy as np
x = np.array([[ 8, 42, 35, 8],
              [13, 39, 39, 41],
              [20, 17,  5, 24]])
y = x.T
print(y)
```

```
[[ 8 13 20]
 [42 39 17]
 [35 39  5]
 [ 8 41 24]]
```

2-5 연립방정식 풀기

Python을 이용하여 다음 연립방정식의 해를 구해보자.

$$x+y=5$$
$$2x+y=10$$

이를 위해 Numpy 라이브러리를 활용한다. 해의 결과물을 보여주는 기능은 print( ) 라는 함수를 사용한다. 분석 결과 x=5, y=0임을 알 수 있다.

데이터 ch2-2.ipynb

```
import numpy as np
from scipy import linalg
coeffs = np.array([[1, 1], [2, 1]])
depvars = np.array([5, 10])
solution = linalg.solve(coeffs, depvars)
print(solution)
```

```
[5. 0.]
```

3 데이터 관리

특정 변수에서 데이터에 무응답치가 있으면 결과가 왜곡되거나 예상치 못한 방법으로 가중 계산되는 경우가 있다. 무응답 데이터를 전략적으로 관리하는 것이 무엇보다도 중요하다. 연구나 프로젝트 수행에서는 분석도 중요하지만 데이터 관리가 너무 복잡하기 때문에 체계적인 데이터 관리 여부에 따라 데이터 분석 성과가 좌우된다고 해도 과언이 아닐 것이다.

3-1 데이터 무응답 처리하기

1) 무응답 찾기

먼저 무응답치를 확인하는 방법을 알아보자. 여기서 np.NaN과 None은 무응답을 영문으로 나타낸 것이다. isnull 함수는 무응답치를 탐색하는 데 사용한다. 처리 결과에서 True는 무응답치가 있는 것이고, False는 무응답치가 없다는 것을 나타낸다.

데이터 ch2-3.ipynb

```
import pandas as pd
import numpy as np

s= pd.Series([11, 12, 13, np.NaN, 15, 16, None])

print(s.isnull())

print()
print(s[s.isnull()])
```

이 내용을 실행하면 다음과 같은 결과를 얻을 수 있다.

```
0  False
1  False
2  False
3  True
4  False
5  False
6  True
dtype: bool

3 NaN
6 NaN
dtype: float64
```

0은 첫 번째 자리를 나타낸다. 첫 번째 자리는 11이라는 유효값이 있어 거짓(False)으로 처리되었음을 알 수 있다. 네 번째 자리(3)와 마지막 일곱 번째 자리(6) 값은 무응답으로 처리되어 각각 참(True)으로 표현되어 있다. dtype: bool은 자료가 참과 거짓을 나타내는 불(bool)형이라는 것을 나타낸다. dtype: float64는 데이터 타입이 실수형임을 나타낸다.

2) 무응답치 처리하기

무응답치를 처리하는 두 가지 방법을 알아보자. 첫 번째는 무응답치를 채우는 함수 fillna( )를 사용하는 것이다. 평균으로 대체할 경우는 mean, 중앙값(중위수)으로 대체할 경우는 median, 최빈값으로 대체할 경우는 mode를 입력하면 된다. 다른 한 가지 방법은 무응답치를 제거하고 유용한 데이터만 추출하기 위해서 dropna( ) 함수를 사용하는 것이다.

데이터 ch2-4.ipynb

```
import pandas as pd
import numpy as np

s= pd.Series([11, 12, 13, np.NaN, 15, 16, None])
print(s.fillna(int(s.mean())))
print()
print(s.dropna())
```

위 내용을 입력하고 실행하면 다음과 같은 결과를 얻을 수 있다.

```
0  11.0
1  12.0
2  13.0
3  13.0
4  15.0
5  16.0
6  13.0
dtype: float64

0  11.0
1  12.0
2  13.0
4  15.0
5  16.0
dtype: float64
```

앞의 결과는 무응답 데이터가 평균 13으로 대체된 것을 알 수 있다. 두 번째 결과는 무응답치 2개[네 번째 자료(3), 마지막 일곱 번째 자료(6)]가 제거된 이후의 결과이다. dtype: float64는 데이터 유형이 실수형임을 나타낸다.

3) 무응답치 대체 방법

이제 sklearn에서 제공하는 SimpleImputer 함수를 사용하면 된다. missing_values는 무응답값을 탐색하는 것이다(여기서는 NaN으로 표시함). strategy는 무응답 대체 방법으로 평균으로 대체할 경우는 mean, 중앙값인 경우는 median, 빈도가 높은 경우는 most_frequent라는 함수를 사용한다. axis는 무응답치에 대한 대체를 시작하는 곳을 지정하는 방법으로 여기서는 0으로 입력하였다. 이는 열(column)이 0이고 행(row)이 1인 첫 번째 값부터 무응답치 여부를 고려하여 대체하겠다는 의미이다. 대체에 관한 구체적인 수치를 imp.fit을 사용해서 나타낼 수 있다. 대체된 값을 연속해서 나타내기 위해서 pd.Series 함수를 사용하였다.

데이터 ch2-5.ipynb

```
import pandas as pd
import numpy as np
from sklearn.impute import SimpleImputer
s=[[11, 12, 13, np.NaN, 15, 16, None]]
imp = SimpleImputer(missing_values=np.nan, strategy='mean')
imp.fit([[11, 12, 13, 14, 15, 16, 17]])
x = pd.Series(imp.transform(s).tolist()[0])
print(x)
```

```
0  11.0
1  12.0
2  13.0
3  14.0
4  15.0
5  16.0
6  17.0
dtype: float64
```

4) 이상치 제거하기

이상치(outlier)는 관측된 데이터의 범위에서 많이 벗어난 아주 작은 값이나 아주 큰 값을 말한다. 여기서는 galton 데이터를 이용하여 이상치를 제거하는 방법을 다뤄보도록 하자. 키(height) 자료가 상위 25%와 하위 75%를 벗어나는 자료를 이상치라고 규정하기로 한다. 이상치를 제거하기 위해서 다음과 같이 명령문을 입력한다.

데이터 ch2-5.ipynb

```
import numpy as np

def outliers_iqr(data):
  q1, q3 = np.percentile(data, [25, 75])
  iqr = q3 - q1
  lower_bound = q1 - (iqr * 1.5)
  upper_bound = q3 + (iqr * 1.5)
  return np.where((data > upper_bound) | (data < lower_bound))

import pandas as pd
df = pd.read_csv("C:/gskim/P4DS/data/galton.csv")
print(df.head())
print("Outliers using outliers_iqr()")
print("==============================")
for i in outliers_iqr(df.height)[0]:
  print(df[i:i+1])
```

```
  family father mother sex height nkids
0      1   78.5   67.0   M   73.2     4
1      1   78.5   67.0   F   69.2     4
2      1   78.5   67.0   F   69.0     4
3      1   78.5   67.0   F   69.0     4
4      2   75.5   66.5   M   73.5     4
Outliers using outliers_iqr()
==============================
    family father mother sex height nkids
288     72   70.0   65.0   M   79.0     7
```

결과를 보면, 288번째 데이터가 이상치이고 이를 제거하였음을 확인할 수 있다.

5) 정규화

정규화(normalization, regularization)는 컴퓨터가 과하게 학습하는 경우를 피하기 위한 것으로 편향된 데이터의 영향을 줄여주는 방법을 말한다. norm.csv 데이터의 정규화를 위해서 sklearn의 preprocessing을 이용한다.

데이터 ch2-5.ipynb

```
import pandas as pd
from sklearn import preprocessing

df = pd.read_csv('C:/gskim/P4DS/data/norm.csv')
print(df)

x = df.values.astype(float)

min_max_scaler = preprocessing.MinMaxScaler()
x_scaled = min_max_scaler.fit_transform(x)
df = pd.DataFrame(x_scaled, columns=df.columns)
print(df)
```

```
     V1  V2  V3
0   600   4   8
1   900   3   9
2  1000   2   3
3   400   5   6
4   700   6   9
5   100  11  12
6  1300  14  15
7  1600  17  18
8  1800  19  20
         V1        V2        V3
0  0.294118  0.117647  0.294118
1  0.470588  0.058824  0.352941
2  0.529412  0.000000  0.000000
3  0.176471  0.176471  0.176471
4  0.352941  0.235294  0.352941
5  0.000000  0.529412  0.529412
```

```
6 0.705882 0.705882 0.705882
7 0.882353 0.882353 0.882353
8 1.000000 1.000000 1.000000
```

각 변수 V1, V2, V3에서 가장 큰 값을 1로 설정하고 나머지는 상대적인 크기로 정규화한 것을 확인할 수 있다.

3-2 리스트 자료형 처리하기

1) 리스트와 튜플

리스트(list)는 숫자 모음을 쉽게 표현할 수 있는 약속 체계라고 할 수 있다. 리스트를 만들 때는 대괄호[ ]를 사용한다. 여기에 들어가는 요솟값들은 쉼표(,)로 구분한다. 예를 들어 2, 4, 6, 8, 10의 짝수(even)를 나타내면 다음과 같다.

```
even=[2, 4, 6, 8, 10]
```

참고로 튜플(tuple)이라는 것이 있다. 튜플은 괄호( ) 안에 표시한다. 리스트는 값의 생성, 수정, 삭제가 가능하나 튜플은 값을 바꿀 수 없다. 따라서 튜플의 요솟값은 한 번 정하면 바꿀 수 없다는 특징이 있다.

앞에서 제시한 짝수 중에서 첫 번째 요솟값(2)을 불러오기 위해서는 어떻게 해야 할까? even[0]을 입력하면 된다. even[0]이 첫 번째 요솟값을 지칭하기 때문이다. 리스트의 인덱스 번호는 0에서 시작하므로 첫 번째 요소가 0번째라는 사실을 기억해야 한다.

```
even=[2, 4, 6, 8, 10]
even[0]
```

2) 슬라이싱

슬라이싱(slicing)은 자료를 나눈다는 의미로 지정하는 요솟값만 불러올 수 있는 기능이 있다. 앞에서 다룬 짝수값에서 2와 4를 추출하고 싶을 때는 어떻게 하면 될까?

```
even=[2, 4, 6, 8, 10]
even[0:2]
```

그렇다면 8과 10을 추출하고 싶을 때는 어떤 방법을 사용할 수 있을까?

```
even=[2, 4, 6, 8, 10]
even[3:]
```

even[3:]은 even[3]부터 마지막까지 포함시키라는 의미이다.

3) 다이싱

다이싱(dicing)은 행(row)과 열(column)을 동시에 슬라이싱하는 경우를 말한다. 다음 행렬을 이용하여 다이싱을 연습해보자.

```
x = np.array([[[1, 2, 3], [4, 5, 6], [7, 8, 9],],
              [[11, 12, 13], [14, 15, 16], [17, 18, 19],],
              [[21, 22, 23], [24, 25, 26], [27, 28, 29]]])
```

2행 2열 값을 추출해보자. 이를 위해서 다음과 같이 입력한다.

데이터 ch2-6.ipynb

```
import pandas as pd
x = np.array([[[1, 2, 3], [4, 5, 6], [7, 8, 9],],
              [[11, 12, 13], [14, 15, 16], [17, 18, 19],],
              [[21, 22, 23], [24, 25, 26], [27, 28, 29]]])
print(x[1,1])
```

```
[14 15 16]
```

이어서 2열의 두 번째 값을 추출해보는 연습을 해보자.

데이터 ch2-6.ipynb

```
import pandas as pd
x = np.array([[[1, 2, 3], [4, 5, 6], [7, 8, 9],],
              [[11, 12, 13], [14, 15, 16], [17, 18, 19],],
              [[21, 22, 23], [24, 25, 26], [27, 28, 29]]])
print(x[:,1,1])
```

```
[ 5 15 25]
```

다음으로 2행에서 두 번째 요솟값을 추출하는 것을 연습해보자.

데이터 ch2-6.ipynb

```
import pandas as pd
import numpy as np
x = np.array([[[1, 2, 3], [4, 5, 6], [7, 8, 9],],
              [[11, 12, 13], [14, 15, 16], [17, 18, 19],],
              [[21, 22, 23], [24, 25, 26], [27, 28, 29]]])
print(x[1,1])
print(x[:,1,1])
print(x[1,:,1])
```

```
[12 15 18]
```

4) 행렬 재배열

행렬의 재배열은 Numpy 라이브러리에서 제공하는 reshape 함수를 사용한다. 만약 3×5(3행 5열)의 행렬을 5×3으로 전환하려면 다음과 같이 입력하면 된다.

데이터 ch2-6.ipynb

```
import pandas as pd
import numpy as np
x = np.array([[1, 2, 3, 4, 5],
              [6, 7, 8, 9, 10],
              [11, 12, 13, 14, 15]])
x.reshape(5,3)
```

```
array([[ 1,  2,  3],
       [ 4,  5,  6],
       [ 7,  8,  9],
       [10, 11, 12],
       [13, 14, 15]])
```

3-3 데이터 파일 관리

Python은 다양한 데이터를 불러올 수가 있다. Python 프로그램에서 데이터를 직접 입력할 수도 있고 불러오기를 할 수도 있다. Excel과 같은 Micro Office 파일의 데이터, SPSS/SAS/Stata와 같은 다양한 통계프로그램에서 입력된 자료, 데이터관리시스템(database management system)에서 입력된 자료, ASCII Text Files, 키보드 입력 파일 등을 불러올 수 있다.

Python에서 불러올 수 있는 데이터 원천을 그림으로 나타내면 다음과 같다.

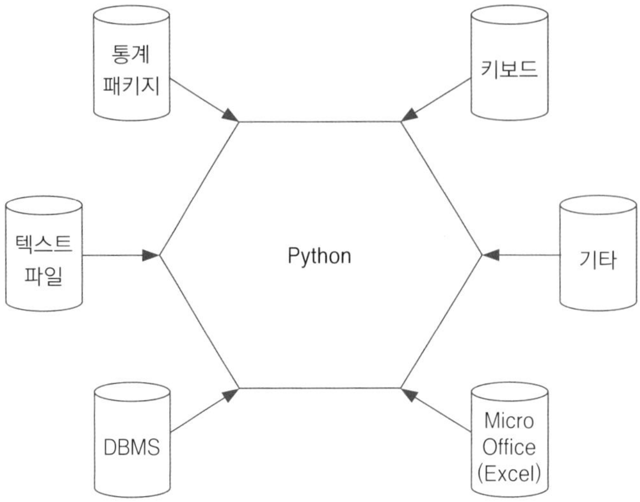

[그림 2-2] Python에서 불러올 수 있는 데이터 원천

1) Python 키보드 입력

Python 프로그램에서 데이터를 직접 입력할 수 있다. 키보드 입력은 적은 데이터(small data)로 분석을 시도할 경우에 유리하다. 키보드로 데이터를 입력할 때는 데이터를 효율적으로 관리해주는 pandas 라이브러리가 필요하다.

다음과 같이 입력한 후 실행하면 관계형 데이터베이스를 얻을 수 있다.

데이터 datainput.ipynb

```
import pandas as pd
people_dict = { "weight": pd.Series([68, 83, 112],index=["alice", "bob",
"charles"]), "birthyear": pd.Series([1984, 1985, 1992],
index=["bob", "alice", "charles"], name="year"),
"children": pd.Series([0, 3], index=["charles", "bob"]),
"hobby": pd.Series(["Biking", "Dancing"], index=["alice", "bob"]),}
people = pd.DataFrame(people_dict)
print(people)
```

```
         weight birthyear children    hobby
alice        68      1985      NaN   Biking
bob          83      1984      3.0  Dancing
charles     112      1992      0.0      NaN
```

weight(몸무게), birthyear(출생연도), children(자녀수), hobby(취미) 변수가 입력되었고 해당 값들이 자리를 차지하고 있다. 여기서 NaN이라고 입력된 것은 데이터가 입력되지 않아 무응답이 발생한 것을 나타낸다.

2) 마이크로소프트 엑셀 입력

분석자가 데이터를 체계적으로 관리하거나 입력·저장할 때 마이크로소프트 엑셀이 편리하다는 것을 느낄 것이다. 데이터베이스를 입력한 이후에는 확장자를 csv(comma separated value)로 하여 저장하는 것이 Python에서 작업할 때 편리하다.

바로 앞에서 작업한 내용의 결과를 엑셀 프로그램에 다음과 같이 입력해보자.

데이터 datainput.csv

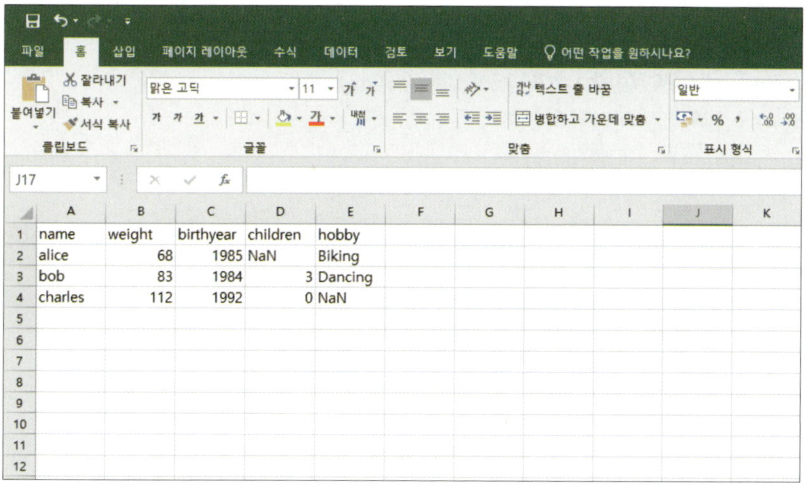

	A	B	C	D	E
1	name	weight	birthyear	children	hobby
2	alice	68	1985	NaN	Biking
3	bob	83	1984	3	Dancing
4	charles	112	1992	0	NaN

[그림 2-3] 엑셀 데이터 csv 형식 입력

데이터를 정상적으로 입력하였으면 '파일 → 다른 이름으로 저장'을 눌러 파일 이름(N)은 datainput으로, 파일 형식(T)은 csv(쉼표로 분리)로 지정한다. 저장한 이후에 파일을 검색할 때 datainput 이런 모양을 볼 수 있다. x 표시 옆에 a가 붙어 있는 경우 정상적으로 csv 확장자로 저장된 것임을 알 수 있다.

3) Python에서 파일 불러오기

(1) csv 데이터 파일 불러오기

마이크로소프트 엑셀 프로그램에서 csv(쉼표로 분리)로 저장된 파일을 불러오는 연습을 해보자. 이를 위해서는 다음과 같이 입력하면 된다. Python에서 데이터를 관리하기 위해서는 pandas 라이브러리가 필요하므로 첫 번째 행에 import pandas as pd라고 입력한다. 이후 pd.read_csv를 입력하고 괄호( ) 안에 저장된 파일 위치를 지정한다. 여기서 괄호 안에는 작은따옴표('')나 큰따옴표("")로 처리해도 무방하다. 각 디렉터리 하위를 지정할 경우에는 /(역슬래쉬)로 처리해야 한다는 것을 잊지 말자. \표시와 혼동하면 안 된다. df.head( )는 상단의 5개 데이터를 확인하기 위한 표현 내용이다. print(df.head( ))는 실제 결과를 보여주기 위한 표현식이다.

다음과 같이 명령어를 실행하면 결과를 얻을 수 있다.

데이터 imdch2-1.ipynb

```
import pandas as pd
df = pd.read_csv('C:/gskim/P4DS/data/datainput.csv')
df.head() # 상단의 5개 데이터 확인하기
print(df.head()) # 결과 확인하기
```

```
      name weight birthyear children    hobby
0    alice     68      1985      NaN   Biking
1      bob     83      1984      3.0  Dancing
2  charles    112      1992      0.0      NaN
```

(2) 관계형 데이터 관리하기

관계형 데이터는 행과 열과 같이 2차원 구조로 이루어진 데이터를 말한다. 관계형 데이터를 관리하기 위해서는 pd.DataFrame( )를 사용하여 관리한다. 앞에서 불러온 자료에서 특정 행(row) 아니면 열(row)만 특별히 불러와서 분석하고 싶은 경우가 있을 것이다.

1단계: 앞에서 불러온 datainput.csv 파일에서 'name'열만 정렬(또는 불러오기)하고 싶은 경우 pandas 라이브러리의 pd.DataFrame 함수를 사용한다.

데이터 imdch2-1.ipynb

```
import pandas as pd
df = pd.read_csv("C:/gskim/P4DS/data/datainput.csv")
df = pd.DataFrame(df, columns=['name']) # name열 불러오기
print(df.head()) # 결과 확인하기
```

```
     name
0   alice
1     bob
2 charles
```

2단계: 이번에는 특정 행(row)을 불러오는 연습을 해보자. 여기서는 1행만 불러와보자. 1행은 0의 번호를 갖는다는 사실을 잊지 말자. 이를 위해 iloc[[0]]을 사용한다.

데이터 imdch2-1.ipynb

```
import pandas as pd
df = pd.read_csv("C:/gskim/P4DS/data/datainput.csv")
respondent0 = df.iloc[[0]] # 첫번째 행 불러오기
print(respondent0) # 결과 확인하기
```

```
   name weight birthyear children  hobby
0 alice     68      1985      NaN Biking
```

3단계: 데이터프레임형 데이터를 행(인덱스 번호)과 열(변수 번호)로 동시에 불러오기를 할 수 있다. 여기서는 iloc를 사용한다. 행 번호와 열 번호는 0부터 시작하는 것이니 착오 없기를 바란다. 첫 번째 행과 두 번째 행 그리고 첫 번째 열과 세 번째 열의 데이터를 불러오기 위해 다음과 같이 df.iloc[[0,1],[0,2]]를 입력한다.

데이터 imdch2-1.ipynb

```
import pandas as pd
df = pd.read_csv("C:/gskim/P4DS/data/datainput.csv")
df = df.iloc[[0,1],[0,2]]
print(df) # 결과 확인하기
```

```
    name birthyear
0  alice      1985
1    bob      1984
```

4단계: 데이터프레임형 데이터를 행(인덱스명)과 열(변수명)로 동시에 불러오기를 할 경우는 loc를 사용한다. 첫 번째 행과 두 번째 행, 그리고 name 변수와 weight 변수를 동시에 불러오기를 하기 위해서 df=df.loc[[0,1], ["name","weight"]]를 사용한다.

데이터 imdch2-1.ipynb

```
import pandas as pd
df = pd.read_csv("C:/gskim/P4DS/data/datainput.csv")
df = pd.DataFrame(df)
df = df.loc[[0,1], ["name","weight"]]
print(df.head()) # 결과 확인하기
```

```
    name weight
0  alice     68
1    bob     83
```

5단계: 데이터프레임형 데이터를 bool형(0, 1)으로 처리하여 참(True)인 경우만을 추출하여 데이터 불러오기를 할 수 있다. 이때 df.index % 2==0 또는 df.index % 2==1을 사용한다. 0인 경우는 짝수행을, 1은 홀수행을 불러오기하는 경우를 말한다. 여기서는 짝수행을 불러오기하는 연습을 해보자.

데이터 imdch2-1.ipynb

```
import pandas as pd
df = pd.read_csv("C:/gskim/P4DS/data/datainput.csv")
df = pd.DataFrame(df)
print(df.index % 2==0)
print()
print(df[df.index % 2==0])
```

```
[ True False True]

     name weight birthyear children  hobby
0   alice     68      1985      NaN Biking
2 charles    112      1992      0.0    NaN
```

6단계: 데이터프레임에서 열(변수)에 대하여 'df.loc[df["변수명" 조건식]'을 이용하여 조건식에 적합한 행을 추출할 수 있다. 여기서는 weight(몸무게)가 80 이상인 경우를 추출하는 연습을 해보자.

데이터 imdch2-1.ipynb

```
import pandas as pd
df = pd.read_csv("C:/gskim/P4DS/data/datainput.csv")
df = pd.DataFrame(df)
df = df.loc[df["weight"] >=80]
print(df)
```

```
     name weight birthyear children   hobby
1     bob     83      1984      3.0 Dancing
2 charles    112      1992      0.0     NaN
```

관계형 데이터 관리

. 열 불러오기 : df = pd.DataFrame(df, columns=['변수명'])
. 행 불러오기 : respondent = df.iloc[[불러올 행 자리 숫자]],
. 행과 열 동시 불러오기
  df.iloc[[행숫자, 행숫자], [열숫자, 열숫자]]
  df.loc[[행숫자, 행숫자], ["열이름","열이름"]]

(3) Excel 파일 불러오기

앞에서는 csv 파일로 저장된 파일을 불러오는 방법을 연습해보았다. 이제는 엑셀창에서 저장된 파일을 불러오는 연습을 해보자. 입력된 데이터를 자세히 보면 파일명이 sheet1에 datainput이 저장된 것을 확인할 수 있다.

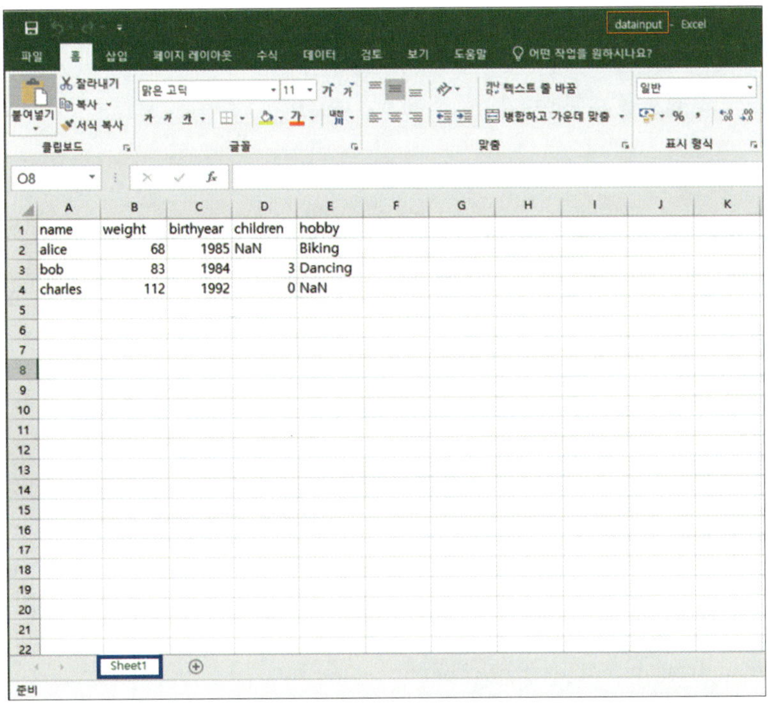

[그림 2-4] 엑셀 데이터 입력

엑셀 파일을 불러오기 위해서 pandas 라이브러리를 사용한다. 이후 pd.ExcelFile 함수를 사용하고 이후에는 불러올 데이터 경로를 지정한다. xls.parse는 데이터 분석자가 요구하는 값을 불러올 때 사용한다. 여기서는 'Sheet1'에 저장된 내용을 불러오면 입력한 변수에 대하여 분석자가 요구하는 대로 pandas가 처리해준다. 저장파일에 저장된 변수명이 있는 경우에는 index_col=None을 입력한다. 무응답값은 na_values=['NA']로 처리하고 불러들인다는 것이다.

데이터 imdch2-2.ipynb

```
import pandas as pd
df = pd.ExcelFile("C:/gskim/P4DS/data/datainput.xls")
df = df.parse('Sheet1', index_col=None,
                        na_values=['NA'])
print(df)
```

```
     name weight birthyear children    hobby
0   alice     68      1985      NaN   Biking
1     bob     83      1984      3.0  Dancing
2 charles    112      1992      0.0      NaN
```

앞에 소개한 대로 pandas 라이브러리를 이용해 Excel 파일을 불러올 수도 있지만, 다음과 같이 pd.read_excel 함수로 데이터를 불러올 수도 있다.

데이터 imdch2-3.ipynb

```
import pandas as pd
df = pd.read_excel("C:/gskim/P4DS/data/datainput.xls", 'Sheet1', index_
col=None, na_values=['NA'])
print(df)
```

4) 이미지 파일 불러오기

이제 이미지 파일을 불러오는 방법을 알아보자. 필자가 평소 즐겨 보고 좋아하는 모란꽃(목단꽃) 이미지를 불러오는 연습을 해보자.

파일명 flower.png

이미지를 불러오기 위해서 다음과 같은 문장을 작성한다. 이미지 파일을 불러오기 위해 skimage 라이브러리와 matplotlib 라이브러리를 사용한다. example_file로 그림파일이 저장된 경로를 지정하는 것이다. 이미지 파일을 불러오는 명령어는 imread이다. plt.imshow는 실제 이미지를 보여주기 위한 것이고 plt.show( )는 이미지를 화면으로 보기 위한 명령어다.

데이터 imdch2-4.ipynb

```
from skimage.io import imread
from skimage.transform import resize
from matplotlib import pyplot as plt
import matplotlib.cm as cm

example_file = ("C:/gskim/P4DS/data/flower.png")
image = imread(example_file)
plt.imshow(image)
plt.show()
```

위와 같이 입력하면 다음과 같은 화면이 나타난다.

[그림 2-5] 불러온 컬러 그림

이미지의 색깔을 흑백으로 바꾸고 싶을 때는 imread(example_file, as_grey=True)로 as_grey=True를 삽입한다. plt.imshow에서는 cmap=cm.gray를 삽입한다.

데이터 imdch2-5.ipynb

```
from skimage.io import imread
from skimage.transform import resize
from matplotlib import pyplot as plt
import matplotlib.cm as cm

example_file = ("C:/gskim/P4DS/data/flower.png")
image = imread(example_file, as_grey=True)
plt.imshow(image, cmap=cm.gray)
plt.show()
```

[그림 2-6] 불러온 모란꽃 흑백 그림

만약 모란꽃 중심의 꽃 부분을 세밀하게 불러오고 싶다면 다음과 같이 픽셀(pixel)을 조정하면 된다.

데이터 imdch2-5.ipynb

```
from skimage.io import imread
from skimage.transform import resize
from matplotlib import pyplot as plt
import matplotlib.cm as cm

example_file = ("C:/gskim/P4DS/data/flower.png")
image = imread(example_file)
image2 = image[100:600, 50:400]
plt.imshow(image2)
plt.show()
```

[그림 2-7] 픽셀을 조정한 그림

5) 웹 크롤링

웹 크롤러로 웹 크롤링을 통해서 활자 데이터를 확보할 수 있다. 웹 크롤러(web crawler)는 웹 정보나 문서, 이미지 등을 주기적으로 수집하여 자동으로 데이터베이스화하는 프로그램을 말한다. 웹 크롤러가 하는 작업을 웹 크롤링(web crawling)이라고 한다. 웹 크롤링을 위해서는 urllib과 import BeautifulSoup 라이브러리가 필요하다.

여기서는 홈페이지에서 간단한 내용을 가져오는 웹 크롤링에 대하여 알아본다. 분석자는 우선 requests와 beautifulsoup4 패키지를 설치해야 한다.

(1) 구글 웹문서 불러오기

구글 웹문서를 불러오기 위해서 다음과 같이 입력한다.

데이터 webcrawling.ipynb

```
from urllib.request import urlopen
from bs4 import BeautifulSoup

html = urlopen("http://www.google.com")
bsObject = BeautifulSoup(html, "html.parser")
print(bsObject)
```

```
<!DOCTYPE html>
<html itemscope="" itemtype="http://schema.org/WebPage" lang="ko"><head><meta content="text/html; charset=utf-8" http-equiv="Content-Typ
e"/><meta content="/images/branding/googleg/1x/googleg_standard_color_128dp.png" itemprop="image"/><title>Google</title><script nonce="/oy
S3BA4HdexXcopca8gfw==">(function(){window.google={kEI:'ciLTXvmIB50toATf35S4Ag',kEXPI:'0,202123,3,4,32,1151585,5662,730,224,5105,206,1245,1
959,10,1226,364,925,574,576,209,32,383,246,5,959,395,725,313,112,542,2,1217,926,41,167,180,73,154,15,125,113,31,1123030,1197752,397,78,329
040,1294,12383,4855,32691,15248,867,17444,11240,9188,8384,4859,1361,284,9006,3030,4738,11033,1808,4020,978,6242,1689,5297,2054,920,873,121
6,1711,1,7694,11306,3221,4521,1393,1382,518,400,2277,8,85,2711,889,704,1279,2212,530,149,1103,840,517,1522,4258,312,1137,2,2669,1839,184,1
733,43,521,1946,246,1984,93,328,1284,16,445,2482,2246,474,1339,748,1039,3227,773,1217,855,7,5599,469,6286,4455,641,2040,1,408,2459,1226,17
43,3653,1275,108,3407,908,2,941,552,512,1550,2398,1387,1508,2523,2049,842,1337,1098,3,346,230,970,865,372,3546,706,149,189,1666,1171,476,2
488,28,2224,3989,1027,66,651,4,1528,17,924,354,993,16,1236,271,99,775,395,2,8,42,1818,2426,49,792,185,394,338,52,74,4,1207,131,1884,45,73,
1225,212,420,79,641,92,1353,465,273,157,587,170,84,424,795,11,767,14,89,585,211,933,285,503,226,12,262,263,1138,357,110,638,90,95,387,299,
491,17,451,37,28,174,133,2,886,82,198,514,247,30,259,12,246,123,1604,48,368,114,392,1069,12,5806382,1805894,4194806,2801216,549,333,444,1,
2,80,1,900,896,1,8,1,2,2551,1,748,141,59,736,563,1,4265,1,1,1,1,137,1,879,9,305,1401,3,937,26,6,11,13,18,6,8,11,1,8,29,8,14,8,1,22,338974
7,20572125',kBL:'ocLG'};google.sn='webhp';google.kHL='ko';})();(function(){google.lc=[];google.li=0;google.getEI=function(a){for(var c;a&&
(!a.getAttribute||!(c=a.getAttribute("eid")));)a=a.parentNode;return c||google.kEI};google.getLEI=function(a){for(var c=null;a&&(!a.getAtt
ribute||!(c=a.getAttribute("leid")));)a=a.parentNode;return c};google.ml=function(){return null};google.time=function(){return Date.now
()};google.log=function(a,c,b,d,g){if(b=google.logUrl(a,c,b,d,g)){a=new Image;var e=google.lc,f=google.li;e[f]=a;a.onerror=a.onload=a.onab
ort=function(){delete e[f]};google.vel&&google.vel.lu&&google.vel.lu(b);a.src=b;google.li=f+1}};google.logUrl=function(a,c,b,d,g){var e
="",f=google.ls||"";b||-1!=c.search("&ei=")||(e="&ei="+google.getEI(d),-1==c.search("&lei=")&&(d=google.getLEI(d))&&(e+="&lei="+d));d="";!
b&&google.cshid&&-1==c.search("&cshid=")&&"slh"!=a&&(d="&cshid="+google.cshid);b=b||"/"+(g||"gen_204")+"?atyp=i&ct="+a+"&cad="+c+e+f+"&zx
="+google.time()+d;/^http:/i.test(b)&&"https:"==window.location.protocol&&(google.ml(Error("a"),!1,{src:b,glmm:1}),b="");return b};}).call
(this);(function(){google.y={};google.x=function(a,b){if(a)var c=a.id;else{do c=Math.random();while(google.y[c])}google.y[c]=[a,b];return!
1};google.lm=[];google.plm=function(a){google.lm.push.apply(google.lm,a)};google.lq=[];google.load=function(a,b,c){google.lq.push([[a],b,
c])};google.loadAll=function(a,b){google.lq.push([a,b])};}).call(this);google.f={};(function(){
document.documentElement.addEventListener("submit",function(b){var a;if(a=b.target){var c=a.getAttribute("data-submitfalse");a="1"==c|
|"q"==c&&!a.elements.q.value?!0:!1}else a=!1;a&&(b.preventDefault(),b.stopPropagation())},!0);document.documentElement.addEventListener("c
lick",function(b){var a;a:{for(a=b.target;a&&a!=document.documentElement;a=a.parentElement)if("A"==a.tagName){a="1"==a.getAttribute("data-
nohref");break a}a=!1}a&&b.preventDefault()},!0);}).call(this);
```

결과 설명 구글 웹상의 일련의 문자열로 구성된 웹문서를 의미 있는 토큰(token)으로 분해하고 토큰으로 구성된 파스트리(parse tree)를 만든 내용이다.

(2) 구글 헤드 타이틀 가져오기

구글에서 헤드 타이틀을 가져오기 위해서 다음과 같이 입력한다.

데이터 webcrawling.ipynb

```
from urllib.request import urlopen
from bs4 import BeautifulSoup

html = urlopen("http://www.google.com")
bsObject = BeautifulSoup(html, "html.parser")
print(bsObject.head.title)
<title>Google</title>
```

결과 설명 태그로 구성된 트리에서 Google title 태그만 출력한 내용이다.

(3) 구글 메타 데이터 가져오기

구글의 메타 데이터를 가져오기 위해서 아래와 같이 입력한다. 메타 데이터란 특수 목적을 가지고 만든 데이터를 말한다.

데이터 webcrawling.ipynb

```
from urllib.request import urlopen
from bs4 import BeautifulSoup

html = urlopen("https://about.google/intl/er/")
bsObject = BeautifulSoup(html, "html.parser")


for meta in bsObject.head.find_all('meta'):
  print(meta.get('content'))
```

```
None
initial-scale=1, minimum-scale=1, width=device-width
Stay up to date with Google company news and products. Discover stories about our culture, philosophy, and how Google technology is impact
ing others.
Stay up to date with Google company news and products. Discover stories about our culture, philosophy, and how Google technology is impact
ing others.
Google - About Google, Our Culture & Company News
https://lh3.googleusercontent.com/uXVic9jyqJADV4C98TjSkFX-3xxJYedpS2hce6adkNw0t7St_qPHNfhqk6XCUTIF31Pelv64f00c640_OdaN06QIOUU7_D9yYkz9=w60
0-I80-sg-rj
600
315
website
//www.google.com/
summary_large_image
@google
Google - About Google, Our Culture & Company News
Curious about Google? Learn more about Google' s history, values, people, and technology.
https://lh3.googleusercontent.com/uXVic9jyqJADV4C98TjSkFX-3xxJYedpS2hce6adkNw0t7St_qPHNfhqk6XCUTIF31Pelv64f00c640_OdaN06QIOUU7_D9yYkz9=w60
0-I80-sg-rj
ALL_ALL
```

결과 설명 구글의 메타 정보가 나타나 있다. 메타 정보란 어떤 목적을 가지고 만든 데이터를 말한다. 구글 홈페이지 소개란에 구글의 미션, 비전, 전략이 나와 있는데 이것을 메타 데이터라고 할 수 있다.

연습문제

1 척도의 종류를 이야기하고 질적 데이터와 양적 데이터의 차이점을 설명해보자.

2 Python으로 벡터 (3, 4)를 이용하여

(1) 노름 1을 계산하자.

(2) 노름 2를 계산하자.

3 다음 데이터를 엑셀에서 입력한 후 .csv로 저장하고 불러오기를 해보자.

(1) fruit 변수만 추출해보자.

데이터 ex23.xls

name	fruit	st(study time)	rb(reading book)	internet
홍길동	apple	4	1	3
홍길순	orange	5	2	2
박길동	banana	7	3	1
박기순	apple	4	2	2
이기동	apple	5	3	3
이기순	orange	6	4	2
김기동	banana	3	2	1
김기순	kiwi	4	3	2

(2) study time이 6시간 이상인 경우의 데이터를 불러오기 해보자.

4 자신이 좋아하는 그림을 저장한 다음 Python에서 불러오기를 해보자.

1 척도는 측정의 정밀성에 따라 명목척도, 서열척도, 등간척도, 비율척도로 분류한다. 명목척도와 서열척도로 측정된 데이터는 비정량적 데이터 또는 질적 데이터라고 부른다. 등간척도와 비율척도로 측정된 데이터는 정량적 데이터 또는 양적 데이터라고 한다.

2 노름 1

```
from numpy import linalg as LA
v=([3,4])
LA.norm(v,1)
7.0
```

노름 2

```
from numpy import linalg as LA
v=([3,4])
LA.norm(v,2)
5.0
```

3 힌트

(1)

```
import pandas as pd
df = pd.ExcelFile("C:/gskim/P4DS/data/ex23.xls")
df = df.parse('ex23', index_col=None,
          na_values=['NA'])
df = pd.DataFrame(df, columns=['fruit']) # fruit열 불러오기
print(df)
```

```
   fruit
0  apple
1 orange
2 banana
3  apple
4  apple
5 orange
6 banana
7   kiwi
```

(2)

```
# 연습문제 2-3
# 2-3-2
import pandas as pd
df = pd.ExcelFile("C:/gskim/P4DS/data/ex23.xls")
df = df.parse('ex23', index_col=None,
           na_values=['NA'])
df = df.loc[df["st"] > 6]
print(df)
```

```
  name   fruit st rb internet
2 박길동 banana  7  3        1
```

4 다음 힌트를 참조해 각자 실행해보자.

```
from skimage.io import imread
from skimage.transform import resize
from matplotlib import pyplot as plt
import matplotlib.cm as cm

example_file = ("그림파일 저장경로")
image = imread(example_file)
plt.imshow(image)
plt.show()
```

ch. 3 그래프 함수 활용하기

학습목표

- 각종 그래프를 그리는 방법을 연습한다.
- 정규분포를 그리는 방법을 이해한다.
- 3D도표 그리기 방법을 이해한다.
- 네트워크를 그림으로 나타낼 수 있다.

1 Python과 그래프

시각화가 가져다주는 호소력은 강력하다. 사람들은 문자나 표 형식의 결과물보다는 시각화된 결과물을 쉽게 이해하기 때문에 그래프는 글이나 숫자보다 훨씬 설득력 있게 전달된다. 그래프는 데이터를 시각적으로 보여주는 데 중요한 역할을 한다. 제대로 정리된 그래프는 수많은 정보에서 의미 있는 비교를 가능하게 해준다. 그래프가 주는 효과는 시각화에 있다. 분석자가 분석한 결과 내용을 문자나 표로 제시하는 것을 넘어 그래프를 추가하여 이해관계자들을 설득할 수 있고 분석자의 주장을 전달할 수 있다면 이보다 가치 있는 일은 없을 것이다.

Python에서는 MatPlotlib 라이브러리를 이용하여 다양한 그래프 시각화 도구를 제공한다. 본서에서 예시로 보여주는 것 이외에도 다양한 그래프 구현 방법이 있으니 MatPlotlib 홈페이지(https://matplotlib.org/)를 방문하여 자주 업데이트하면 큰 도움을 받을 수 있을 것이다.

1-1 선그래프

먼저, 1그룹의 데이터를 입력하고 간단한 선그래프를 그려보자. 이를 위해서는 matplotlib.pyplot 모듈이 필요하다. 다음은 선그래프를 그리기 위해 작업한 내용이다. %matplotlib inline은 시각화 결과를 Jupyter 노트북 화면에 보여주라는 지시어다. 만약 상호작용 그래프를 확인하거나 화면에서 그래프 저장 및 기타 작업을 하려고 한다면 %matplotlib inline 대신 %matplotlib notebook을 입력하면 되니 참고하기 바란다. 이를 실행하기 위해서는 [Kernel ⇒ Restart]를 누르고 실행하면 된다.

데이터 ch3-1.ipynb

```
import matplotlib.pyplot as plt
%matplotlib inline

value=[82, 63, 92, 40, 76, 82, 85, 68, 80, 95]
plt.plot(value)
plt.ylabel('some number')
plt.show()
```

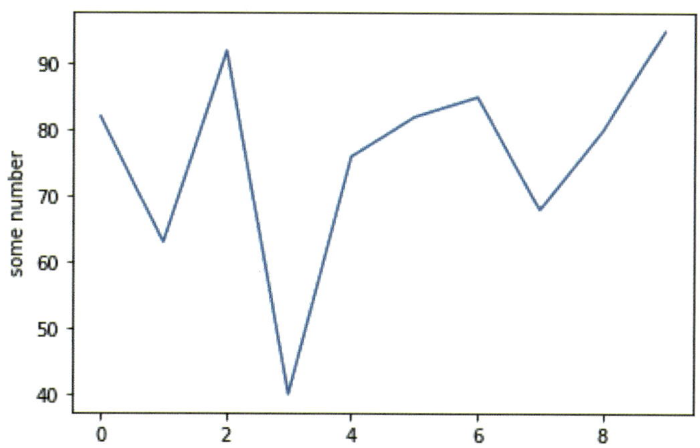

이제 1그룹과 2그룹의 데이터를 동시에 입력하고 전반적인 추이를 비교하는 그래프를 그려보자.

데이터 ch3-1.ipynb

```
import matplotlib.pyplot as plt
%matplotlib inline

value = [82, 63, 92, 40, 76, 82, 85, 68, 80, 95]
values = [98, 92, 60, 83, 85, 89, 70, 75, 53, 80]
plt.plot(value)
plt.plot(values)
plt.ylabel('some number')
plt.show
```

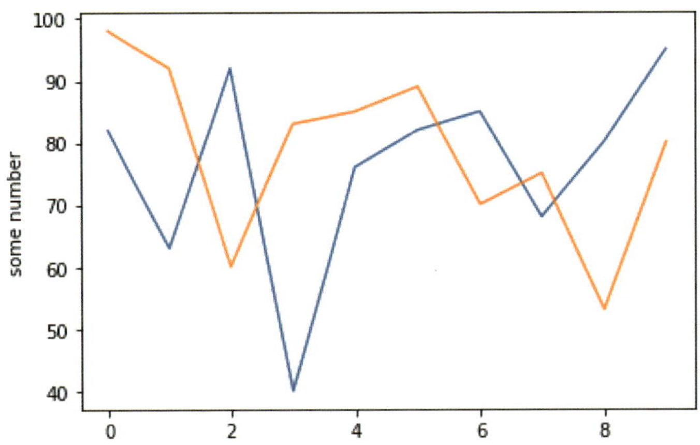

그래프상에 그리드(격자)를 추가하는 방법을 생각해보자. 이 경우는 ax=plt.axes( )와 ax.grid( )를 추가해주면 된다.

데이터 ch3-1.ipynb

```
import matplotlib.pyplot as plt
%matplotlib inline
value = [82, 63, 92, 40, 76, 82, 85, 68, 80, 95]
values = [98, 92, 60, 83, 85, 89, 70, 75, 53, 80]
```

```
ax=plt.axes()
ax.grid()
plt.plot(value)
plt.plot(values)
plt.ylabel('some number')
plt.show()
```

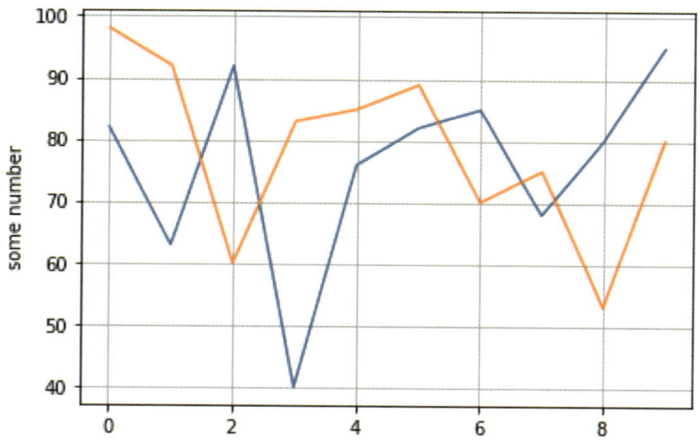

이제 선의 종류와 범례를 입력하는 방법을 알아보자. 여기서 선의 종류를 바꾸기 위해서 plt.plot(value, '--')와 plt.plot(values, ':')를 입력하였다. 이는 첫 번째 값(value)에는 대시(--)로 표시하고 두 번째 값(values)에는 콜론(:)으로 표시하기 위한 것이다. 또한 범례(legend)를 추가하기 위해서 line1 = plt.plot(value)와 line2 = plt.plot(values) plt.legend(['A Class', 'B Class'], loc=4)를 추가하였다. loc=4는 범례를 나타내는 장소(location)를 지정하는 것으로 4는 왼쪽 하단을 의미한다. 참고로 1은 오른쪽 상단, 2는 왼쪽 상단, 3은 왼쪽 하단을 나타낸다.

데이터 ch3-1.ipynb

```
import matplotlib.pyplot as plt
%matplotlib inline
value = [82, 63, 92, 40, 76, 82, 85, 68, 80, 95]
values = [98, 92, 60, 83, 85, 89, 70, 75, 53, 80]
```

```
ax=plt.axes()
ax.grid()

plt.plot(value, '--')
plt.plot(values, ':')
plt.ylabel('some number')
line1 = plt.plot(value)
line2 = plt.plot(values)
plt.legend(['A Class', 'B Class'], loc=4)
plt.show()
```

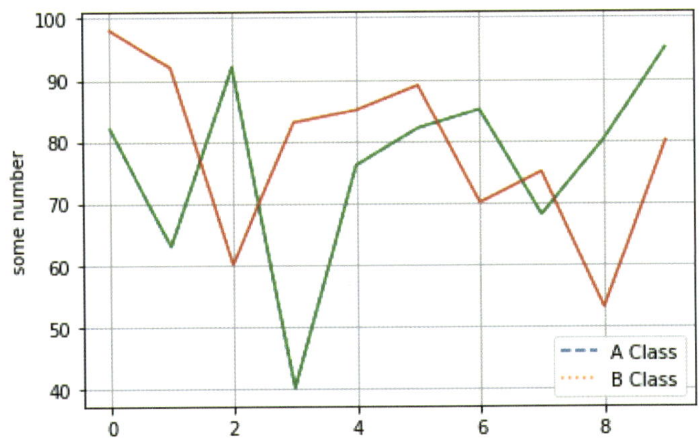

MatPlotlib에서 제공하는 선의 유형을 표로 나타내면 다음과 같다.

[표 3-1] MatPlotlib 선 유형

특징	선 유형
'–'	굵은 실선
'––'	대시 선
'–.'	대시 점선(1점 점선)
':'	콜론

다음으로 MatPlotlib에서 제공하는 색깔 유형을 표로 나타내면 다음과 같다.

[표 3-2] MatPlotlib 색깔

특징	선 유형
‘b’	Blue(파랑)
‘g’	Green(녹색)
‘r’	Red(빨강)
‘c’	Cyan(청록)
‘m’	Magenta(진홍)
‘y’	Yellow(노랑)
‘k’	Black(검정)
‘w’	White(흰색)

또한 MatPlotlib는 표기 마크도 제공하는데 다음과 같다. 이 마크는 컴퓨터와 프린터 상황에 따라 다르게 나타날 수 있으니 참고하기 바란다.

[표 3-3] MatPlotlib 마크

특징	선 유형
‘.’	점
‘,’	픽셀
‘o’	원
‘v’	트라이앵글1 아래
‘^’	트라이앵글1 위
‘<’	트라이앵글1 왼쪽
‘>’	트라이앵글1 오른쪽
‘1’	트라이앵글2 아래
‘2’	트라이앵글2 위
‘3’	트라이앵글2 왼쪽
‘4’	트라이앵글2 오른쪽
‘s’	사각형
‘*’	스타
‘h’	육각형1
H	육각형2
‘+’	플러스
‘x’	X
‘D’	큰 다이아몬드
‘d’	작은 다이어몬드
‘l’	수직선
‘_’	수평선

다음으로 각 데이터에 plt.plot(value, 'o--') plt.plot(values, 'v:') 마크를 삽입해보도록 하자.

데이터 ch3-1.ipynb

```
import matplotlib.pyplot as plt
%matplotlib inline
value = [82, 63, 92, 40, 76, 82, 85, 68, 80, 95]
values = [98, 92, 60, 83, 85, 89, 70, 75, 53, 80]

ax=plt.axes()
ax.grid()

plt.plot(value, 'o--')
plt.plot(values, 'v:')
plt.ylabel('some number')
line1 = plt.plot(value)
line2 = plt.plot(values)
plt.legend(['A Class', 'B Class'], loc=4)
plt.show()
```

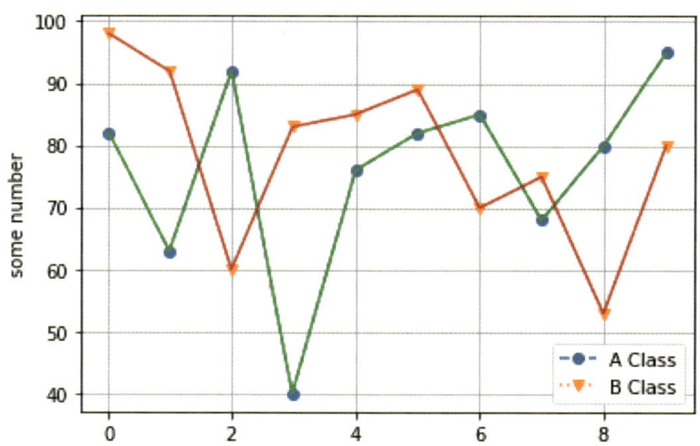

이어 조합한 그래프를 그려보기 위해 다음과 같이 입력한다.

데이터 ch3-1.ipynb

```
%matplotlib inline
import matplotlib.pyplot as plt

import numpy as np

a = np.arange(1,5.0,0.1)  # 1.0, 1.1, 1.2, 1.3...4.4
plt.plot(a, a**2, 'y^',   # yellow triangle_up marker
     a, a**3, 'bo',   # blue circle
     a, a**4, 'r--',) # red dashed line

plt.axis([0, 5.0, 0, 80]) # xmin, xmax, ymin, ymax
plt.show()
```

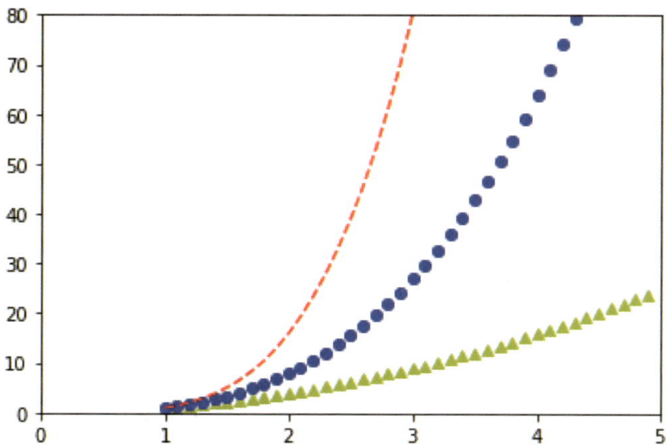

변수의 관련성을 살펴보는 산포도로 나타내려면 다음과 같이 입력하면 된다. 여기서는 seaborn에 내장되어 있는 iris(붓꽃) 데이터를 이용하기로 한다.

데이터 ch3-1.ipynb

```
import seaborn as sns
import matplotlib.pyplot as plt

#---load the iris dataset---
iris = sns.load_dataset("iris")

#---plot the lmplot---
sns.lmplot('petal_width', 'petal_length', data=iris,
           hue='species', palette='Set1',
           fit_reg=False, scatter_kws={"s": 200})

#---get the current polar axes on the current figure---
ax = plt.gca()
ax.set_title("Plotting using the Iris dataset")

#---show the plot---
plt.show()
```

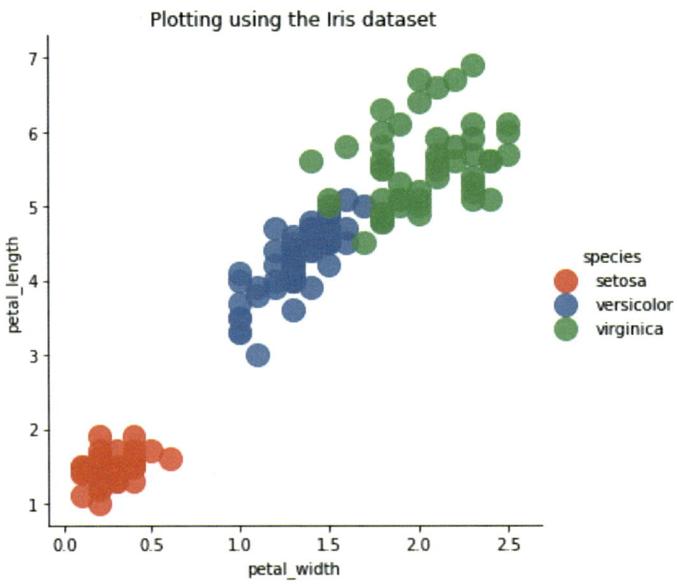

1-2 파이차트

다음으로 파이차트(pie chart)를 그려보자. colors에서 값에 대한 색깔을 지정하고 labels에서 값에 대한 이름을 부여한다. 원에서 부각시키고 싶은 부분은 explode를 사용한다. 숫자는 부각(돌출)되지 않은 것이고 숫자가 커질수록 외부로 돌출 정도가 커진다. 파이차트를 나타내기 위해서 plt.pie를 사용하고 비율이 자동 계산되도록 autopct를 사용한다. 파이차트를 나타내는 순서를 시계방향으로 하기 위해서 counterclock=False라고 지정한다.

데이터 ch3-2.ipynb

```
import matplotlib.pyplot as plt
%matplotlib inline

values = [10, 20, 30, 15, 5]
colors = ['b', 'g', 'r', 'c', 'm']
labels = ['A', 'B', 'C', 'D', 'E']
explode = (0, 0, 0.4, 0, 0)

plt.pie(values, colors=colors, labels=labels,
    explode=explode, autopct='%1.1f%%',
    counterclock=False, shadow=True)
plt.title('Percent of Values')

plt.show()
```

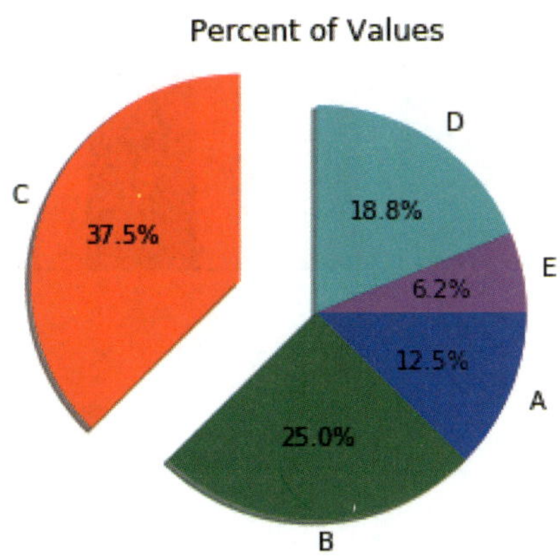

1-3 막대그래프 그리기

막대그래프는 상대적인 비교를 위한 도구로 실무에서 유용하게 사용된다. 입력하는 것은 크게 어렵지 않다. 다만 막대그래프를 그리기 위해 plt.bar( )를 사용하는데 범위(range)를 입력할 때 주의해야 한다. 범위의 시작은 0으로 하고 값이 5개이므로 range(0, 5)를 입력해야 한다.

데이터 ch3-2.ipynb

```
import matplotlib.pyplot as plt
%matplotlib inline

values = [10, 20, 30, 15, 5]
widths = [0.7, 0.7, 0.8, 0.7, 0.7]
colors = ['b', 'b', 'r', 'b', 'b']

plt.bar(range(0, 5), values, width=widths, color=colors, align='center')

plt.title('Number of Values')
plt.show()
```

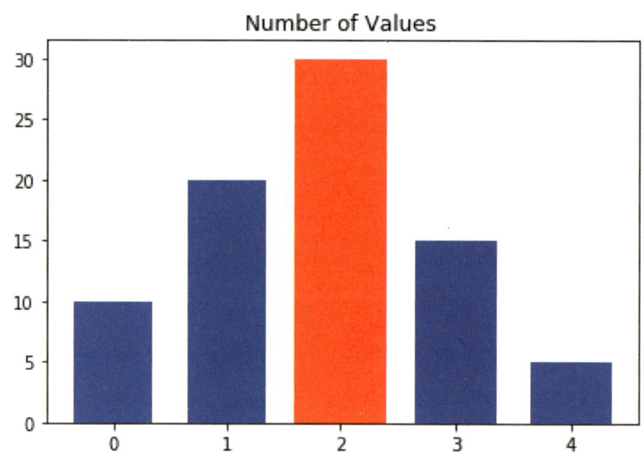

1-4 누적 막대그래프 그리기

누적 막대그래프는 2개 이상의 데이터를 그래프에 누적하여 나타내는 것이다. 누적 막대그래프를 그리기 위해서는 plt.bar(x, y2, bottom=y1) 함수를 사용한다. 이는 x축에 x값을 놓고, 바닥에 먼저 y1을 위치시켜 놓는다는(bottom=y1) 의미다. 다음으로 그 위에 y2를 누적시키는 것이다.

데이터 ch3-2.ipynb

```
import numpy as np
import matplotlib.pyplot as plt
%matplotlib inline

x = [1, 2, 3, 4, 5, 6]
y1 = [10, 20, 25, 30, 35, 40]
y2 = [25, 14, 26, 15, 15, 20]
labels = ["A", "B", "C", "D", "E", "F"]

plt.bar(x, y1, tick_label=labels)
plt.bar(x, y2, bottom=y1)

plt.legend(("y1", "y2"))
plt.show()
```

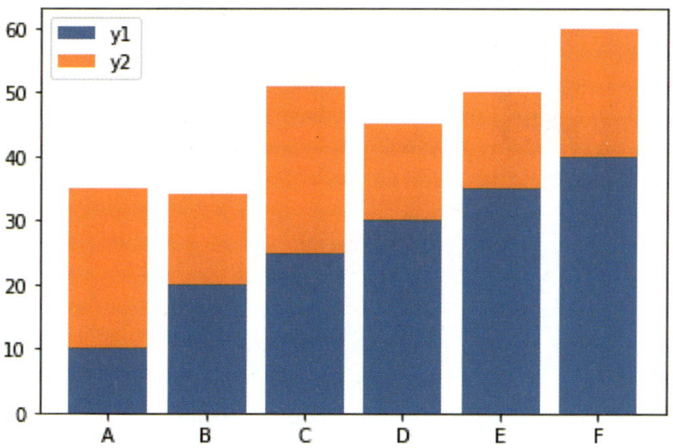

1-5 집단별 막대그래프 그리기

분석자는 집단별 막대그래프를 그림으로써 집단별 차이를 시각적으로 확인할 수 있다. 여기서는 seaborn에 내장되어 있는 titanic 데이터를 이용하기로 한다.

데이터 ch3-2.ipynb

```
import matplotlib.pyplot as plt
import seaborn as sns

titanic = sns.load_dataset("titanic")
g = sns.catplot(x="who", y="survived", col="class",
    data=titanic, kind="bar", ci=None, aspect=1)

g.set_axis_labels("", "Survival Rate")
g.set_xticklabels(["Men", "Women", "Children"])
g.set_titles("{col_name} {col_var}")

#---show plot---
plt.show()
```

1-6 인터랙티브 그래프 그리기

1단계: 인터랙티브(interactive) 그래프는 마우스를 결과에 옮겨 놓는 순간에 결과가 곧바로 나타나는 그래프를 말한다. 우선 필요 라이브러리를 불러온다.

데이터 ch3-2.ipynb

```
import pandas as pd
import math
import numpy
import plotly.express
import plotly.offline
import scipy
import statsmodels.api
import statsmodels.formula.api
import patsy.contrasts
```

2단계: 인터랙티브 그래프를 노트북 오프라인 모드로 연결하는 명령어를 입력한다.

데이터 ch3-2.ipynb

```
plotly.offline.init_notebook_mode(connected = True)
```

3단계: 이어 데이터 predata를 연결하고 불러오기를 한다.

데이터 ch3-2.ipynb

```
# interactive graph
predata=pd.read_csv('C:/gskim/P4DS/data/predata.csv')
```

4단계: 다음과 같이 히스토그램을 그리는 문장을 입력한다.

```
# y histograms by group
plotly.offline.iplot(
  plotly.express.histogram(predata, x = "a", color = "id", facet_col = "id"))
```

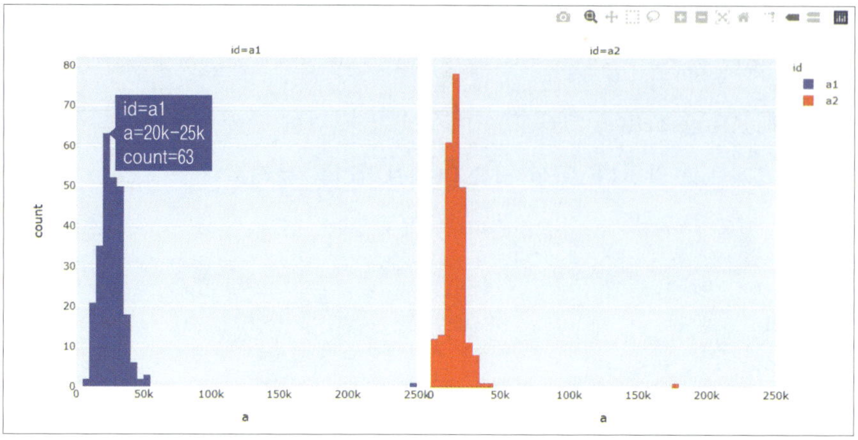

결과 설명 해당 그림에 마우스를 올려놓으면 곧바로 기술통계량을 확인할 수 있다.

5단계: 인터랙티브 산포도를 나타내려면 다음과 같은 문장을 입력하고 실행한다.

```
plotly.offline.iplot(
   plotly.express.scatter(predata, x = "a", color = "id", trendline = "ols",
facet_col = "id"))
```

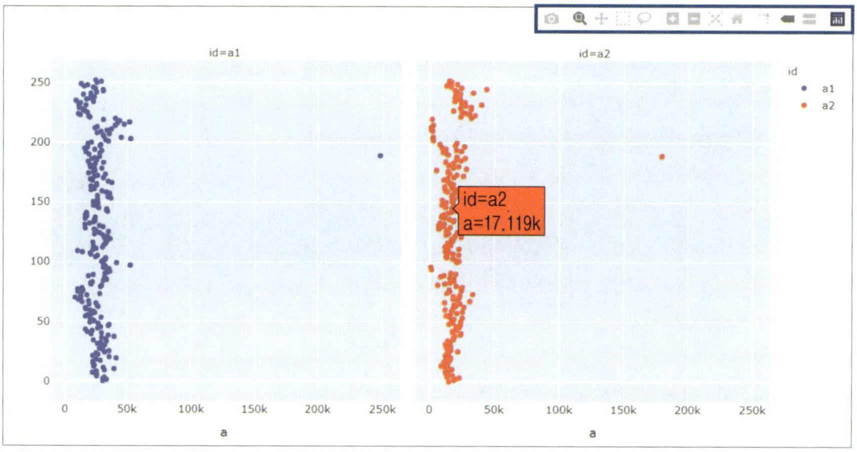

결과 설명 각 집단에 따른 산포도가 나타나 있다. 앞에서와 마찬가지로 마우스를 올려놓으면 기술통계량을 확인할 수 있다. 그림 오른쪽 상단의 도구 모음 부분에는 다양한 기능이 있으니 확인하기 바란다.

2 정규분포 그리기

정규분포는 통계에서 가장 일반적인 분포이다. 정규분포는 종 모양의 대칭분포를 말한다. 분석자는 정규분포를 통해서 수학적인 추적을 할 수 있다. 일반적으로 중심극한정리에 의해서 표본의 수를 증가시키면 대체로 정규분포에 근접한다. 정규분포는 일반적으로 평균이 μ, 분산이 σ^2인 정규확률밀도함수를 $N(\mu, \sigma^2)$으로 표기하면 편리하다.

$$X \sim N(\mu, \sigma^2)$$

따라서 위의 표기는 확률변수 X가 평균 μ, 분산 σ^2의 정규분포를 이룬다는 의미이다. 예를 들어, X～N(60, 81)이면 확률변수 X는 평균이 60이고 분산이 81인 정규확률밀도함수를 갖는다. 이를 식으로 나타내면 다음과 같다.

$$f(x) = \frac{1}{\sqrt{2\pi(81)}} e^{-\frac{1}{2}\left(\frac{x-60}{9}\right)^2}$$

만약, 자료의 범위가 $-60 \leq x \leq 60$인 경우의 정규분포를 그린다면 다음과 같은 명령어를 입력하면 된다. 여기서는 난수 생성을 위해서 20*np.random.randn(10000)을 사용한다.

데이터 ch3-3.ipynb

```
import numpy as np
import matplotlib.pyplot as plt
%matplotlib inline

x = 20*np.random.randn(10000)

plt.hist(x, 10, range=(-60, 60), histtype='stepfilled',
    align='mid', color='g', label="Test Data")
plt.legend()
plt.title('Normal Distribution')
plt.show()
```

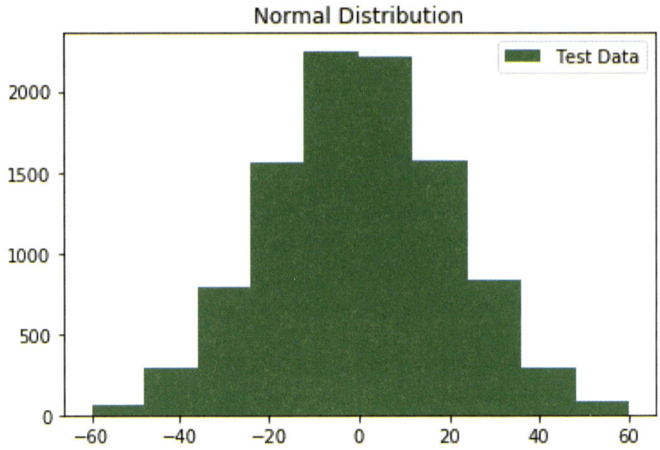

이어 계급구간이 증가할 때마다 빈도수가 누적되는 누적 히스토그램을 그려보도록 하자. plt.hist(x, bins=100, normed=True, cumulative=True)에서 cumulative=True를 사용한다.

데이터 ch3-3.ipynb

```
import numpy as np
import matplotlib.pyplot as plt
%matplotlib inline

x = 20*np.random.randn(10000)
plt.hist(x, bins=100, normed=True, cumulative=True)
plt.show()
```

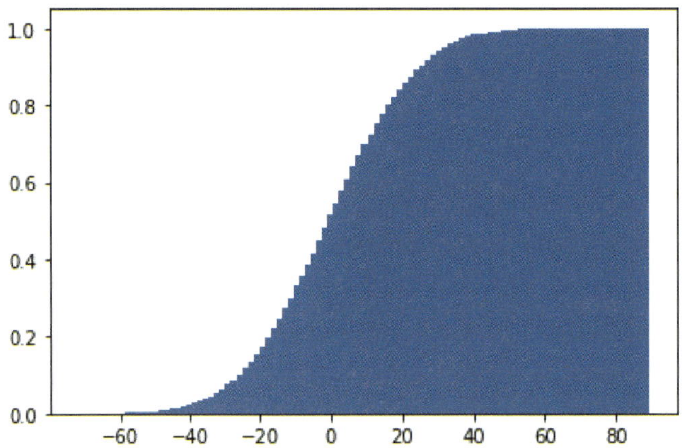

자료를 표준화한 다음 표준화된 값의 평균을 0, 표준편차를 1로 놓았을 때 표준정규분포를 그려보는 연습을 해보자. 다음과 같이 작업을 실행하면 표준정규분포를 얻을 수 있다.

데이터 ch3-3.ipynb

```
import numpy as np
import matplotlib.pyplot as plt
from scipy.stats import norm

# Plot between -3 and 3with 1steps.
x_axis = np.arange(-3, 3, 0.01)
# Mean = 0, SD = 3.
plt.plot(x_axis, norm.pdf(x_axis,0,1))
plt.show()
```

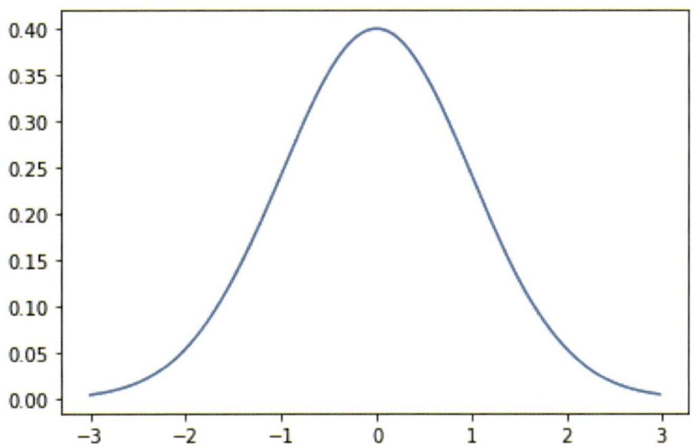

3 상자그림

상자그림(box plot)은 집단 간의 양적 수치를 보여줄 수 있어 유용하다. 일반적으로 x축에는 질적 변수를 배열하고 y축에는 양적 수치를 배열한다. 상자그림의 구성 요소들을 그림으로 나타내면 다음과 같다.

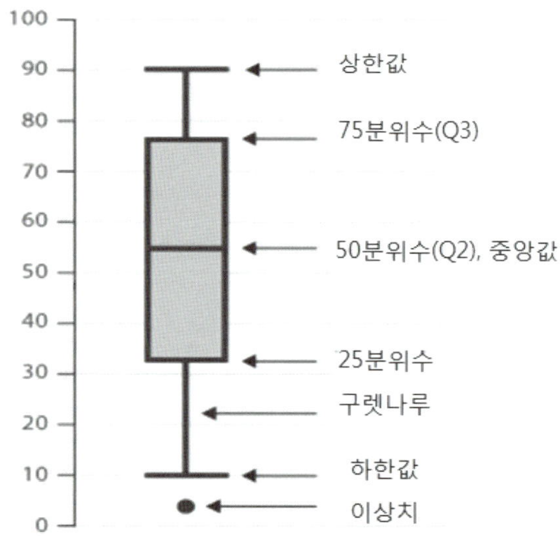

[그림 3-1] 상자그림 설명

1단계: 상자그림을 그리기 위한 데이터를 살펴본다. 다음에 제시하는 데이터는 네 기업에 대한 만족도 조사 자료이다.

데이터 ch31.csv

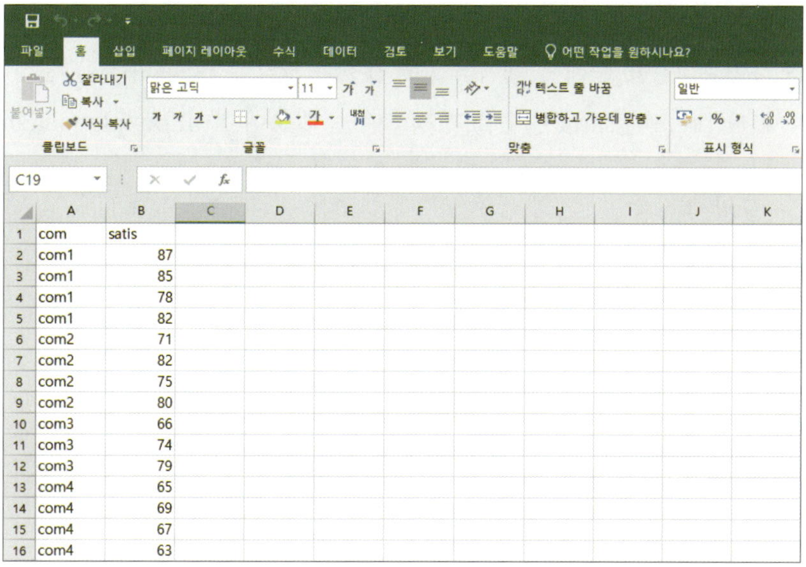

	A	B
1	com	satis
2	com1	87
3	com1	85
4	com1	78
5	com1	82
6	com2	71
7	com2	82
8	com2	75
9	com2	80
10	com3	66
11	com3	74
12	com3	79
13	com4	65
14	com4	69
15	com4	67
16	com4	63

[그림 3-2] 데이터

2단계: 다음과 같이 명령문을 작성한다.

데이터 ch3-4.ipynb

```
import pandas as pd
import matplotlib.pyplot as plt
%matplotlib inline

ch31=pd.read_csv("C:/gskim/P4DS/data/ch31.csv")

# Bring them in dataframe-format
df = pd.DataFrame(ch31, columns=['com', 'satis'])
df.boxplot(column = 'satis', by='com', grid = True)
plt.show()
```

명령문에서 데이터 관리를 위해서 pandas 라이브러리를 이용하고, 그림을 그리기 위해서 matplotlib를 이용한다. %matplotlib inline은 주피터 노트북 안에 그림이 나오도록 설정하기 위한 것이다. 즉 %matplotlib inline을 설정하면 matplotlib.pyplot의 show 함수를 호출하지 않아도 주피터 노트북 안에서 그래프가 나타난다.

ch31=pd.read_csv("C:/gskim/P4DS/data/ch31.csv")는 데이터가 저장된 경로를 지정

하고 ch31.csv를 불러오기 위한 것이다. df=pd.DataFrame(ch31, columns=['com', 'satis']) 는 pandas 라이브러리를 통해서 데이터 프레임(행과 열의 2차원 테이블)을 설정하기 위한 것이다. 여기서는 com과 satis 변수를 지정한다는 내용이다. df.boxplot(column='satis', by='com', grid=True)는 상자그림을 그리기 위한 명령어다.

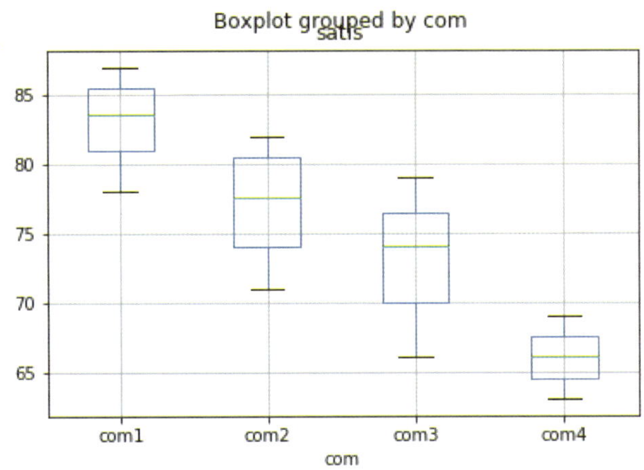

[그림 3-3] 데이터

결과 설명 기업1(com1)의 만족도가 가장 높고 기업4(com4)의 만족도가 가장 낮음을 확인할 수 있다.

4 네트워크 그리기

4-1 네트워크 설명

모든 사람과 사물은 약하든 강하든 연결되어 있다. 바이러스의 전파나 새로운 아이디어의 전파속도를 보면 세상이 긴밀히 연결되어 있음을 실감하게 된다. 비즈니스의 시작은 연결에서 비롯된다. 경영에서 누가 허브(hub)이고 노드(node)는 누구인지를 알면, 생각보다 비즈니스가 수월해진다. 사회연결망분석(Social Network Analysis, SNA)은 개인과 집단 간의 관계를, 즉 노드와 링크의 데이터 위상구조와 확산과 확장과정을 계량적으로 분석하는 방법을 말한다. 사회연결망 분석은 인간관계 연구나 사회과학 분야뿐만 아니라 경영학, 응용과학 등 다양한 분야에서 널리 응용되고 있다.

노드는 분석하고자 하는 객체로서 사람이나 사물 등을 말한다. 이 노드들의 관계를 나타내는, 즉 연결하는 것을 링크(link 또는 edge)라고 한다. 링크는 단순히 노드 A와 노드 B를 연결만 하는 무방향성(undirected) 링크와, 노드 A에서 노드 B로의 방향성을 지니는 방향성(directed) 링크 등이 있다. 또한 노드에 연결된 링크의 수를 밀도(degree)라고 부른다. 특정 노드에 링크가 5개가 연결되어 있으면 이 노드의 밀도는 5가 된다. 지금까지 설명한 내용을 그림으로 나타내면 다음과 같다.

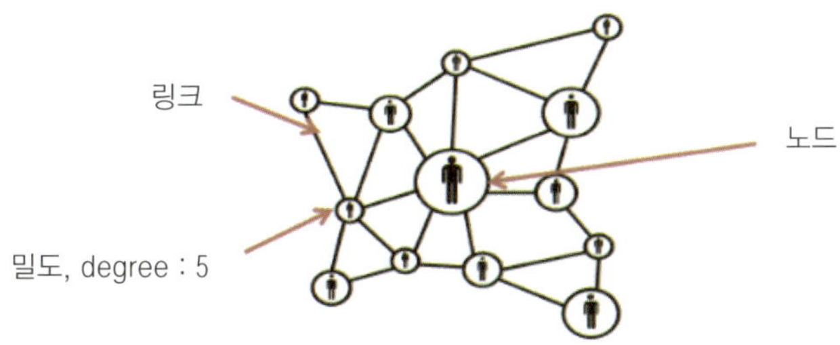

[그림 3-4] 노드, 링크, 밀도

친구 관계나 비즈니스 관계를 분석하는 데 사용되는 사회관계 네트워크 분석에서 그래프만큼 유용한 도구는 없다. 네트워크 그림에서 노드(node, vertex)는 개체를 나타낸다. 개체는 사람이 될 수도 있고 사물이 될 수도 있다. 각 노드 사이의 연결(link, edge)을 통해서 링크(link)가 발생하게 된다. 특정 노드를 중심으로 연결이 가장 많은 노드를 허브(hub)라고 부른다. 허브는 사물과 사람의 중심이라고 할 수 있다.

사회연결망분석에서 관계와 관계는 선으로 표현된다. 방향이 없는 그래프(undirected graph)와 방향이 있는 그래프(directed graph)로 나타낼 수 있다. 방향이 없는 그래프(undirected graph)를 통해서는 한 노드와 다른 노드의 연결만 알 수 있지 서로의 영향 관계는 알 수 없다. 반면에 방향이 있는 그래프(directed graph)를 통해서는 한 노드와 다른 노드의 연결뿐만 아니라 서로의 영향 관계 정보도 알 수 있다.

4-2 방향이 없는 네트워크

먼저 networkx 라이브러리를 사용해 방향이 없는 네트워크를 그리는 연습을 해보자. 여기서 G=nx.Graph( )와 H=nx.Graph( ) 그래프를 나타낸 것은 전체 네트워크를 두 파트로 분리하였기 때문이다. 실행 후 결과를 보면 알 수 있다.

데이터 ch3-5.ipynb

```
import networkx as nx
import matplotlib.pyplot as plt
%matplotlib inline

G = nx.Graph()
H = nx.Graph()
G.add_node(1)
G.add_nodes_from([2,3])
G.add_nodes_from(range(4,7))
H.add_nodes_from(H)

G.add_edge(1,2)
G.add_edge(1,1)
G.add_edges_from([(2,3), (3,6), (4,6), (5,6)])
H.add_edges_from([(4,7), (5,7), (6,7)])
G.add_edges_from(H.edges())

nx.draw_networkx(G)
plt.show()
```

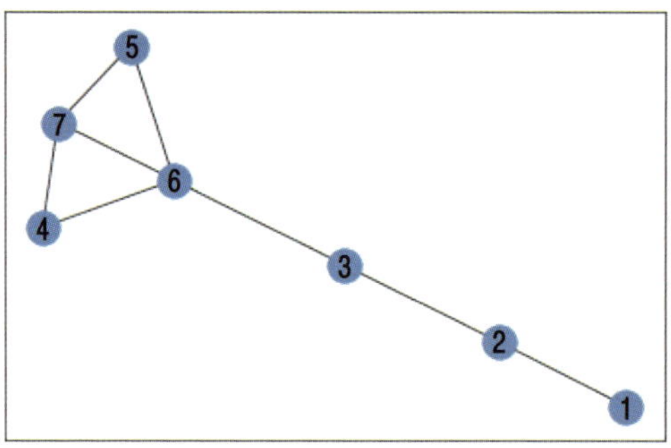

결과 설명 결과에서 보면 6번과 7번이 매개적인 역할을 하며 특히 6번이 중심적인 역할을 하는 허브임을 알 수 있다.

4-3 방향이 있는 네트워크

이번에는 시작점과 끝점이 있으며 방향성이 있는 네트워크를 그려보자. 이를 위해 다음과 같은 내용을 입력한다.

데이터 ch3-5.ipynb

```
import networkx as nx
import matplotlib.pyplot as plt
%matplotlib inline

G = nx.DiGraph()

G.add_node(1)
G.add_nodes_from([2, 3])
G.add_nodes_from(range(4, 6))
G.add_path([6, 7, 8])

G.add_edge(1, 2)
G.add_edges_from([(1,4), (4,5), (2,3), (3,6), (5,6)])

colors = ['r', 'g', 'g', 'g', 'g', 'm', 'm', 'r']
labels ={1:'start', 2:'2', 3:'3', 4:'4',
    5:'5', 6:'6', 7:'7', 8:'End'}
sizes = [800, 300, 300, 300, 300, 600, 300, 800]


nx.draw_networkx(G, node_color=colors, node_shape="D",
        with_labels=True, labels=labels,
        node_size=sizes)
plt.show()
```

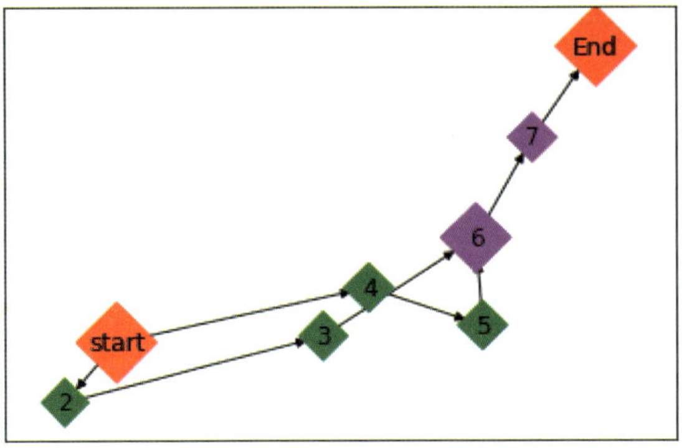

결과 설명 시작과 끝점이 있으며 화살표의 방향이 있는 네트워크를 확인할 수 있다. 이 네트워크에서 6번이 허브 역할을 하고 있음을 알 수 있다. 참고로 분석자가 프로그램을 재차 실행하면 그림의 배열 위치가 바뀌게 된다.

4-4 친밀도 매트릭스를 이용한 네트워크 그리기

친밀도 매트릭스(adjacency matrix)는 연결된 노드 사이의 친밀도를 수치로 나타낸 것이다. 여기서 1은 친밀도가 있는 것이고 0은 친밀도가 없는 것이다. 이제 친밀도 매트릭스를 이용해 네트워크 그리기를 연습해보자.

1단계: 다음과 같은 명령문을 입력한 후 실행하면 노드 20개에 대한 친밀도 매트릭스가 생성된다.

데이터 ch3-6.ipynb

```
import networkx as nx

G = nx.cycle_graph(20)
A = nx.adjacency_matrix(G)

print(A.todense())
```

```
[[0 1 0 0 0 0 0 0 0 0 0 0 0 0 0 0 0 0 0 1]
 [1 0 1 0 0 0 0 0 0 0 0 0 0 0 0 0 0 0 0 0]
 [0 1 0 1 0 0 0 0 0 0 0 0 0 0 0 0 0 0 0 0]
 [0 0 1 0 1 0 0 0 0 0 0 0 0 0 0 0 0 0 0 0]
 [0 0 0 1 0 1 0 0 0 0 0 0 0 0 0 0 0 0 0 0]
 [0 0 0 0 1 0 1 0 0 0 0 0 0 0 0 0 0 0 0 0]
 [0 0 0 0 0 1 0 1 0 0 0 0 0 0 0 0 0 0 0 0]
 [0 0 0 0 0 0 1 0 1 0 0 0 0 0 0 0 0 0 0 0]
 [0 0 0 0 0 0 0 1 0 1 0 0 0 0 0 0 0 0 0 0]
 [0 0 0 0 0 0 0 0 1 0 1 0 0 0 0 0 0 0 0 0]
 [0 0 0 0 0 0 0 0 0 1 0 1 0 0 0 0 0 0 0 0]
 [0 0 0 0 0 0 0 0 0 0 1 0 1 0 0 0 0 0 0 0]
 [0 0 0 0 0 0 0 0 0 0 0 1 0 1 0 0 0 0 0 0]
 [0 0 0 0 0 0 0 0 0 0 0 0 1 0 1 0 0 0 0 0]
 [0 0 0 0 0 0 0 0 0 0 0 0 0 1 0 1 0 0 0 0]
 [0 0 0 0 0 0 0 0 0 0 0 0 0 0 1 0 1 0 0 0]
 [0 0 0 0 0 0 0 0 0 0 0 0 0 0 0 1 0 1 0 0]
 [0 0 0 0 0 0 0 0 0 0 0 0 0 0 0 0 1 0 1 0]
 [0 0 0 0 0 0 0 0 0 0 0 0 0 0 0 0 0 1 0 1]
 [1 0 0 0 0 0 0 0 0 0 0 0 0 0 0 0 0 0 1 0]]
```

2단계: 밀도 매트릭스를 생성하기 위해서 다음과 같이 입력하면 결과를 얻을 수 있다.

```
import matplotlib.pyplot as plt
%matplotlib inline
nx.draw_networkx(G)
plt.show()
```

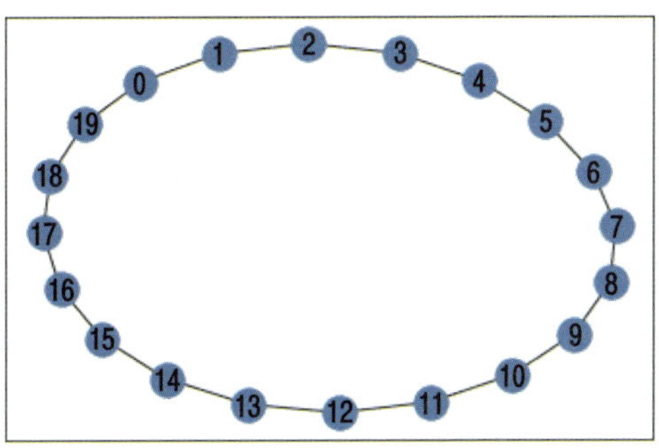

3단계: 이제 1번과 20번 노드를 연결하는 연습을 해보자. 이를 위해 add_edge( ) 함수를 사용한다.

```
G.add_edge(1,20)
nx.draw_networkx(G)
plt.show()
```

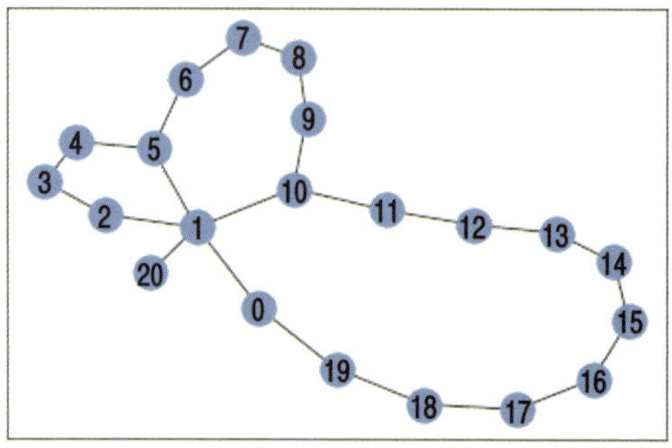

5 지도 그리기

1단계: Anaconda 프로그램에 pycountry 라이브러리를 설치한다. 설치 방법은 4가지가 있다.

```
conda install -c conda-forge pycountry
```

```
conda install -c conda-forge/label/gcc7 pycountry
```

```
conda install -c conda-forge/label/cf201901 pycountry
```

```
conda install -c conda-forge/label/cf202003 pycountry
```

2단계: 대화형 그래프 그리기가 가능한 plotly와 plotly_express를 설치한다.

```
conda install -c plotly plotly
```

```
conda install -c plotly plotly_express==0.4.0
```

3단계: geojson(지오제이슨) 프로그램을 설치한다. geojson은 위치정보를 갖는 점을 기반으로 체계적으로 지형을 표현하기 위해 설계된 개방형 공개 표준 형식이다.

```
conda install -c conda-forge geojson
```

```
conda install -c conda-forge/label/gcc7 geojson
```

```
conda install -c conda-forge/label/cf201901 geojson
```

```
conda install -c conda-forge/label/cf202003 geojson
```

4단계: 데이터를 불러오기 위해서 다음과 같이 입력한다.

데이터 covid_19.ipynb

```
import pycountry
import plotly.express as px
import pandas as pd
URL_DATASET =
r'https://raw.githubusercontent.com/datasets/covid-19/master/data/
countries-aggregated.csv'
df1 = pd.read_csv(URL_DATASET)
print(df1.head(3)) # Get first 3 entries in the dataframe
print(df1.tail(3)) # Get last 3 entries in the dataframe
```

```
        Date      Country Confirmed Recovered Deaths
0 2020-01-22 Afghanistan         0         0      0
1 2020-01-22     Albania         0         0      0
2 2020-01-22     Algeria         0         0      0
            Date  Country Confirmed Recovered Deaths
16832 2020-04-21    Yemen         1         0      0
16833 2020-04-21   Zambia        70        35      3
16834 2020-04-21 Zimbabwe        28         2      3
```

결과 설명 데이터 앞부분 3행에 대한 정보와 뒷부분 3행의 정보가 나타나 있다.

5단계: 코로나 발생건수를 지도에 나타내기 위해서 다음과 같이 명령어를 입력한다.

```
import pycountry
import plotly.express as px
import pandas as pd
# ----------- Step 1 ------------
URL_DATASET = r'https://raw.githubusercontent.com/datasets/covid-19/
master/data/countries-aggregated.csv'
df1 = pd.read_csv(URL_DATASET)
# print(df1.head) # Uncomment to see what the dataframe is like
# ----------- Step 2 ------------
list_countries = df1['Country'].unique().tolist()
# print(list_countries) # Uncomment to see list of countries
d_country_code = {} # To hold the country names and their ISO
for country in list_countries:
  try:
    country_data = pycountry.countries.search_fuzzy(country)
    # country_data is a list of objects of class pycountry.db.Country
    # The first item  ie at index 0 of list is best fit
    # object of class Country have an alpha_3 attribute
    country_code = country_data[0].alpha_3
    d_country_code.update({country: country_code})
  except:
    print('could not add ISO 3 code for ->', country)
    # If could not find country, make ISO code ' '
    d_country_code.update({country: ' '})
```

```
# print(d_country_code) # Uncomment to check dictionary

# create a new column iso_alpha in the df
# and fill it with appropriate iso 3 code
for k, v in d_country_code.items():
  df1.loc[(df1.Country == k), 'iso_alpha'] = v

# print(df1.head) # Uncomment to confirm that ISO codes added
# ----------- Step 3 ------------
fig = px.choropleth(data_frame = df1,
          locations= "iso_alpha",
          color= "Confirmed", # value in column 'Confirmed' determines color
          hover_name= "Country",
          color_continuous_scale= 'RdYlGn', # color scale red, yellow green
          animation_frame= "Date")

fig.show()
```

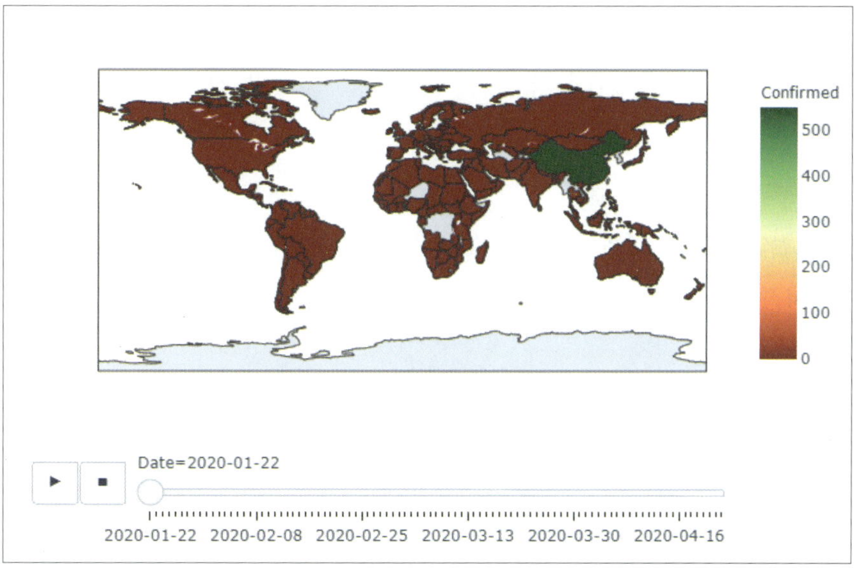

결과 설명 지도상에서 각 나라마다 일자별로 코로나 발생건수를 확인할 수 있다.

연습문제

1 어느 대학교 학생 8명의 키를 조사하였다. 선그래프를 그려보자.
[168, 169, 169, 170, 171, 172, 173, 174]

2 다음은 중국 우한 지역 COVID-19 진료 관련 일선 의료종사자들을 대상으로 조사한 내용이다. 조사 내용은 일선 의료종사자들이 겪는 증상 내용이다. 이를 보고 막대그래프로 처리해보자.

Symptom's	%
Depression	50.4
Anxiety	44.6
Insomnia	34.0
Distress	71.5

자료: CNN(2020. 4. 10.) 보도 내용.

3 Python 컨설팅은 세 병원의 대기시간(단위: 분)을 조사하였다. 이 데이터를 이용하여 병원별 대기시간을 인터랙티브한 상자그림으로 그려보자.

데이터 ex33.csv

H1	H2	H3
15	12	18
20	14	19
30	13	20
45	14	17

4 매일 업데이트되고 있는 코로나 19의 현황 정보를 이용하여 전 세계의 확진자수 관련 그래프를 그려보자. 확진자수 정보를 볼 수 있는 사이트(https://medium.com/dunder-data/create-a-bar-chart-race-animation-in-python-with-matplotlib-477ed1590096)를 참고한다.

5 다음 데이터(ex35.csv)는 성별(남, 여), 그룹별(A, B), 자동차면허 보유 현황이다. 그룹에 따른 성별(남, 여) 자동차면허 보유 현황을 그래프로 그려보자.

1

```
# 연습문제 3-1
import matplotlib.pyplot as plt
%matplotlib inline

value=[168, 169, 169, 170, 171, 172, 173, 174]
plt.plot(value)
plt.ylabel('some number')
plt.show()
```

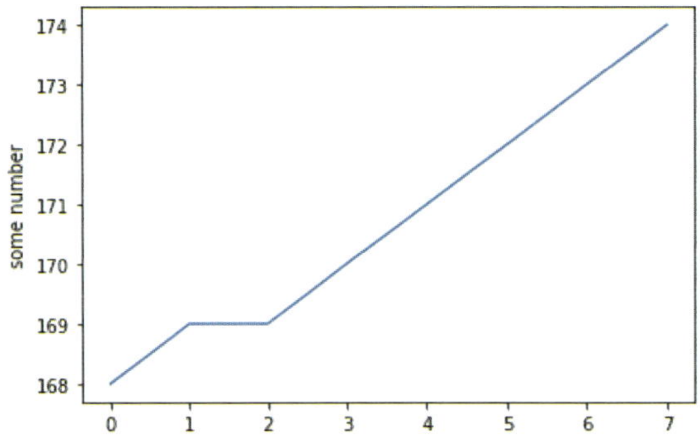

2

```
# 연습문제 3-2
import matplotlib.pyplot as plt
%matplotlib inline

x = [1, 2, 3, 4]
y = [50.4, 44.6, 34.0, 71.5]


plt.bar(x, y)

plt.title('Number of Values')
plt.show( )
```

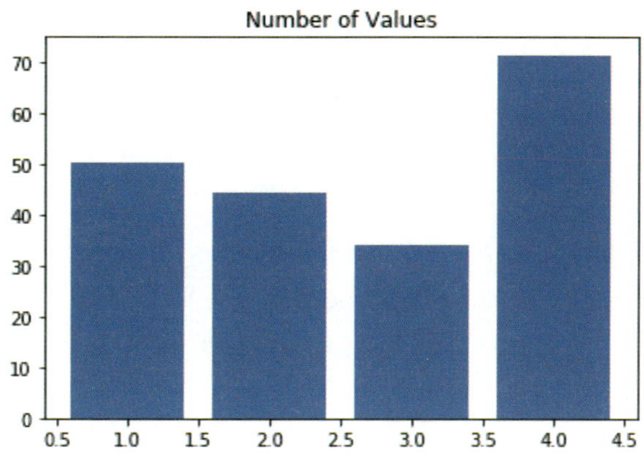

3

```
# 연습문제 3-3
import pandas as pd
import plotly.express as px
data=pd.read_csv("C:/gskim/P4DS/data/ex33.csv")
fig = px.box(data, x="hospital", y="wt")
fig.show()
```

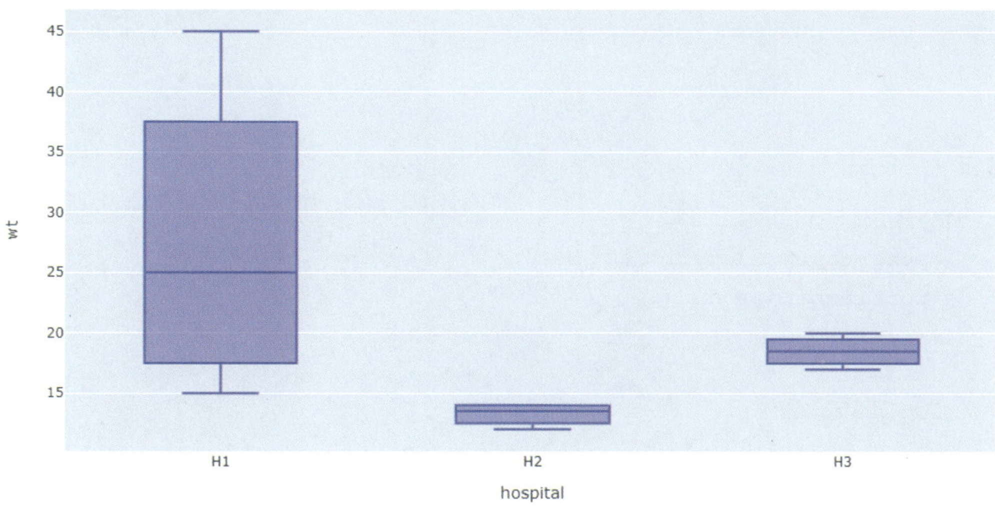

4

```
# 연습문제 3-4
# Using plotly.express
import plotly.express as px
import pandas as pd
df = pd.read_csv('https://raw.githubusercontent.com/datasets/covid-19
/master/data/countries-aggregated.csv')
fig = px.line(df, x='Date', y='Confirmed')
fig.show()
```

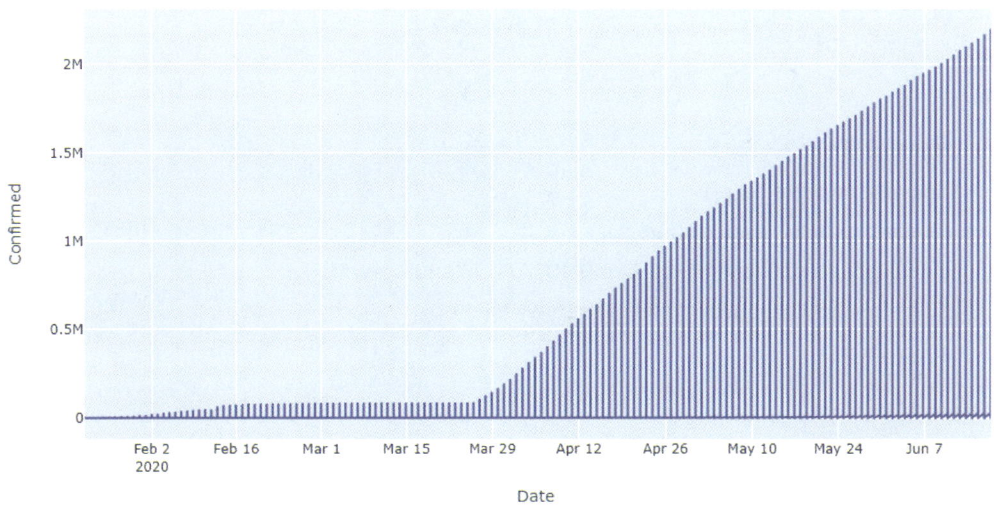

5

```
# 연습문제 3-5
import matplotlib.pyplot as plt
import seaborn as sns
import pandas as pd

#---load data---
data = pd.read_csv('C:/gskim/P4DS/data/ex35.csv')
```

```
#---plot a factorplot---
g = sns.catplot(x="gender", y="license", col="group", data=data,
kind="bar", ci=None, aspect=1.0)

#---set the labels---
g.set_axis_labels("", "Proportion with Driving license")
g.set_xticklabels(["Men", "Women"])
g.set_titles("{col_var} {col_name}")

#---show plot---
plt.show()
```

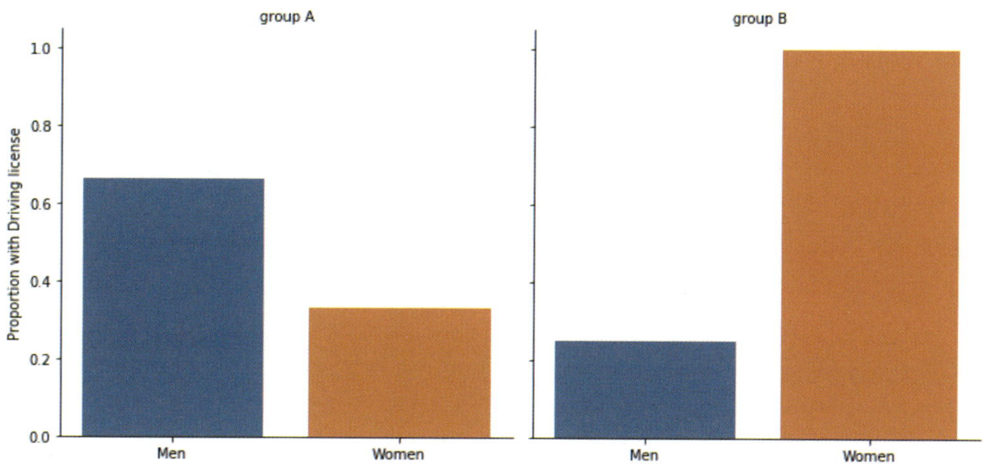

part

02

중급편

ch. 4 평균비교

학습목표

- 기술통계분석을 실시할 수 있고 이를 설명할 수 있다.
- t검정의 종류를 이해하고 분석을 실시할 수 있다.
- 교차분석의 개념을 이해하고 분석 결과를 설명할 수 있다.
- 분산분석의 개념을 이해하고 분석 결과를 설명할 수 있다.

1 기술통계분석

1-1 데이터 입력 자료

기술통계분석(descriptive statistic analysis)은 데이터 분석 결과를 정확하게 숫자로 기술하는 것이다. 데이터의 기본 특성을 알려주는 기본 정보에 사용되는 통계량은 표본수(n), 평균(mean), 표준편차(standard deviation) 등이 있다.

다음 자료를 이용하여 기술통계분석을 실시해보자. 이 데이터는 어느 대학교 학생들의 기본 자료의 일부이다. 변수는 Gender(성), IQ(지능지수), RECORD1(중간점수), Weight(몸무게), Reading(1개월 평균 독서량), RECORD2(기말점수2)이다.

데이터 ch41.csv

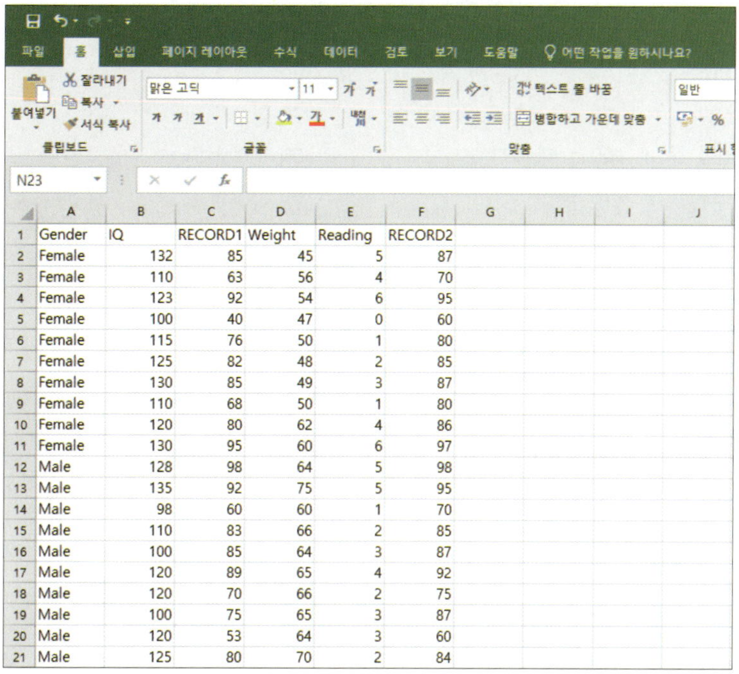

	A	B	C	D	E	F
1	Gender	IQ	RECORD1	Weight	Reading	RECORD2
2	Female	132	85	45	5	87
3	Female	110	63	56	4	70
4	Female	123	92	54	6	95
5	Female	100	40	47	0	60
6	Female	115	76	50	1	80
7	Female	125	82	48	2	85
8	Female	130	85	49	3	87
9	Female	110	68	50	1	80
10	Female	120	80	62	4	86
11	Female	130	95	60	6	97
12	Male	128	98	64	5	98
13	Male	135	92	75	5	95
14	Male	98	60	60	1	70
15	Male	110	83	66	2	85
16	Male	100	85	64	3	87
17	Male	120	89	65	4	92
18	Male	120	70	66	2	75
19	Male	100	75	65	3	87
20	Male	120	53	64	3	60
21	Male	125	80	70	2	84

[그림 4-1] 데이터 입력창

1단계: 기술통계분석을 실시하기 위해서 먼저 데이터를 불러들인다. 이를 위해서 다음과 같이 Jupyter에서 문장을 작성한다.

데이터 ch4-1.ipynb

```
import pandas as pd
df=pd.read_csv('C:/gskim/P4DS/data/ch41.csv')
```

2단계: 불러들인 데이터의 상단 5개 데이터만을 확인하기 위해서 다음과 같이 입력한다. 그러면 아래 결과를 얻을 수 있다.

데이터 ch4-1.ipynb

```
df.head() # 상단의 5개의 데이터 확인하기
print(df.head())
```

```
  Gender  IQ RECORD1 Weight Reading RECORD2
0 Female 132      85     45       5      87
1 Female 110      63     56       4      70
2 Female 123      92     54       6      95
3 Female 100      40     47       0      60
4 Female 115      76     50       1      80
```

3단계: pandas에서 제공하는 기술통계분석을 실시해보기 위해 다음과 같이 입력한다.

데이터 ch4-1.ipynb

```
# padas 에서 제공하는 설명 통계
df.describe()
print(df.describe())
```

```
              IQ    RECORD1     Weight    Reading   RECORD2
count   20.000000  20.000000  20.000000  20.000000  20.00000
mean   117.550000  77.550000  59.000000   3.100000  83.00000
std     11.655019  14.848268   8.553239   1.744163  11.12134
min     98.000000  40.000000  45.000000   0.000000  60.00000
25%    110.000000  69.500000  50.000000   2.000000  78.75000
50%    120.000000  81.000000  61.000000   3.000000  85.50000
75%    125.750000  86.000000  65.000000   4.250000  88.25000
max    135.000000  98.000000  75.000000   6.000000  98.00000
```

결과 설명 조사 자료(count)는 20명임을 알 수 있다. 각 변수에 대한 평균(mean), 표준편차(standard deviation, std), 최솟값(min)이 나타나 있다. 또한 25분위수(25%), 50분위수(50%), 75분위수(75%), 최댓값(max)도 나와 있다.

1-2 행렬자료

Python에서는 행렬 데이터에 대한 기술통계량도 구할 수 있다. 여기서는 평균(mean), 분산(variance), 표준편차(standard deviation)를 구하는 것을 연습해보자.

1단계: 다음과 같은 행렬 자료를 입력해보자.

```
import pandas as pd
import numpy as np
x = np.array([[ 8, 42, 35, 8],
              [13, 39, 39, 41],
              [20, 17, 5, 24]])
```

2단계: 평균을 구하기 위해 np.mean(x)를 입력하고 실행한다.

```
np.mean(x)
24.25
```

3단계: 분산을 구하기 위해 np.var(x)를 입력하고 실행한다.

```
np.var(x)
186.85416666666666
```

4단계: 표준편차를 구하기 위해 np.std(x)를 입력하고 실행한다.

```
np.std(x)
13.669461096424637
```

2 t검정

t검정은 표본평균 검정이라고도 한다. 표본평균의 검정은 일정한 기준(임계치)에서 평균에 대한 가설을 채택할 것인가 혹은 기각할 것인가를 결정하는 방법이다. 가설이란 앞에서 설명한 바와 같이 모집단의 특성을 잠정적으로 기술한 것으로서 이것을 검정하는 절차가 가설검정이다. 통계적 추론의 목적은 표본에서 얻어진 정보를 근거로 모수에 대하여 유추하는 데 있다. 가설검정은 모수를 유추하는 방법이다.

표본평균의 가설검정은 크게 단일표본 문제와 두 표본 문제로 나눌 수 있다. 단일표본은 하나의 모집단에서 추출된 하나의 표본에 대해서 검정하는 것이다. 그런데 두 표본의 비교 문제는 학문적인 연구나 일상생활에서의 단일표본 문제보다 더 많이 이용된다. 특히, 동일 표본을 대상으로 전과 후의 차이 및 반응을 비교한다든지, 혹은 식이요법 전후의 체중을 비교하여 식이요법 효과를 분석하는 문제를 다룰 경우 쌍체 t검정을 실시하기도 한다.

2-1 단일표본 t검정

1단계: 앞에서 다룬 데이터 ch41.csv를 이용하여 IQ가 120인지 아닌지를 검정해보자. 이를 위해서 다음과 같은 가설을 설정할 수 있다.

$$H_0: \text{IQ}=120 \qquad p > \alpha = 0.05$$
$$H_1: \text{IQ} \neq 120 \qquad p < \alpha = 0.05$$

2단계: 단일표본 t검정을 실시하기 위해서 다음과 같이 입력하면 결과가 나타난다.

데이터 ch4-1.ipynb

```
from scipy import stats
## Student's t-test: the simplest statistical test
stats.ttest_1samp(df['IQ'],120)

# IQ의 평균값이 120인지 아닌지 가설검정
print(stats.ttest_1samp(df['IQ'],120))
```

```
Ttest_1sampResult(statistic=-0.940087086609186, pvalue=0.35897199519934586)
```

결과 설명 일변량 t검정을 실시한 결과, t통계량은 –0.940, 이에 대한 유의확률(pvalue)은 0.359 〉 α=0.05이므로 H_1을 기각하고 H_0(IQ가 120일 것이다)을 채택한다.

2-2 독립적인 t검정

1단계: 성별(Gender)에 따라 RECORD1(중간고사 점수)에 차이가 있는지 없는지를 가설검정하고자 한다. 이를 위해 다음과 같은 가설을 설정할 수 있다.

$$H_0: \mu_{male} = \mu_{female}$$
$$H_1: \mu_{male} \neq \mu_{female}$$

2단계: 앞에서 다룬 데이터 ch41.csv를 이용하여 독립적인 t검정을 하기 위해 다음과 같이 입력하고 실행한다.

데이터 ch4-1.ipynb

```
# 여자의 RECORD1
female_rec = df[df['Gender'] == 'Female']['RECORD1']
# 남자의 RECORD1
male_rec= df[df['Gender'] == 'Male']['RECORD1']
# 두개의 리스트를 가지고 t-test실행
result=stats.ttest_ind(female_rec, male_rec)
print(result)
```

```
Ttest_indResult(statistic=-0.279100083829257, pvalue=0.7833494593310769)
```

결과 설명 독립적인 t검정을 실시한 결과, t통계량은 –0.279, 이에 대한 유의확률(pvalue)은 0.783 〉 α=0.05이므로 H_1을 기각하고 $H0(\mu_{male}=\mu_{female})$을 채택한다. 즉, '남녀 간 중간고사 성적 차이는 없다'고 결론을 내리면 된다.

3단계: 성별(Gender)에 따른 RECORD1(중간고사 점수)에 대한 통계량을 시각적으로 표현해보자. 이를 위해 상자그림을 이용한다.

데이터 ch4-1.ipynb

```
import matplotlib.pyplot as plt
# Box plots of different columns for each gender
groupby_gender = df.groupby('Gender')
result1=groupby_gender.boxplot(column=['RECORD1'])
print(result1)
plt.show()
```

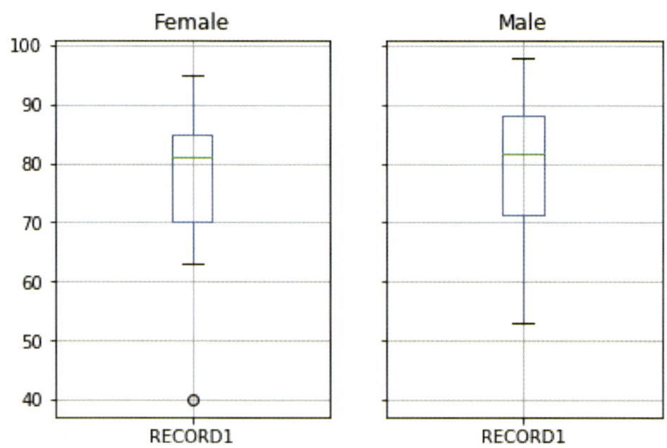

결과 설명 상자그림(boxplot)에 여성(female)과 남성(male)에 대한 중앙값(막대그래프 위의 선), 상한값, 하한값이 나타나 있다.

2-3 쌍체 t검정

쌍체 t검정은 동일 표본을 대상으로 전과 후의 차이 및 반응을 비교한다든지 혹은 실험 전후의 평균을 비교하여 실험효과의 유의성 여부를 판단하는 방법이다.

1단계: 데이터에서 RECORD1(중간고사 점수)과 RECORD2(기말고사 점수) 사이에 차이가 있는지 확인하기 위해서 다음과 같은 가설을 설정할 수 있다.

$$H_0: \mu_1 - \mu_2 = 0$$
$$H_1: \mu_1 - \mu_2 \neq 0$$

2단계: 이에 대해 쌍체 t검정을 하기 위해서 다음과 같이 작업한다.

데이터 ch4-1.ipynb

```
# 중간고사
rec1 = df['RECORD1']
# 기말고사
rec2= df['RECORD2']
# 두개의 리스트를 가지고 쌍체 t-test실행
result2=stats.ttest_rel(rec1,rec2)
print(result2)
print(rec1.mean())
print(rec2.mean())
```

```
Ttest_relResult(statistic=-5.059337216649712, pvalue=6.964545870702796e-05)
77.55
83.0
```

결과 설명 RECORD1(중간고사 점수)과 RECORD2(기말고사 점수)의 차이 여부를 검정한 결과, $p=0.000069 < \alpha=0.05$이기 때문에 H_0을 채택한다. 즉 'RECORD1(중간고사 점수)과 RECORD2(기말고사 점수)의 차이가 있다'고 결론을 내리면 된다. 분석자는 어떠한 원인에 의해서 또는 실험효과에 의해서 중간고사 점수(77.55)에 비해 기말고사 점수(83.0)가 5.45점 향상되었는지를 연구하고 규명할 필요가 있다.

3 교차분석

3-1 교차분석의 정의

교차분석은 두 변수 간에 어떠한 관계가 있는가에 대한 가장 기본적인 분석 방법이다. 분할표로 정리된 자료를 분석하는 데에는 χ^2검정(chi-square test)이 이용된다. χ^2검정은 다음의 세 가지 목적을 갖는다.

- 첫째, 자료를 범주에 따라 분류하였을 때에 그 범주 사이에 관계가 있는지 여부를 알고자 한다. 이를 '독립성 검정'이라고 한다.
- 둘째, 통계분석에서 모집단에 대한 확률분포를 이론적으로 가정하는 경우에 조사 자료가 어떤 특정 분포에서 나온 것인가를 알고자 한다. 이를 '적합성 검정'이라고 한다.
- 셋째, 2개 이상의 다항분포가 동일한지 여부를 검정하고자 한다. 이를 '동일성 검정'이라고 한다.

3-2 교차분석 방법

1단계: 성별(Gender)과 독서량(Reading)의 관련성을 알아보기 위해 교차분석을 실시하고자 한다. 이를 위해 다음과 같이 명령어를 입력한다.

데이터 ch4-1.ipynb

```
import pandas as pd
ch41=pd.read_csv('C:/gskim/P4DS/data/ch41.csv')
from scipy.stats import chi2_contingency
ch41_dataframe=pd.DataFrame(ch41, columns=['Gender', 'Reading'])
table=pd.crosstab(ch41_dataframe['Reading'],
        ch41_dataframe['Gender'])
print(table)
chi2, p, dof, expected = chi2_contingency(table.values)
print('Chi-square %0.2f p-value %0.3f' % (chi2, p))
```

2단계: 위 내용을 실행하면 다음과 같은 결과를 얻을 수 있다.

```
Reading  0 1 2 3 4 5 6
Gender
Female   1 2 1 1 2 1 2
Male     0 1 3 3 1 2 0
Chi-square 6.00 p-value 0.423
```

결과 설명 앞에서 두 변수세트 사이의 독립성을 검정하기 위하여 다음과 같이 가설을 설정했다.

H_0: 독서량은 성별과 독립적이다.
H_1: 독서량은 성별과 독립적이지 않다.

계산된 χ^2 통계량이 6이고, $p=0.423 > \alpha=0.05$이므로 '독서량은 성별과 독립적이다'라는 귀무가설이 채택됨을 알 수 있다. 따라서 남녀 간에 독서량 차이가 존재한다는 것을 알 수 있다.

4 분산분석

4-1 분산분석 기본 내용

단일변량분산분석은 독립변수(들)에 대한 효과를 분석하는 데 기본적으로 사용된다. 만약 교육수준에 따른 월급액 차이를 연구하고자 한다면, 교육수준은 독립변수가 되며 월급액은 종속변수가 된다. 그리고 독립변수를 요인(factor)이라고 부른다. 한 요인 내에서 실험 개체에 영향을 미치는 여러 가지 특별한 형태를 요인 수준(factor level) 또는 처리(treatment)라고 한다. 교육수준을 요인이라고 하면 고졸, 전문대졸, 대졸은 한 요인 내에서 요인 수준 또는 처리가 된다. 요인 수준과 처리는 같은 용어로 사용된다.

단일변량분산분석은 독립변수의 종류에 따라서 여러 종류로 나눌 수 있다. 만약 연령층의 단일 요인과 만족도 사이의 관계를 분석한다면 '일원분산분석(one way ANOVA)'이라고 한다. 이는 표본 자료 조사에 대한 측정치를 한 가지 기준으로만 구분하여 분석하는 것이다. 그런데 이 모형에 교육수준뿐만 아니라 남녀라는 성별 요인을 추가하여 두 요인이 월급액에 미치는 영향을 조사한다면 '이원분산분석(two way ANOVA)'이 된다. 요인의 수가 늘어나면 종속변수에 대한 영향력을 더 정밀하게 분석할 수 있다.

반면에 하나의 개체에 대하여 2개 이상의 주제 또는 변수를 동시에 관찰하였을 때 이용하는 기법을 다변량분산분석(Multivariate Analysis of Variance, MANOVA)이라고 한다. 위의 경우에서 월급액뿐만 아니라 전기요금에 대해서도 동시에 연구한다고 할 때 다변량분산분석이 된다. 일원분산분석과 다변량분산분석의 차이는 실험 개체를 대상으로 놓고 측정되는 종속변수가 하나인가 혹은 복수인가에 달려 있다.

4-2 일원분산 Python 실행

동종 업종의 4개 회사에 대한 만족도를 조사하였다. 회사는 com1, com2, com3, com4이며 특정 시점에 고객만족도(satis)를 조사한 것이다. 다음 표는 각 회사별 고객충성도를 조사한 결과다.

[표 4-1] 회사별 만족도

회사	com1	com2	com3	com4
고객만족도	87	71	66	65
	85	82	74	69
	78	75	79	67
	82	80		63

이와 같은 자료가 주어졌다고 했을 때 회사별 만족도가 같은지 여부를 $\alpha=0.05$에서 검정하고자 한다.

$$H_0: \mu_1=\mu_2=\mu_3=\mu_4$$

H_1: 만족도는 반드시 같지 않을 것이다.

1단계: 다음과 같이 데이터를 입력한다.

데이터 ch42.csv

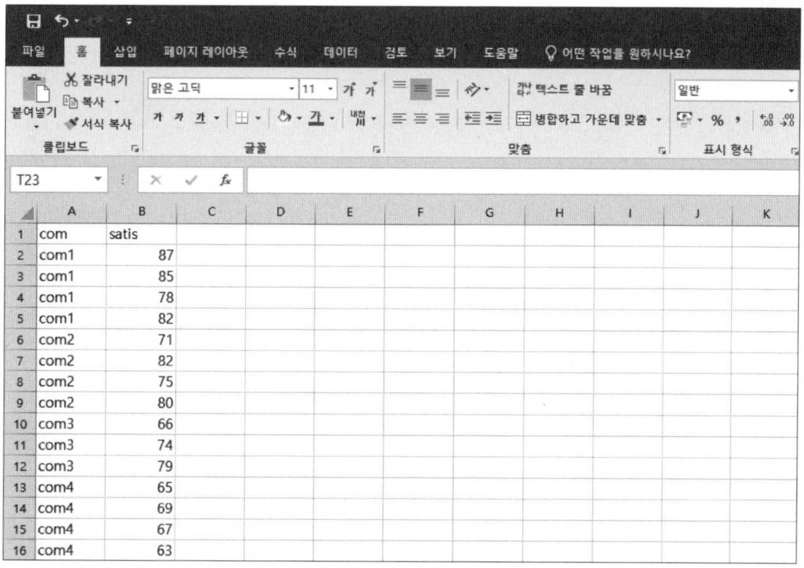

[그림 4-2] 데이터 입력

2단계: 일원분산분석을 실시하기 위해서 다음과 같은 명령문을 입력한다. 실행하면 데이터 입력 내용을 확인할 수 있다.

데이터 ch4-2.ipynb

```
import pandas as pd
import statsmodels.api as sm
from statsmodels.formula.api import ols
import matplotlib.pyplot as plt
ch42=pd.read_csv("C:/gskim/P4DS/data/ch42.csv")
print(ch42)
```

```
    com satis
0  com1    87
1  com1    85
2  com1    78
3  com1    82
4  com2    71
5  com2    82
6  com2    75
7  com2    80
8  com3    66
9  com3    74
10 com3    79
11 com4    65
12 com4    69
13 com4    67
14 com4    63
```

3단계: 분산분석표를 구하기 위해서 다음과 같이 입력한다.

데이터 ch4-2.ipynb

```
moore_lm=ols('satis~C(com, Sum)', data=ch42).fit()
table=sm.stats.anova_lm(moore_lm, typ=2) # Type 2 ANOVA DataFrame
print(table)
```

```
              sum_sq   df        F   PR(>F)
C(com, Sum) 607.733333  3.0 9.85998 0.001887
Residual    226.000000 11.0     NaN      NaN
```

결과 설명 분산분석표에 제시된 통계량을 이해하는 것은 매우 중요하다. 집단 간 제곱합(C(com, Sum)sum_sq)은 607.733, 집단 내 제곱합(Residual sum_sq)은 226.000이다. 집단 간 자유도는 (df=3(4-1)이고, 집단 내 자유도는 11(15-4)이다. F값(집단 간 평균제곱/집단 내 평균제곱)은 9.85998이다. 이를 확률로 나타내면 0.0018이다. $p=0.0018 < \alpha=0.05$이므로 '네 회사의 만족도는 동일하다'라는 귀무가설(H_0)은 기각된다.

4단계: 사후검정을 실시하기 위해서 다음과 같은 명령문을 입력한다.

데이터 ch4-2.ipynb

```
from statsmodels.stats.multicomp import MultiComparison
mc=MultiComparison(ch42['satis'], ch42['com'])
result=mc.tukeyhsd()
print(result)
```

```
Multiple Comparison of Means - Tukey HSD, FWER=0.05
=====================================================
group1 group2 meandiff p-adj   lower   upper reject
-----------------------------------------------------
  com1   com2     -6.0 0.2938  -15.647  3.647  False
  com1   com3    -10.0 0.0611 -20.4199 0.4199  False
  com1   com4    -17.0 0.0012  -26.647 -7.353   True
  com2   com3     -4.0 0.6529 -14.4199 6.4199  False
  com2   com4    -11.0 0.0247  -20.647 -1.353   True
  com3   com4     -7.0 0.2379 -17.4199 3.4199  False
-----------------------------------------------------
```

결과 설명 그룹 간(기업 간) 만족도 평균 차이를 검정하기 위해 Tukey HSD(투키 사후검정, Multiple Comparison of Means)을 실시한 결과, 회사1(com1)과 회사4(com) 간의 평균 차이가 있고(True), 회사2(com2)와 회사4(com) 간에 평균 차이가 유의(True)함을 알 수 있다($p < \alpha=0.05$).

5단계: 상자그림(boxplot)을 통해 결과를 시각적으로 나타내기 위해서 다음과 같은 문장을 작성한다.

데이터 ch4-2.ipynb

```
# Bring them in dataframe-format
df = pd.DataFrame(ch42, columns=['com', 'satis'])
df.boxplot(column = 'satis', by='com' , grid = False)
plt.show()
```

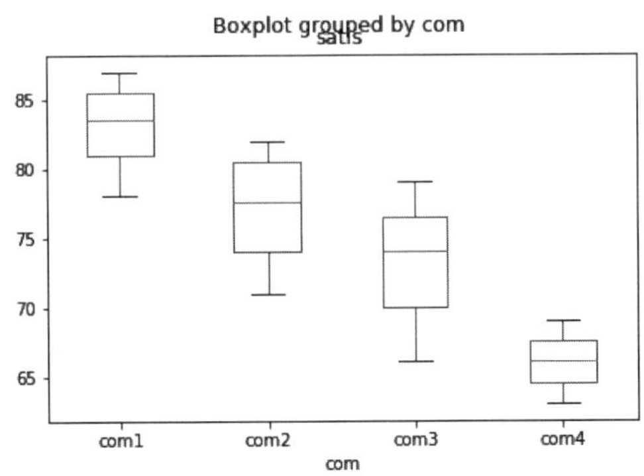

결과 설명 회사1(com1), 회사2(com2), 회사3(com3), 회사4(com) 순으로 만족도가 낮아짐을 시각적으로 확인할 수 있다.

6단계: 지금까지 분석한 내용을 plotly 라이브러리를 이용하여 인터랙티브(interactive)한 상자그림으로 표현할 수 있다. 인터랙티브란 분석자가 분석한 이후 마우스를 그림에 올려놓으면 구체적인 수치가 곧바로 나타나는 것을 말한다. 우선, 다음과 같은 라이브러리를 불러온다.

```
import pandas as pd
import math
import numpy
import plotly.express
import plotly.offline
import scipy
import statsmodels.api
import statsmodels.formula.api
import patsy.contrasts
```

7단계: plotly 라이브러리를 노트북과 연결한다.

```
plotly.offline.init_notebook_mode(connected = True)
```

8단계: 인터랙티브한 상자그림을 그리기 위해서 다음과 같이 입력하고 실행한다. 이어 마우스를 해당 상자그림에 올려놓으면 아래 그림을 얻을 수 있다.

```
# boxplots of y by group
plotly.offline.iplot(
  plotly.express.box(ch42, x = "com", y = "satis")
)
```

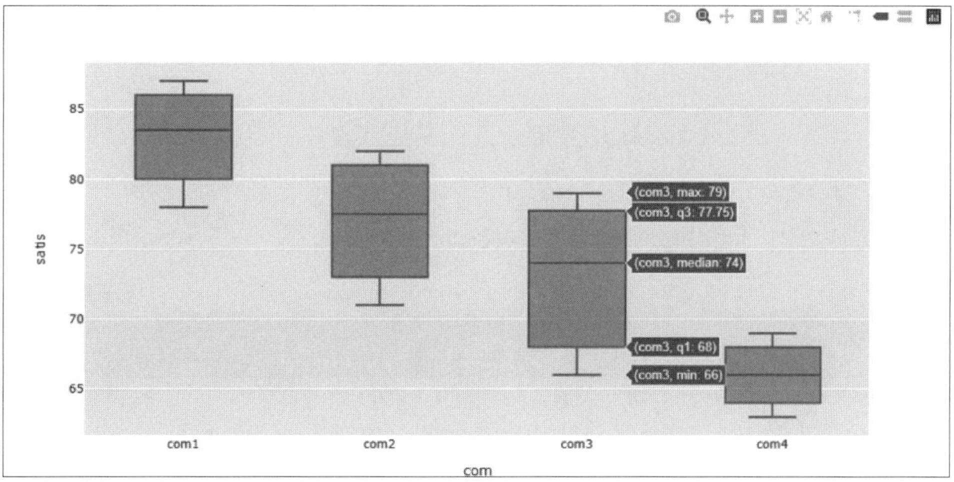

* 인쇄상 제약으로 실제 결과의 색을 반영하지 못했음.

결과 설명 마우스를 Com3에 올려놓으면 최댓값(max), 4분위 3의 수(q3), 중앙값(median), 4분위 1의 수(q1), 최솟값(min)을 곧바로 확인할 수 있다.

4-3 이원분산 Python 실행

1단계: 다음은 방학기간 중에 집중적으로 토익 공부를 한 1그룹과 하지 않은 2그룹, 세 대학(u1, u2, u3)의 자료이다. 그룹과 대학별로 토익점수의 평균 차이가 있는지를 알아보기 위한 자료이다.

	u1	u2	u3
1그룹 (g1)	889	896	990
	862	876	903
	818	869	984
	862	825	935
	795	802	929
2그룹 (g2)	606	593	644
	569	577	621
	576	623	677
	615	600	667
	655	577	700

2단계: 다음과 같이 데이터를 엑셀에서 입력한다.

데이터 ch43.csv

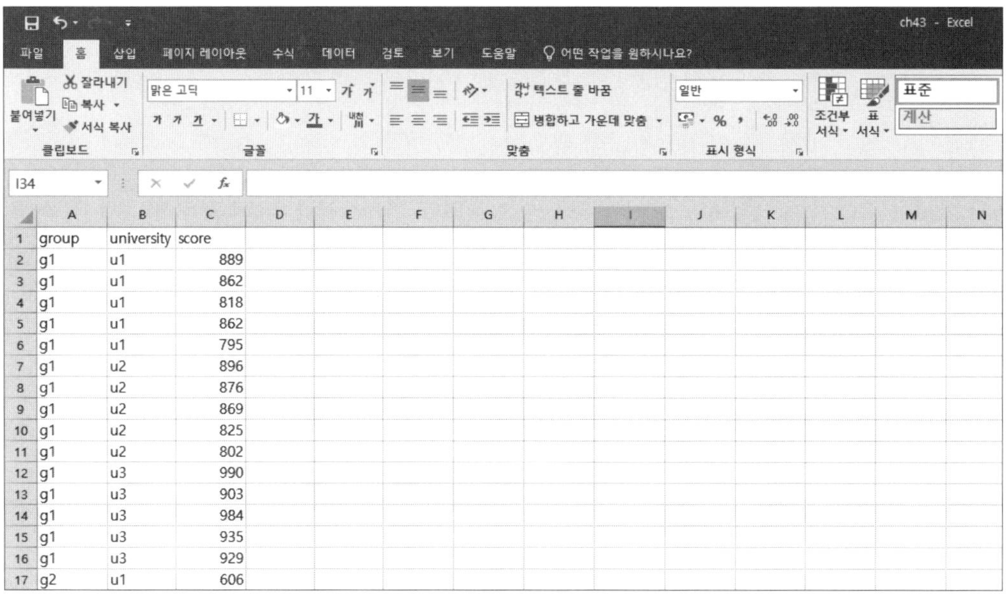

	A	B	C
1	group	university	score
2	g1	u1	889
3	g1	u1	862
4	g1	u1	818
5	g1	u1	862
6	g1	u1	795
7	g1	u2	896
8	g1	u2	876
9	g1	u2	869
10	g1	u2	825
11	g1	u2	802
12	g1	u3	990
13	g1	u3	903
14	g1	u3	984
15	g1	u3	935
16	g1	u3	929
17	g2	u1	606

[그림 4-3] 데이터 입력

3단계: 이원분산분석을 실시하고 차후에 그래프를 그리기 위한 라이브러리를 다음과 같이 준비한다.

데이터 ch4-3.ipynb

```
import pandas as pd
import statsmodels.api as sm
from statsmodels.formula.api import ols
import matplotlib.pyplot as plt
import numpy as np
from statsmodels.graphics.factorplots import interaction_plot
```

4단계: 다음과 같이 데이터를 불러오고 데이터의 마지막 부분을 보여주기 위해서 tail( ) 함수를 사용한다.

데이터 ch4-3.ipynb

```
ch43=pd.read_csv("C:/gskim/P4DS/data/ch43.csv")
df = pd.DataFrame(ch43, columns=['group', 'university', 'score'])
df.tail()
```

```
    group    university    score
25     g2            u3      644
26     g2            u3      621
27     g2            u3      677
28     g2            u3      667
29     g2            u3      700
```

5단계: 이원분산분석을 실시하기 위해서 다음과 같이 입력한다.

데이터 ch4-3.ipynb

```
formula = 'score ~ C(group) + C(university) + C(group):C(university)'
lm = ols(formula, df).fit()
table=sm.stats.anova_lm(lm, typ=2) # Type 2 ANOVA DataFrame
print(table)
```

```
                              sum_sq    df           F        PR(>F)
C(group)               516140.833333   1.0  454.342659  4.200267e-17
C(university)           43474.466667   2.0   19.134608  1.074618e-05
C(group):C(university)   2604.466667   2.0    1.146315  3.346004e-01
Residual                27264.400000  24.0         NaN           NaN
```

결과 설명 그룹(group)별로 토익점수 차이는 F=454.343, 자유도=1로 $p=0.000 < \alpha=0.05$로 유의하다. 즉, 방학기간 중에 집중적으로 토익공부를 한 그룹과 하지 않은 두 그룹 간에 토익점수 차이가 있음을 알 수 있다. 또한 대학(university)에 따른 토익점수 차이는 F=19.135, $p=0.00$으로 유의하게 나타났다. 즉 '대학마다 토익점수가 차이가 없을 것이다'라는 귀무가설(H_0)이 기각되고 '대학마다 토익점수가 다를 것이다'라는 연구가설을 채택하게 된다.
그룹과 대학의 상호작용 효과(2 Way Interaction)를 살펴보면 $p=0.3346 > \alpha=0.05$로 '상호작용이 없을 것이다'라는 귀무가설을 채택하여 상호작용 효과는 없다고 할 수 있다.

6단계: 지금까지 분석한 내용을 그림으로 표현하기 위해 다음과 같이 작업한다.

데이터 ch4-3.ipynb

```
# Draw graph
fig = interaction_plot(df.university, df.group, df.score,
                       colors=['red', 'navy'], markers=['D', '^'], ms=12)
```

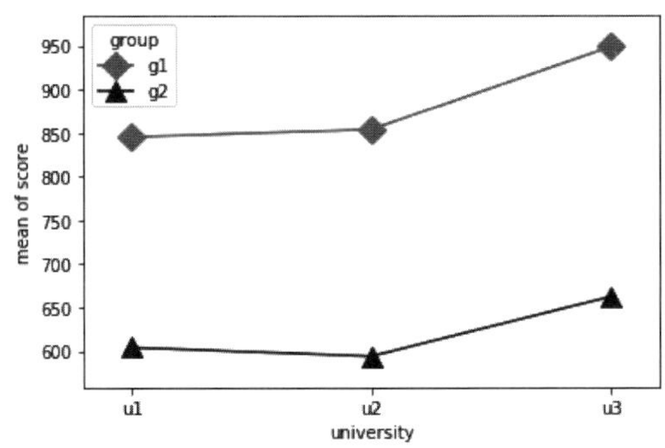

결과 설명 두 변수의 그룹별, 대학별 상호작용 효과 여부를 시각적으로 살펴본 결과 두 직선이 교차(cross)하지 않아 대학과 그룹 간에 상호작용이 존재하지 않음을 알 수 있다. 여기서는 두 변수에 따라 토익점수가 같은 패턴을 보인다고 해석하면 된다.

7단계: 잔차의 정규분포 가정을 검증하기 위하여 누적확률분포와 정규분포의 산포도를 그려보자.

데이터 ch4-3.ipynb

```
# draw qqplot
res = lm.resid
qq = sm.qqplot(res, line = 's')
plt.show()
```

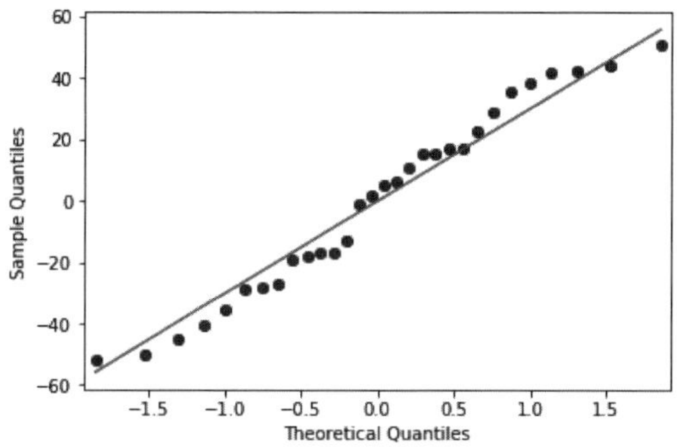

결과 설명 잔차의 정규분포 가정을 검증하기 위하여 누적확률분포와 정규분포의 산포도를 그린 것이다. 잔차의 형태가 대각선 직선의 형태를 지니고 있으면 잔차가 정규분포라고 할 수 있다.

연습문제

1 단일 표본의 평균 검정, 독립적인 두 표본에 대한 평균 차이 검정(독립적인 t검정), 쌍체 표본 t검정의 개념을 설명하라.

2 동종 업종의 세 기업(com)에 근무하는 직원들이 느끼는 조직문화(organization culture, oc)의 유연성(1=매우 낮음, 10=매우 높음)을 조사한 것이다.

A	B	C
2	5	8
3	4	9
2	3	10
1	5	8
2	4	9
2	5	8

(1) 세 기업의 조직문화 유연성의 차이 여부에 대하여 가설을 설정하고 분산분석을 실시한 다음 결과를 해석하라(α=0.05).

(2) 인터랙티브한 상자그림으로 분석 결과를 시각화해보자.

3 윌러만(Willerman)이 1991년에 사람의 뇌 크기와 무게, IQ에 대하여 측정한 데이터를 기반으로 분산분석을 실시해보고 결과를 해석하여라.

데이터 http://www.scipy-lectures.org/_downloads/brain_size.csv

힌트

```
import pandas as pd
import matplotlib.pyplot as plt
df = pd.read_csv('http://www.scipy-lectures.org/_downloads/brain_size.
csv', sep = ';', index_col= 0, na_values='.')
df.head() # 상단의 5개의 데이터 확인하기
print(df.head())
# 분산분석
from statsmodels.formula.api import ols
model = ols('VIQ ~ Gender + MRI_Count  + Height', df).fit()
print(model.summary())
print(model.f_test([0, 1, 0, 0]))
import plotly.express as px
fig = px.box(df, x="Gender", y="VIQ")
fig.show()
fig = px.box(df, x="MRI_Count", y="VIQ")
fig.show()
fig = px.box(df, x="Height", y="VIQ")
fig.show()
```

1

- 단일 표본의 평균 검정: 단일 표본은 하나의 모집단에서 추출된 하나의 표본에 대해서 검정하는 방법이다.
- 독립적인 두 표본에 대한 평균 차이 검정(독립적인 t검정): 서로 다른 두 집단의 평균 차이를 검정하는 방법이다.
- 쌍체표본 t검정: 동일 표본을 대상으로 전과 후의 차이 및 반응을 비교하여 실험효과의 유의성 여부를 평가하는 방법이다.

2 (1)

```
# 연습문제 4-2
import pandas as pd
import statsmodels.api as sm
from statsmodels.formula.api import ols
import matplotlib.pyplot as plt
ex42=pd.read_csv("C:/gskim/P4DS/data/ex42.csv")
print(ex42)
moore_lm=ols('oc~C(com, Sum)', data=ex42).fit()
table=sm.stats.anova_lm(moore_lm,typ=2) # Type 2 ANOVA DataFrame
print(table)
from statsmodels.stats.multicomp import MultiComparison
mc=MultiComparison(ex42['oc'], ex42['com'])
result=mc.tukeyhsd()
print(result)
```

```
              sum_sq   df          F        PR(>F)
C(com, Sum) 137.333333  2.0 118.846154 6.327677e-10
Residual      8.666667 15.0        NaN           NaN
Multiple Comparison of Means - Tukey HSD, FWER=0.05
====================================================
group1 group2 meandiff p-adj lower upper reject
----------------------------------------------------
     A      B    2.3333  0.001 1.1939 3.4728   True
     A      C    6.6667  0.001 5.5272 7.8061   True
     B      C    4.3333  0.001 3.1939 5.4728   True
----------------------------------------------------
```

결과 설명 일원분산분석을 실시한 결과 $p = 0.000 < \alpha = 0.05$이므로 '세 회사의 조직문화 유연성은 동일하다'라는 귀무가설($H0$)은 기각된다. 사후분석을 실시한 결과 $p = 0.001 < \alpha = 0.05$이므로 두 집단 간 평균 차이가 유의한 것으로 나타났다.

(2)

```
# 연습문제 4-2
import plotly.express as px
fig = px.box(ex42, x="com", y="oc")
fig.show()
```

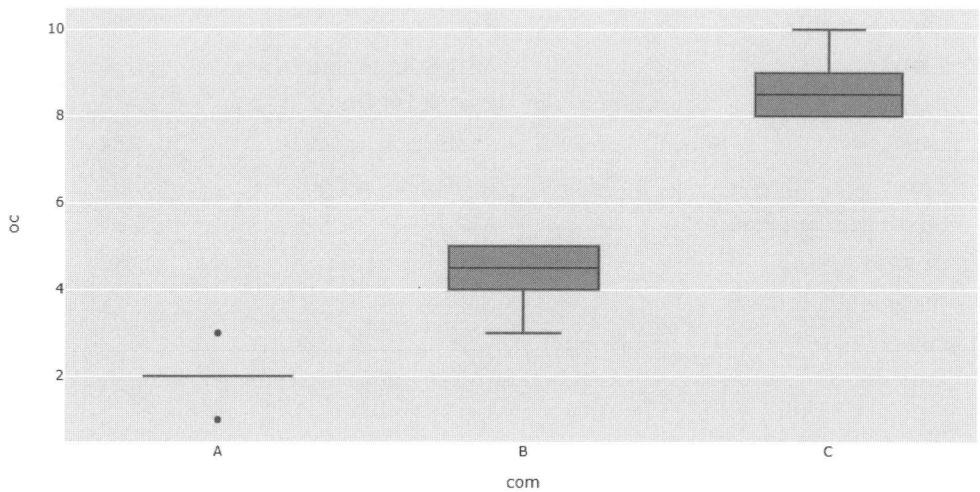

3

```
# 연습문제 4-3
import pandas as pd
import matplotlib.pyplot as plt
df = pd.read_csv('http://www.scipy-lectures.org/_downloads/brain_size.
csv', sep = ';', index_col= 0, na_values='.')
df.head() # 상단의 5개의 데이터 확인하기
print(df.head())
# 분산분석
from statsmodels.formula.api import ols
model = ols('VIQ ~ Gender + MRI_Count  + Height', df).fit()
print(model.summary())
print(model.f_test([0, 1, 0, 0]))
import plotly.express as px
fig = px.box(df, x="Gender", y="VIQ")
fig.show()
fig = px.box(df, x="MRI_Count", y="VIQ")
fig.show()
fig = px.box(df, x="Height", y="VIQ")
fig.show()
```

```
  OLS Regression Results
==============================================================================
Dep. Variable:                VIQ   R-squared:                      0.246
Model:                        OLS   Adj. R-squared:                 0.181
Method:             Least Squares   F-statistic:                    3.809
Date:            Mon, 01 Jun 2020   Prob (F-statistic):            0.0184
Time:                    10:56:03   Log-Likelihood:               -172.34
No. Observations:              39   AIC:                            352.7
Df Residuals:                  35   BIC:                            359.3
Df Model:                       3
Covariance Type:        nonrobust
==============================================================================
```

```
                 coef  std err          t    P>|t|     [0.025    0.975]
------------------------------------------------------------------------------
Intercept      166.6258    88.824      1.876    0.069    -13.696   346.948
Gender[T.Male]   8.8524    10.710      0.827    0.414    -12.890    30.595
MRI_Count        0.0002  6.46e-05      2.615    0.013   3.78e-05     0.000
Height          -3.0837     1.276     -2.417    0.021     -5.674    -0.494
==============================================================================
Omnibus:                    7.373   Durbin-Watson:                   2.109
Prob(Omnibus):              0.025   Jarque-Bera (JB):                2.252
Skew:                       0.005   Prob(JB):                        0.324
Kurtosis:                   1.823   Cond. No.                     2.40e+07
==============================================================================

Warnings:
[1] Standard Errors assume that the covariance matrix of the errors is
correctly specified.
[2] The condition number is large, 2.4e+07. This might indicate that there
are
strong multicollinearity or other numerical problems.
<F test: F=array([[0.68319608]]), p=0.4140878441244722, df_denom=35, df_
num=1>
Female
```

결과 설명 α=0.05에서 Gender[T.Male]에 따른 VIQ의 평균은 유의한 차이가 없고, MRI_Count와 Height에 따른 VIQ 평균에 유의한 차이가 있는 것으로 나타났다.

ch. 5 상관분석

학습목표

- 공분산의 개념을 이해하고 실행할 수 있다.
- 상관분석, 상관계수의 개념을 이해하고 실행할 수 있다.
- 정준상관분석의 개념을 이해하고 실행할 수 있다.

1 공분산

의사결정자가 의사결정 과정에서 직관적으로 판단하지 못할 경우에는 분석 과정에서 관계나 패턴을 찾아 의사결정의 단초를 마련할 수 있다. 변수 간의 연관성을 파악하면 사물이나 현상을 이해하는 것이 훨씬 수월해진다. 두 변수 사이의 관계와 연관성을 설명하는 방법으로는 산포도에 의한 방법, 공분산, 상관계수 등 세 가지가 있다. 산포도(scatter diagram)는 산점도라고 불리기도 하는데, 이를 통해 분석자는 변수 간의 전반적인 관계를 파악할 수 있다.

먼저, 공분산에 대하여 설명해보자. 공분산(covariance)은 두 확률변수가 어느 정도 결합되어 있는가를 측정한 것으로, 두 변수 X와 Y 사이의 공분산은 $Cov(X, Y)$ 또는 σ_{xy}로 표기한다. 그러나 모집단의 특성치인 평균과 분산을 안다는 것은 현실적으로 쉬운 일이 아니며 때에 따라서는 불가능하다. 그러므로 표본에 대하여 공분산을 아는 것은 중요하다.

$$\text{모집단 공분산} \quad Cov(X, Y) = \sigma_{XY} = E(X - \mu_x)(Y - \mu_y)$$

$$= \frac{1}{N}\sum(X - \mu_X)(Y - \mu_Y) \qquad \text{(식 5-1)}$$

$$\text{표본 공분산} \quad S_{xy} = \frac{\sum (x-\bar{x})(y-\bar{y})}{n-1} \qquad \text{(식 5-2)}$$

공분산은 두 변수에 대한 편차를 서로 곱한 것임을 알 수 있다. 공분산에서는 측정 단위를 비교하는 것은 큰 의미가 없다. 공분산에서 계산된 값의 부호는 세 가지로 나타낼 수 있다. 양의 값을 가지면, X와 Y는 같은 방향으로 움직이는 것을 알 수 있다. 즉 X가 커지면 Y도 커지고, X가 작아지면 Y도 작아진다. 그리고 그 값이 크면 두 변수는 밀접하게 움직인다. 반면 음의 값을 가지면, X와 Y는 반대 방향으로 움직이고 있음을 나타낸다. X가 커지면 Y는 작아지고, X가 작아지면 Y는 커진다. 만일 공분산의 값이 0이라면 두 변수 사이에는 아무런 증감 관계도 없음을 나타낸다. 그런데 두 확률변수 X와 Y가 서로 독립적이면 공분산은 0이 된다. 그러나 여기서 유의할 것은 공분산이 0이라고 해서 두 변수가 반드시 독립적인 것은 아니라는 점이다.

두 확률변수 X, Y가 독립적인 경우는 다음의 경우이다.

- $E(XY) = E(X) \cdot E(Y)$
- $Cov(X, Y) = E(X-\mu_x)E(Y-\mu_y) = 0$
- $Var(X \pm Y) = Var(X) + Var(Y)$

2 상관계수

두 확률변수 X, Y가 있어 두 변수 간의 일차적인 관계가 얼마나 강한가를 지수로 측정하고 싶을 때가 있다. 이때 두 변수의 일차 관계의 방향과 정도를 나타내는 측정치를 상관계수(correlation coefficient) 또는 피어슨 상관계수라고 부른다. 피어슨 상관계수는 등간척도와 비율척도로 구성된 양적변수 간의 관련성을 나타낸다. 또 다른 변수들의 관계를 통제하고 두 변수 간의 순수한 상관관계를 파악하는 부분상관계수(partial correlation coefficient)도 있다.

모집단의 경우 상관계수는 ρ(rho), 표본의 상관계수는 r(gamma)로 표시한다.

$$\text{모집단 상관계수}\quad \rho = \frac{\sigma_{xy}}{\sqrt{\sigma_x^2}\sqrt{\sigma_y^2}} = \frac{\sigma_{xy}}{\sigma_x \sigma_y},\ -1 \le \rho \le +1 \qquad (\text{식 } 5\text{-}3)$$

$$\text{표본 상관계수}\quad r = \frac{S_{xy}}{\sqrt{S_x^2}\sqrt{S_y^2}} = \frac{S_{xy}}{S_x S_y},\ -1 \le r \le +1 \qquad (\text{식 } 5\text{-}4)$$

$$\text{여기서}\quad S_x^2 = \frac{1}{n-1}\sum (x-\bar{x})^2$$

$$S_y^2 = \frac{1}{n-1}(y-\bar{y})^2$$

$$S_{xy} = \frac{1}{n-1}\sum (x-\bar{x})(y-\bar{y})$$

위의 식에서 보는 바와 같이 상관계수는 공분산을 변수 X와 변수 Y의 두 표준편차로 나누어준 값, 즉 표준화된 공분산(standardized covariance)을 의미한다. 이렇게 계산을 하다 보면 단위가 없는 무차원수가 되며 이 상관계수는 모집단에서 두 확률변수의 일차적인 연관성을 나타내준다.

일반적으로 상관계수의 값을 보고 두 변수의 관련 정도를 알 수 있는데, 그 정도는 다음과 같이 평가할 수 있다.

상관계수와 변수의 관련성

- 1.0 ~ 0.7 (−1.0 ~ −0.7)의 경우: 매우 강한 관련성
- 0.7 ~ 0.4 (−0.7 ~ −0.4)의 경우: 상당한 관련성
- 0.4 ~ 0.2 (−0.4 ~ −0.2)의 경우: 약간의 관련성
- 0.2 ~ 0.0 (−0.2 ~ −0.0)의 경우: 관련이 없음

만일 두 변수가 독립적이면 공분산은 0이 되고 따라서 상관계수도 0이 된다. 그러나 이것의 역(逆)이 반드시 성립하지는 않는다.

3 상관계수의 가설검정

피어슨 모집단 상관계수 ρ에 대한 추론을 위하여 표본상관계수 r의 표본분포 특성을 보면 다음과 같다. 모집단의 변수들 사이에 상관계수가 없다면 t통계량은 다음과 같다.

$$\text{t통계량} \quad t = \frac{r-0}{S_r} \qquad \text{(식 5-5)}$$

$$\text{여기서} \quad S_r = \sqrt{\frac{1-r^2}{n-2}}$$

$$df = n-2$$

이 검정을 위한 귀무가설과 대립가설은 다음과 같다.

$$H_0 : \rho = 0$$

$$H_1 : \rho \neq 0$$

4 Python 분석

예제

다음은 어느 도시에 거주하는 사람들 10명을 표본조사한 자료이다. 조사변수는 거주년수(X), 도시에 대한 태도(Y, 1 매우 호의적이지 못함, 11 매우 호의적임), 삶의 만족도(Z, 1 매우 불만족, 11 매우 만족) 등이다. 여기서 거주년수(X), 도시에 대한 태도(Y)에 관한 평균, 분산, 공분산, 상관계수를 구하여라. 또한 상관계수의 유의성 여부를 $\alpha=0.05$에서 판단하여라.

	1	2	3	4	5	6	7	8	9	10
X	10	12	12	4	12	6	8	2	18	9
Y	6	9	8	3	10	4	5	2	11	9
Z	3	11	4	1	11	1	7	4	8	8

1단계: 다음과 같이 엑셀창에 데이터를 입력한다.

데이터 ch51.csv

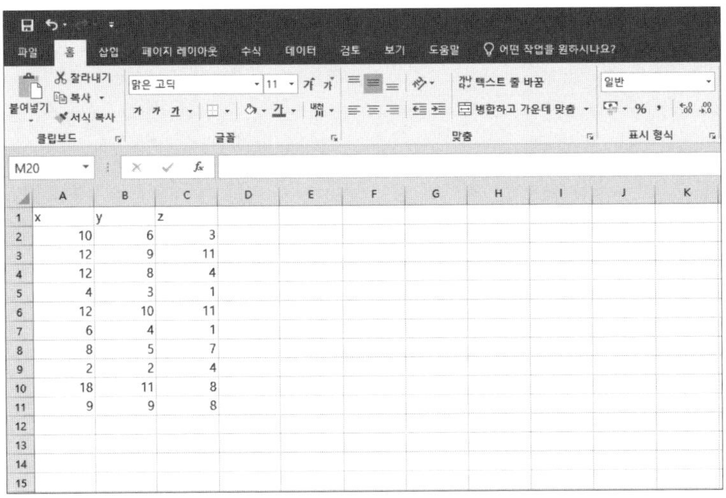

[그림 5-1] 데이터 입력창

2단계: 데이터를 불러오기 위해서 다음과 같이 Jupyter 프로그램에 명령어를 입력한다.

데이터 ch5-1.ipynb

```
import pandas as pd
import numpy as np
import matplotlib.pyplot as plt
import statsmodels.graphics.api as smg
import researchpy as rp
from scipy import stats
df=pd.read_csv('C:/gskim/P4DS/data/ch51.csv')
print(df)
```

```
    x   y   z
0  10   6   3
1  12   9  11
2  12   8   4
3   4   3   1
4  12  10  11
5   6   4   1
6   8   5   7
7   2   2   4
8  18  11   8
9   9   9   8
```

3단계: 변수 간의 관련성을 시각적으로 나타내보기 위해서 다음과 같이 작업한다.

데이터 ch5-1.ipynb

```
corr_matrix=np.corrcoef(df.T)
smg.plot_corr(corr_matrix)
plt.show()
```

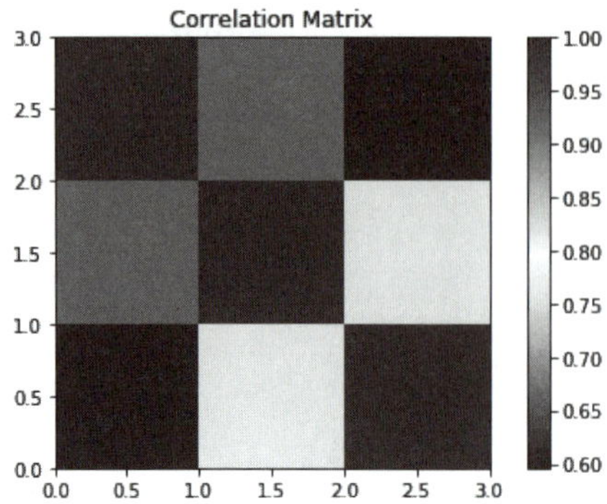

* 인쇄상 제약으로 실제 결과의 색을 반영하지 못했음.

결과 설명 그림에서 각 변수 간의 관련성과 이에 대한 색깔 농도가 달라짐을 알 수 있다. 상관계수의 값이 1에 근접할수록 짙은 파란색으로 변하는 것을 알 수 있다. 거주년수(x)와 도시에 대한 태도(y) 간 관계는 짙은 주황색으로 나타나 상관 정도가 높음을 알 수 있다. 도시에 대한 태도(y)와 삶의 만족도(z) 간 관계는 거주년수(x)와 도시에 대한 태도(y) 간 관계보다 옅은 색을 보인다. 반면에 거주년수(x)와 삶의 만족도(z) 간 관계는 가장 옅은 파란색을 보여 상관 정도가 낮음을 알 수 있다. 빨간색으로 나타난 것은 자기 자신의 변수 관계, 즉 거주년수(x)와 거주년수(x) 관련성이 '1'이기 때문이다.

4단계: 이어 변수 간의 상관계수와 관련 p값을 계산하기 위해서 아래와 같이 입력한다.

데이터 ch5-1.ipynb

```
np.corrcoef(df)
corr=df.corr(method='pearson')
print(corr)
print(rp.corr_pair(df[['x', 'y', 'z']]))
```

```
         x         y         z
x 1.000000 0.921653 0.596146
y 0.921653 1.000000 0.764317
z 0.596146 0.764317 1.000000
    r value p-value N
x & y 0.9217    0.0001 10
x & z 0.5961    0.0689 10
y & z 0.7643    0.0100 10
```

결과 설명 거주년수(x)와 도시에 대한 태도(y) 간의 상관계수는 0.921이다. p-value=0.0001 $<$ α=0.05이므로 두 변수의 관련성은 매우 유의하다고 할 수 있다. 거주년수(x)와 삶의 만족도(z) 간의 상관계수는 0.596이다. p-value=0.06 $>$ α=0.05이므로 두 변수의 관련성은 매우 유의하다고 할 수 없다. 도시에 대한 태도(y)와 삶의 만족도(z) 간의 상관계수는 0.764이다. p-value=0.001 $<$ α=0.05이므로 두 변수의 관련성은 매우 유의하다고 할 수 있다.

5 정준상관분석

5-1 정준상관분석 개념

정준상관분석(canonical correlation analysis)은 2개 이상의 독립변수군(여기서는 기준변수라고 함)과 종속변수군(설명변수라고 함) 간의 상호 관련성을 파악하는 분석 방법이다.

	$X_1, X_2, X_3 \cdots\cdots X_p$	$Y_1, Y_2, Y_3 \cdots\cdots Y_Q$
표본1 표본2 ⋮ 표본n	X변수군(설명변수)	Y변수군(기준변수)

[그림 5-2] 정준상관분석 기본틀

X변수군과 Y변수군에서 생성되는 정준변량을 식으로 나타낼 수 있다.

$$
\begin{aligned}
CV_{X1} &= a_1X_1 + a_2X_2 + \cdots + a_pX_p \\
CV_{y1} &= b_1Y_1 + b_2Y_2 + \cdots + b_QY_Q
\end{aligned}
\qquad \text{(식 5-6)}
$$

분석자는 변수군에서 각 정준변량(canonical variate)을 최대로 하는 정준상관계수(canonical correlation coefficient)를 찾아낼 수 있다.

정준상관분석에 사용되는 변수는 등간척도와 비율척도로 구성되는 양적변수이다. 회귀분석과 정준상관분석은 종속변수에서 차이가 있다. 회귀분석은 종속변수가 1개이나 정준상관분석은 종속변수가 여러 개로 구성된다. 상관분석의 경우는 한 변수와 다른 한 변수 사이의 관련성을 파악하는 반면에 정준상관분석은 여러 변수군의 관계를 파악한다.

여러 다변량분석 방법과 마찬가지로 정준상관분석은 다양한 사용 목적이 있다. 정준상관분석은 변수군 간의 관계를 파악하고 변수 간의 영향 크기를 비교할 수 있다. 또한 선형조합식에서 상관계수를 통해서 예측을 할 수 있다.

연구자는 정준상관분석 과정에서 우선 정준상관함수를 찾아내야 한다. 이어 정준상관함수의 유의성을 고찰하고 변수 간의 상대적인 영향력을 파악해야 한다.

5-2 Python을 이용한 정준상관분석

예제

다음은 어느 회사의 고객별 영업사원 평가 결과이다. 근무태도는 친밀도(x1)와 대응자세(x2)로 구성되어 있다. 성과평가는 신뢰성(y1)과 서비스 만족도(y2)로 이루어져 있다. 즉, 성과평가=f(근무태도)와 관련이 있다는 연구모형을 설정할 수 있다. 변수군 간에 어떠한 상관관계가 있는지 정준상관분석을 실시하여라.

고객	근무태도		성과평가	
	친밀도 (x1)	대응자세 (x2)	신뢰성 (y1)	서비스 만족도 (y2)
1	1	1	1	1
2	7	1	7	1
3	4.6	5.6	7	7
4	1	6.6	1	5.9
5	7	4.9	7	2
6	7	7	6.4	3.8
7	7	1	7	1
8	7	1	2.4	1

1단계: 다음과 같이 데이터를 입력한다.

데이터 ch52.csv

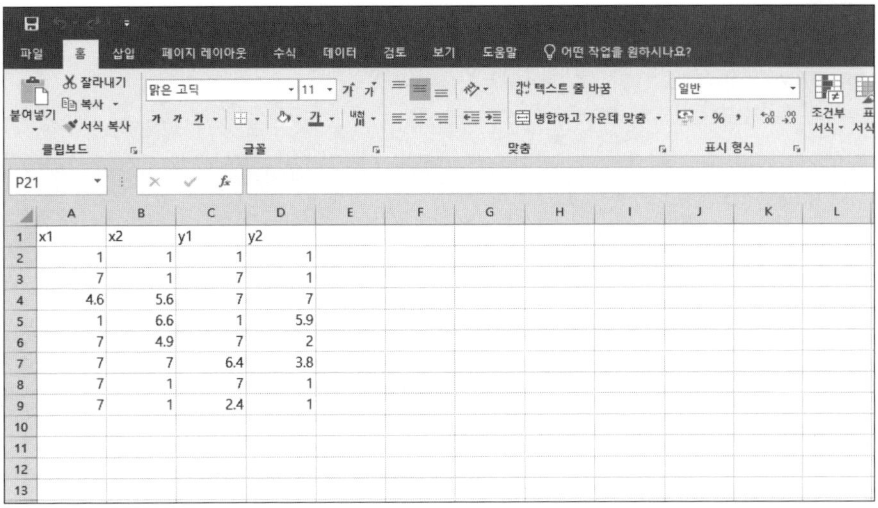

[그림 5-3] 데이터 입력

2단계: 분석에 앞서 우선 입력 데이터를 불러오기 한다. 실행 후 입력 데이터를 확인할 수 있다.

데이터 canon.ipynb

```
import pandas as pd
from sklearn.cross_decomposition import CCA
ch52=pd.read_csv("C:/gskim/P4DS/data/ch52.csv")
print(ch52)
```

```
   x1  x2  y1  y2
0 1.0 1.0 1.0 1.0
1 7.0 1.0 7.0 1.0
2 4.6 5.6 7.0 7.0
3 1.0 6.6 1.0 5.9
4 7.0 4.9 7.0 2.0
5 7.0 7.0 6.4 3.8
6 7.0 1.0 7.0 1.0
7 7.0 1.0 2.4 1.0
```

3단계: 변수 간의 대략적인 관련성을 알아보기 위해서 산포도를 그려본다.

데이터 canon.ipynb

```
import matplotlib.pyplot as plt
from pandas.plotting import scatter_matrix
palette = {0: "red", 1: "yellow", 2: "blue"}
matrix_of_scatterplots = scatter_matrix(ch52[['x1', 'x2', 'y1', 'y2']],
figsize=(6,6), diagonal = 'kde')
plt.show()
```

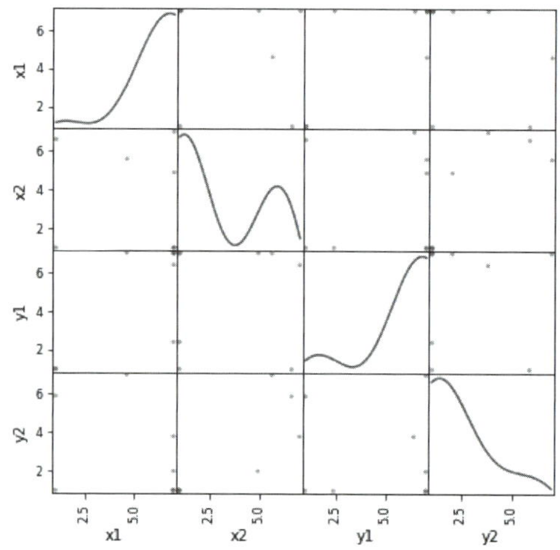

결과 설명 분석자는 대각선(diagonal) 관계를 커널밀도(kde)가 아닌 히스토그램(hist)으로 변경하여 볼 수 있다. 커널 밀도(kernel density)는 커널함수(kernel function)를 이용하여 밀도를 추정하는 것으로 단순한 히스토그램의 문제점을 개선한 방법이다.

4단계: 변수 간의 관련성을 살펴보기 위해서 다음과 같이 상관분석을 실시해본다.

데이터 canon.ipynb

```
import statsmodels.graphics.api as smg
corr_matrix=np.corrcoef(ch52.T)
print(corr_matrix)
```

```
[[ 1.          -0.16105148 0.75804843 -0.37232933]
 [-0.16105148 1.          0.10964393 0.82231686]
 [ 0.75804843 0.10964393 1.          0.01079424]
 [-0.37232933 0.82231686 0.01079424 1.         ]]
```

결과 설명 X군과 Y군의 상관행렬에 각 변수 간의 관련성이 나타나 있다. x1과 y1의 관련성이 높게 나타났으며 x2와 y2의 관련성은 매우 높게 나타났다.

5단계: 변수 간의 관련성을 시각적으로 나타나기 위해 다음과 같이 작업한다.

데이터 canon.ipynb

```
import seaborn as sns
corr = ch52.corr()
# Set up the matplotlib figure
f, ax = plt.subplots(figsize=(10, 7))

# Draw the heatmap with the mask and correct aspect ratio
with sns.axes_style("white"):
  sns.heatmap(corr, vmax=1, cmap='YlGnBu', square=True, linewidths=.3)
```

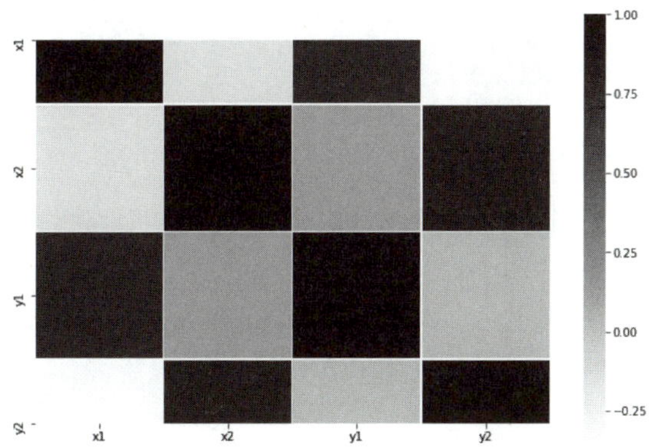

* 인쇄상 제약으로 실제 결과의 색을 반영하지 못했음.

결과 설명 X군과 Y군의 상관행렬에 각 변수 간의 관련성이 색깔로 나타나 있다. x1과 y1의 관련성이 높고, x2와 y2의 관련성이 매우 높아 짙은 색으로 나타났음을 알 수 있다.

6단계: 이어 변수군(X군, Y군)으로 묶기 위해서 다음과 같이 입력한다.

데이터 canon.ipynb

```
# Data Frame
X=ch52[['x1','x2']]
Y=ch52[['y1','y2']]
```

7단계: 정준상관분석을 실시하기 위한 라이브러리를 정리한다.

데이터 canon.ipynb

```
from sklearn.datasets import make_multilabel_classification
from sklearn.multiclass import OneVsRestClassifier
from sklearn.svm import SVC
from sklearn.decomposition import PCA
from sklearn.cross_decomposition import CCA
import matplotlib.pyplot as plt
```

8단계: 정준상관분석을 실시하기 위한 명령어를 입력한다.

데이터 canon.ipynb

```
cca = CCA(n_components=1)
cca.fit(X, Y)
X_c, Y_c = cca.transform(X, Y)
```

9단계: X의 벡터 행렬을 살펴보기 위해서 다음과 같이 입력한다.

데이터 canon.ipynb

```
print(X_c)
```

```
[[-0.59093855]
 [ 1.09326534]
 [-0.65696117]
 [-1.90151501]
 [ 0.18054244]
 [-0.31092373]
 [ 1.09326534]
 [ 1.09326534]]
```

결과 설명 X의 벡터 행렬을 살펴볼 수 있다.

10단계: Y의 벡터 행렬을 살펴보기 위해서 다음과 같이 입력한다.

데이터 canon.ipynb

```
print(Y_c)
```

```
[[-0.08633813]
 [ 1.03919319]
 [-1.03714248]
 [-1.78201226]
 [ 0.69313724]
 [-0.04231659]
 [ 1.03919319]
 [ 0.17628584]]
```

결과 설명 Y의 벡터 행렬을 살펴볼 수 있다.

11단계: CV-score를 알아보기 위해서 다음과 같이 입력한다.

데이터 canon.ipynb

```
cca.score(X_c, Y_c)
```

```
0.793463638651817
```

결과 설명 CV-score는 군간 λ값을 크게 하도록 최적화해주는 값이다. 여기서는 0.793이다.

12단계: 정준상관계수를 알아보기 위해서 다음과 같이 입력한다.

데이터 canon.ipynb

```
result=np.corrcoef(X_c.T, Y_c.T)[0,1]
print(result)
```

```
0.8967318193259085
```

결과 설명 제1 정준상관계수는 0.897로 두 집단(X, Y) 사이에는 높은 상관관계가 있음을 알 수 있다.

13단계: 각 군의 대각선 행렬의 값을 나타내보기 위해 다음과 같이 입력한다.

데이터 canon.ipynb

```
plt.figure(figsize=(12, 8))
plt.subplot(221)
plt.scatter(X, Y, label="Cannonical Correlation",
            marker="o", c="r", s=25)
plt.xlabel("x scores")
plt.ylabel("y scores")
plt.xticks(())
plt.yticks(())
plt.legend(loc="best")
```

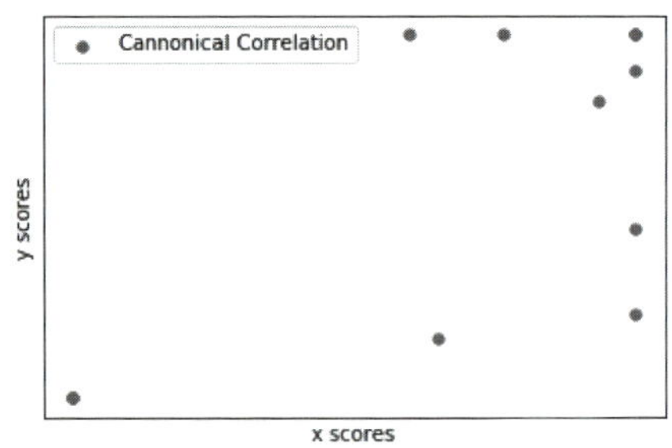

연습문제

1 상관분석의 개념을 서술하고 이 방법이 유용한 이유를 설명해보자.

2 유명 커피숍까지의 거리(x1)와 월세가격(x2, 단위: 만원)에 관한 자료를 조사하였다. 두 변수의 관련성을 시각화해보고 이에 대한 상관계수를 구하여라.

데이터 ex52.csv

x1	x2
600	200
750	150
1200	120
1000	140
2000	100
500	210

3 다음에 사용한 데이터 세트는 Pima Indians Diabetes Data Set이다(데이터: diabetes.csv). 미국 원주민 피마(Pima)족의 당뇨병 유병률은 원래 매우 낮았으나 서구식 식습관이 확산되면서 급속도로 높아졌다. 그래서 이들의 사례는 당뇨병을 연구하는 데 귀중한 데이터로 사용되고 있다.

데이터 세트는 총 9가지 속성으로 구성되어 있다. Pregnancies(임신횟수), Glucose[글루코스 내성(glucose tolerance) 실험 후의 혈당수치], BloodPressure[확장기 혈압(mm Hg)], SkinThickness[상완 삼두근 피부 두께(mm)], Insulin[혈액 내 인슐린 수치(mu U/ml)], BMI[비만도 수치, weight in kg/(height in m)^2], Diabetes Pedigree Function(당뇨병 가족력), Age(나이), Outcome[당뇨병 여부, 0(발병 안 함) 또는 1(발병)]

(1) 9가지 변수 간의 상관계수를 구하라.

(2) 상관분석 결과를 시각화해서 나타내라.

4 정준상관분석 개념과 적용 방법을 서로 상의해보자.

5 행렬 X와 행렬 Y의 정보를 이용하여 정준상관계수를 구하라.

X=[[0., 0., 1.], [1.,0.,0.], [2.,2.,2.], [3.,5.,4.]]
Y=[[0.1, −0.2], [0.9, 1.1], [6.2, 5.9], [11.9, 12.3]]

해답

1 상관분석은 변수 간 관련성을 파악하는 방법으로 분석자는 상관분석을 통해서 사람들이 그동안 발견하지 못했던 변수 사이에 관련성을 확인하여 문제 해결의 실마리를 찾을 수 있다.

2

```
# 연습문제 5-2
import pandas as pd
import numpy as np
import matplotlib.pyplot as plt
import statsmodels.graphics.api as smg
import researchpy as rp
from scipy import stats
df = pd.read_csv('C:/gskim/P4DS/data/ex52.csv')
print(df)
corr_matrix=np.corrcoef(df.T)
smg.plot_corr(corr_matrix)
plt.show()
np.corrcoef(df)
corr=df.corr(method='pearson')
print(rp.corr_pair(df[['x1', 'x2']]))
```

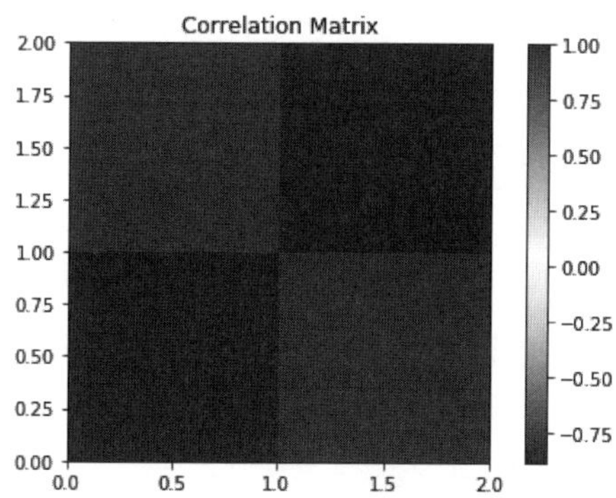

	r value	p-value	N
x1 & x2	−0.8843	0.0193	6

* 인쇄상 제약으로 실제 결과의 색을 반영하지 못했음.

결과 설명 유명 커피숍까지의 거리(x1)와 월세가격(x2, 단위: 만원) 간에 관련성을 분석한 결과, 상관계수(r^2)는 −0.8843이고 $p=0.0193 < \alpha=0.05$이다. 이를 통해서 유명 커피숍까지의 거리(x1)가 가까울수록 월세가격(x2, 단위: 만원)은 높은 것으로 해석할 수 있다. 즉 유명 커피숍까지의 거리(x1)가 멀수록 월세가격(x2, 단위: 만원)은 낮다고 해석할 수 있다.

3 (1)

```
# 연습문제 5-3-1
import numpy as np
import pandas as pd
df = pd.read_csv('C:/gskim/P4DS/data/diabetes.csv')
df.info()
#---check for null values---
print("Nulls")
print("=====")
print(df.isnull().sum())
#---check for 0s---
print("0s")
print("==")
print(df.eq(0).sum())

df[['Glucose','BloodPressure','SkinThickness',
  'Insulin','BMI','DiabetesPedigreeFunction','Age']] = \
  df[['Glucose','BloodPressure','SkinThickness',
    'Insulin','BMI','DiabetesPedigreeFunction','Age']].replace(0,np.NaN)
df.fillna(df.mean(), inplace = True)  # replace NaN with the mean
print(df.eq(0).sum())
corr = df.corr()
print(corr)
```

```
                          Pregnancies  Glucose  BloodPressure  SkinThickness ₩
Pregnancies                  1.000000  0.127911       0.208522       0.082989
Glucose                      0.127911  1.000000       0.218367       0.192991
BloodPressure                0.208522  0.218367       1.000000       0.192816
SkinThickness                0.082989  0.192991       0.192816       1.000000
Insulin                      0.056027  0.420157       0.072517       0.158139
BMI                          0.021565  0.230941       0.281268       0.542398
DiabetesPedigreeFunction    -0.033523  0.137060      -0.002763       0.100966
Age                          0.544341  0.266534       0.324595       0.127872
Outcome                      0.221898  0.492928       0.166074       0.215299

                           Insulin       BMI  DiabetesPedigreeFunction ₩
Pregnancies               0.056027  0.021565                 -0.033523
Glucose                   0.420157  0.230941                  0.137060
BloodPressure             0.072517  0.281268                 -0.002763
SkinThickness             0.158139  0.542398                  0.100966
Insulin                   1.000000  0.166586                  0.098634
BMI                       0.166586  1.000000                  0.153400
DiabetesPedigreeFunction  0.098634  0.153400                  1.000000
Age                       0.136734  0.025519                  0.033561
Outcome                   0.214411  0.311924                  0.173844

                               Age   Outcome
Pregnancies               0.544341  0.221898
Glucose                   0.266534  0.492928
BloodPressure             0.324595  0.166074
SkinThickness             0.127872  0.215299
Insulin                   0.136734  0.214411
BMI                       0.025519  0.311924
DiabetesPedigreeFunction  0.033561  0.173844
Age                       1.000000  0.238356
Outcome                   0.238356  1.000000
```

(2)

```
# 연습문제 5-3-2
%matplotlib inline
import matplotlib.pyplot as plt

fig, ax = plt.subplots(figsize=(10, 10))
cax   = ax.matshow(corr,cmap='coolwarm', vmin=-1, vmax=1)

fig.colorbar(cax)
ticks = np.arange(0,len(df.columns),1)
ax.set_xticks(ticks)

ax.set_xticklabels(df.columns)
plt.xticks(rotation = 90)

ax.set_yticklabels(df.columns)
ax.set_yticks(ticks)

#---print the correlation factor---
for i in range(df.shape[1]):
  for j in range(9):
    text = ax.text(j, i, round(corr.iloc[i][j],2),
             ha="center", va="center", color="w")
plt.show()

import seaborn as sns

sns.heatmap(df.corr(),annot=True)

#---get a reference to the current figure and set its size---
fig = plt.gcf()
fig.set_size_inches(8,8)
```

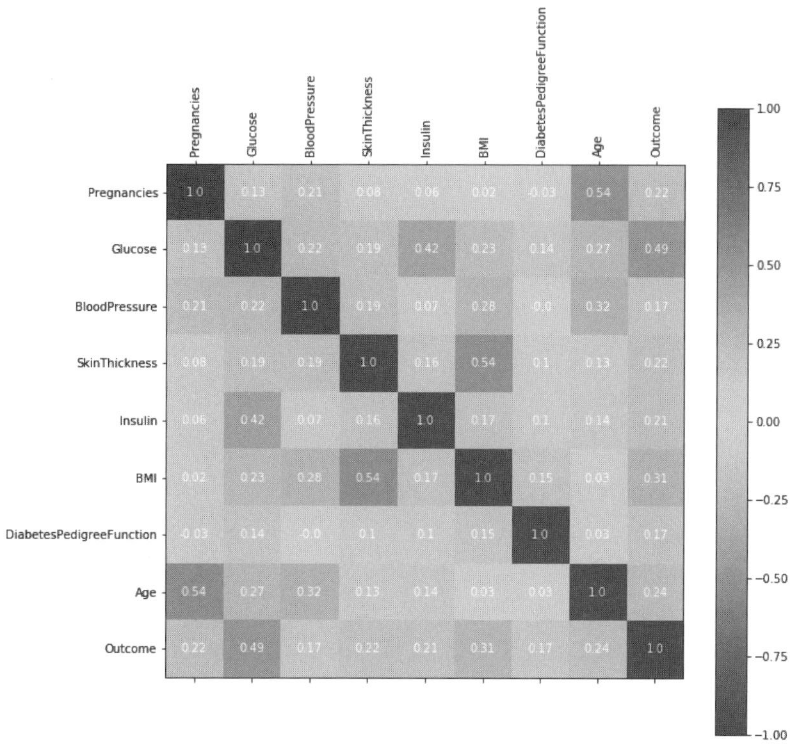

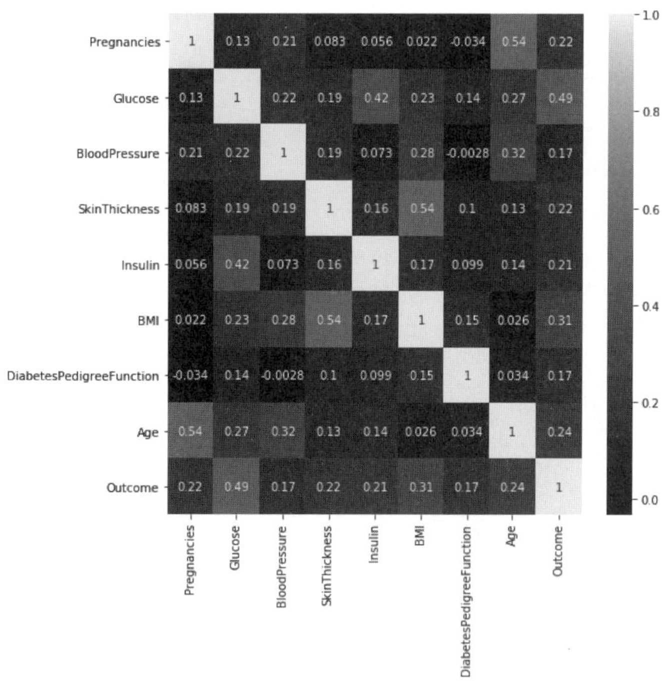

* 인쇄상 제약으로 실제 결과의 색을 반영하지 못했음.

4 정준상관분석(canonical correlation analysis)은 2개 이상의 독립변수군(여기서는 기준변수라고 함)과 종속변수군(설명변수라고 함) 간의 상호 관련성을 파악하는 분석 방법으로 독립변수군과 종속변수 간의 강도를 파악할 수 있어 관련 내용을 의사결정에 반영할 수 있다.

5

```
# 연습문제5-5
from sklearn.cross_decomposition import CCA
import numpy as np
X = [[0., 0., 1.], [1.,0.,0.], [2.,2.,2.], [3.,5.,4.]]
Y = [[0.1, -0.2], [0.9, 1.1], [6.2, 5.9], [11.9, 12.3]]
cca = CCA(n_components=1)
cca. t(X, Y)
X_c, Y_c = cca.transform(X, Y)
result = np.corrcoef(X_c.T, Y_c.T)[0,1]
print(result)
```

1.0

제1 정준상관계수는 1로 두 변수군(X, Y) 사이에 높은 상관관계가 있음을 알 수 있다.

ch. 6 회귀분석

학습목표

- 회귀분석의 의미와 목적을 이해한다.
- 단순회귀분석의 개념을 명확하게 이해한다.
- 중회귀분석을 이해하고 응용할 수 있다.
- Python을 이용해 통계분석을 할 수 있다.

1 회귀분석 개념

통계를 다루다 보면 2개 혹은 그 이상의 여러 변수 사이의 관계를 분석해야 할 때가 있다. 서로 관계를 가지고 있는 변수들 사이에는 다른 변수(들)에 영향을 주는 변수(들)가 있는가 하면, 다른 변수에 영향을 받는 변수(들)도 있다. 전자를 독립변수 또는 설명변수(independent variable 혹은 predictor variable)라고 부른다. 후자를 종속변수 또는 목적변수(dependent variable 혹은 response variable)라고 한다. 예컨대 광고액과 매출액의 관계에서 전자는 후자에 영향을 미치므로 독립변수가 되고 후자는 종속변수가 된다. 회귀분석(regression analysis)은 독립변수가 종속변수에 미치는 영향력의 크기를 조사하여 독립변수의 일정한 값에 대응하는 종속변수의 값을 예측하는 기법을 의미한다. 광고액과 매출액 사이에 어떤 관계가 있을 때, 일단 광고액의 수준이 결정되면 회귀분석을 통하여 매출액을 예상할 수 있다.

회귀분석은 다음과 같은 세 가지 주요 목적을 갖는다.

- 첫째, 기술적 목적을 갖는다. 회귀분석을 통해 변수들, 즉 위의 예에서 광고액과 매

출액 사이의 관계를 기술하고 설명할 수 있다.

- 둘째, **통제** 목적을 갖는다. 예를 들어, 비용과 생산량 사이의 관계 혹은 결근율과 생산량 사이의 관계를 조사하여 생산 및 운영 관리의 효율적인 통제에 회귀분석을 이용할 수 있다.
- 셋째, **예측** 목적을 갖는다. 기업에서 생산량을 추정함으로써 비용을 예측할 수 있으며 광고액을 앎으로써 매출액을 예상할 수 있다.

앞서 설명한 분산분석과 회귀분석의 차이점을 살펴보면 다음과 같다. 회귀분석은 독립변수(들)의 수준과 평균반응치 사이의 통계적인 관계를 연구한다. 이때 종속변수와 독립변수는 다양해야 한다. 회귀분석 안에서의 분산분석은 사실 회귀계수를 검정하는 여러 방편 중의 한 가지에 불과한 것이다. 분산분석은 종속변수와 독립변수(들) 사이의 관계를 연구하는 방법이지만 회귀분석에서 쓰이는 통계적인 관련성은 필요로 하지 않는다. 분산분석에서 독립변수는 반드시 양적일 필요가 없으며 성, 지역적 위치, 기계 종류 등과 같은 질적인 표시도 가능하다.

회귀분석은 단순회귀분석(simple regression analysis)과 중회귀분석(multiple regression analysis)으로 나뉜다. 이에 대한 구분 방법은 다음 표를 참조하면 쉽게 이해할 수 있다.

[표 6-1] 회귀분석의 종류

구분	독립변수	종속변수
단순회귀분석	1	1
중회귀분석	多	1
일반선형분석	多	多

회귀분석은 모형 수립을 통해서 데이터를 기술, 예측, 통제할 수 있다는 탁월한 장점에도 불구하고 다음과 같은 몇 가지 단점이 있다.

- 첫째, 모형 수립 과정에서 독립변수에 질적인 변수가 포함될 경우 더미변수(dummy variable)로 처리해주어야 한다.
- 둘째, 데이터에 무응답치가 많은 경우나 이상치(outlier)가 큰 경우 모형의 적합도가 낮아져 모델을 사용할 수 없게 된다.
- 셋째, 독립변수 간에 복잡한 관계가 발생할 경우 적합모델을 찾기가 쉽지 않고 현상을 제대로 설명할 수 없다. 이때는 상호작용항(interaction terms)을 만들어 분석하는 것도 고려해볼 만하다.

2 단순회귀분석

단순회귀분석(simple regression analysis)의 목적은 두 변수, 즉 하나의 독립변수와 종속변수 사이의 관계를 알아내는 것이다. 단순회귀분석을 이해하기 위해서 광고액에 따른 매출액에 관한 예를 들어보자. 광고액이 매출을 결정한다고 가정하고 어느 회사의 10개월간 자료를 정리하였다.

[표 6-2] 광고액과 매출액

월별	광고액(억원)	매출액(억원)
1	25	100
2	52	256
3	38	152
4	32	140
5	25	150
6	45	183
7	40	175
8	55	203
9	28	152
10	42	198

2-1 산포도 그리기

이제 회귀분석을 통해 종속변수인 매출액이 독립변수인 광고액의 변화에 따라 어떻게 조직적으로 변화하는지 알아보자. 앞의 [표 6-2]의 상태에서 추세를 파악하기가 곤란하므로 대략적인 관계를 나타낼 수 있도록 관찰치들을 좌표평면에 그려본다. 관찰치들을 좌표평면에 나타낸 그림을 산포도(scatter diagram)라고 하는데, 산포도는 회귀분석의 필수적인 첫 단계이다. [표 6-2]의 자료를 이용하여 산포도를 나타내면 [그림 6-1]과 같다.

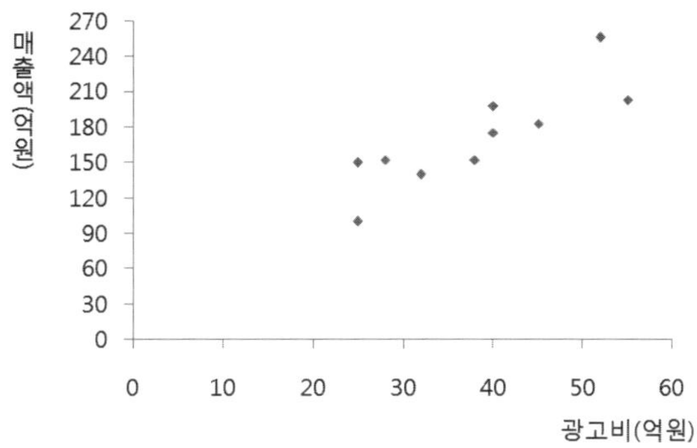

[그림 6-1] 산포도

위 그림에서 광고액을 X축에 표시하고 매출액을 Y축에 표시하였다. 우리는 이 산포도를 통하여 두 변수 간의 관계를 대체로 한눈에 파악할 수 있다. 즉 광고액이 많을수록 매출액이 증가한다는 점을 쉽게 파악할 수 있다. 한편, 이러한 추세를 어느 정도 정확하게 추정하기 위해 산포도 위에 일차직선을 그어볼 수 있는데, 이 선을 회귀선(regression line)이라고 한다. [그림 6-2]는 회귀선을 표시한 것이다.

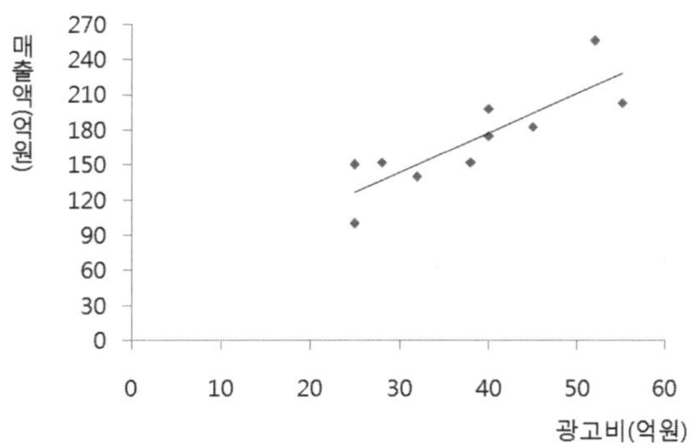

[그림 6-2] 산포도와 선형회귀직선

[그림 6-2]에서 자료의 관찰치들이 직선 모양의 회귀선에 거의 몰려 있음을 알 수 있다. 이 회귀선을 이용하면 광고액과 매출액 사이의 관계를 함수적으로 파악할 수 있다.

또 다른 예를 들어보자. 만일 나이와 체중 사이의 관계를 연구한다고 하자. 이 경우에 체중은 종속변수이고 나이는 독립변수라고 생각할 수 있다. 그런데 어느 정도 나이가 들 때까지는 체중이 증가하나, 일정한 나이가 되면 어느 기간만큼은 거의 일정하게 유지되기 마련이다. 따라서 이에 대한 산포도와 회귀선을 직선으로 나타내는 것은 바람직하지 못하다. 오히려 [그림 6-3]과 같이 회귀선을 곡선(curve)으로 나타냄으로써 나이와 체중 사이의 곡선 관계(curvilinear relationship)를 보여주는 회귀모형이 타당할 것이다. 만일 회귀직선으로 모형을 확정한다면 두 변수 사이의 관계를 올바르게 표시했다고 볼 수 없다. 관찰치들이 회귀모형 주위에 적절하게 몰려 있어야 하기 때문이다. 이와 같이 회귀모형의 선택은 관찰치들의 산포도에 따라 이루어지므로 산포도는 상당히 중요한 것이다.

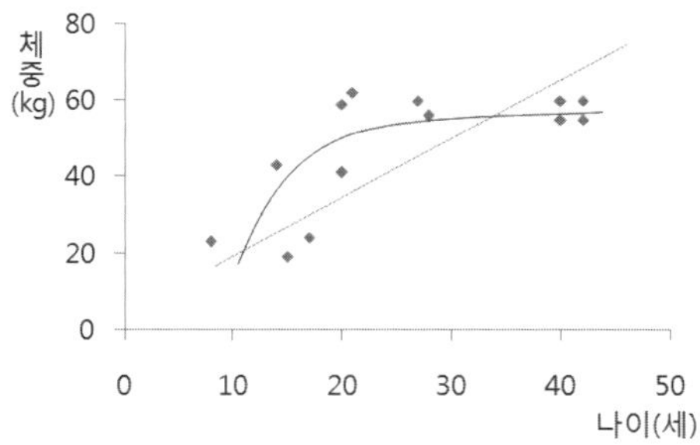

[그림 6-3] 나이와 체중 사이의 관계

회귀모형에는 두 가지 특징이 나타난다.

- 첫째, 표본추출된 관찰치들의 모집단에는 각각의 X수준에 대하여 Y의 확률분포가 있다.
- 둘째, Y의 확률분포의 평균은 X값에 따라 변한다. 이를 설명하기 위하여 회귀직선의 경우를 그림으로 나타내면 [그림 6-4]와 같다. 이해를 돕기 위해서 Y축은 수평, X축은 수직으로 나타냈다.

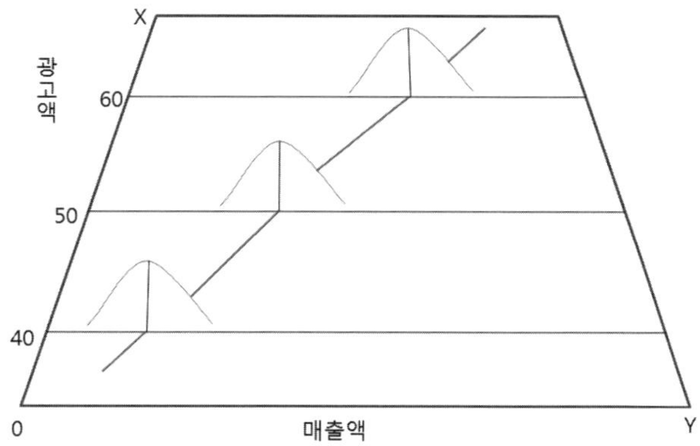

[그림 6-4] 회귀직선모형의 그림

[그림 6-4]는 예를 들어 광고액 X=40(억원)일 때 매출액 Y의 확률분포를 나타낸 것이다. [표 6-2]에서 보인 실제 매출액(175억원)의 확률분포에서 임의 채택된 것으로 간주된다. 그리고 다른 광고액의 경우에서도 매출액의 확률분포를 나타내고 있다. 그림을 보면 회귀직선이 확률분포의 평균치들을 지나가고 있다. 사실, 변수 X가 회귀한다는 것은 평균값에 몰리는 경향이 있다는 것을 뜻한다. 우리는 여기서 확률분포의 평균치가 X의 수준에 대하여 조직적인 관계를 갖는다는 것을 알 수 있다. 이 조직적인 관계를 X에 대한 Y의 회귀함수라고 부르며, 회귀함수의 그림을 회귀선이라고 부른다.

이제 모집단에 대한 단순회귀의 선형모형을 세워보자.

단순회귀직선모형 $Y_i = \beta_0 + \beta_1 X + \epsilon_i$ (식 6-1)

여기서 Y_i = i번째 반응치

β_0 = 절편 모수

β_1 = 기울기 모수

X_i = 이미 알려진 독립변수의 i번째 값

ϵ_i = 오차이며 분포는 $N(0, \sigma^2)$

$Cov(\epsilon_i, \epsilon_j) = 0$ (단 $i \neq j$)

다음으로 **회귀모형의 가정**을 정리하면 다음과 같다.

- X는 확률변수가 아니라 확정된 값이다.
- 모든 오차는 정규분포를 이루며 평균이 0, 분산은 σ^2으로 X값에 관계없이 동일하다. 즉, $\epsilon_i \sim N(0, \sigma^2)$
- 서로 다른 관찰치의 오차는 독립적이다. 즉, $Cov(\epsilon_i, \epsilon_j)=0$ (단 $i \neq j$)
- $Y \sim N(\beta_0+\beta_1 X, \sigma^2)$

따라서

$$E(Y_i)=E(\beta_0+\beta_i X_i+\epsilon_i)=\beta_0+\beta_i X_i+E(\epsilon_i) \qquad \text{(식 6-2)}$$
$$=\beta_0+\beta_1 X_i$$

그러므로 i번째에 있는 X의 값을 X_i라 하면, 종속변수 Y_i는 평균이 $E(Y_i)=\beta_0+\beta_1 X_i$인 확률분포에서 나온 것이다.

선형회귀모형 $E(Y_i)=\beta_0+\beta_1 X_i$에서 β_0는 절편이고 β_1은 기울기이다. 직선의 모형은 β_0와 β_1의 값에 따라 달라지며, 이 값들은 모집단을 완전히 파악하지 않으면 알 수 없는 계수들이다. 두 변수 간의 관계를 파악하려면 두 계수를 구해야 한다. 주어진 표본 관찰치들로부터 구한 회귀직선을 다음과 같이 나타내보자(편의상 i를 생략).

$$\hat{Y}=b_0+b_1 X \qquad \text{(식 6-3)}$$

여기서 b_0와 b_1은 각각 β_0와 β_1의 추정치가 된다. 표본에 대하여 회귀모수 β_0와 β_1의 좋은 추정량을 발견하기 위해서 최소자승법(least square method)을 이용할 수 있다. 최소자승법이란 잔차(residual)제곱의 합을 최소화시키는 b_0와 b_1의 값을 구하는 방법을 말한다. 여기서 잔차란 실제 관찰치 Y_i와 예측치 $\hat{Y}_i$(Y-hat으로 읽음) 사이의 차이값을 뜻하므로 잔차 e_i는 다음과 같다.

$$e_i=Y_i-\hat{Y}_i \qquad \text{(식 6-4)}$$

변수들 사이의 관계를 정확하게 기술하거나 예측하려면 잔차 e_i가 최소가 되어야 한다. 이를 위해서 잔차제곱의 합을 최소화하면 같은 목적을 이룰 수 있다. 따라서 $\sum_{i=1}^{n} e_i^2$을 최소화시키는 b_0와 b_1의 값을 구하면 된다. (식 6-4)를 Q라 놓으면 다음과 같이 된다.

$$Q = \sum_{i=1}^{n} e_i^2 = \sum_{i=1}^{n} (Y_i - \hat{Y}_i)^2 = \sum_{i=1}^{n} (Y_i - b_0 - b_1 X_i)^2 \qquad (식\ 6\text{-}5)$$

위 식을 b_0와 b_1에 대하여 편미분하고 그 결과를 0으로 놓으면 다음 두 식을 얻을 수 있다.

$$\begin{aligned} \frac{\partial Q}{\partial b_0} &= 2\sum_{i=1}^{n} (Y_i - b_0 - b_i X_i)(-1) = 0 \\ \frac{\partial Q}{\partial b_1} &= 2\sum_{i=1}^{n} (Y_i - b_0 - b_i X_i)(-X_i) = 0 \end{aligned} \qquad (식\ 6\text{-}6)$$

두 식을 정리하면 다음과 같이 된다.

$$\begin{aligned} \sum Y_i &= nb_0 + b_1 \sum X_i \\ \sum X_i Y_i &= b_0 \sum X + b_1 \sum X_i^2 \end{aligned} \qquad (식\ 6\text{-}7)$$

위의 두 식을 정규방정식(normal equation)이라고 한다. 이 정규방정식을 b_0와 b_1에 대하여 풀면 **회귀직선모형의** 기울기와 절편은 다음과 같다.

$$\begin{aligned} b_1 &= \frac{n\sum X_i Y_i - (\sum X_i)(\sum Y_i)}{n\sum X_i^2 - (\sum X_i)^2} = \frac{\sum (X_i - \bar{X})(Y_i - \bar{Y})}{(X_i - \bar{X}_i)^2} \\ b_0 &= \frac{1}{n}(\sum Y_i - b_1 \sum X_i) = \bar{Y} - b_1 \bar{X} \end{aligned} \qquad (식\ 6\text{-}8)$$

예제 1

앞의 [표 6-2]의 자료를 근거로 최소자승법을 이용하여 회귀직선을 구해보아라.

월별	광고액(X)	매출액(Y_i)	$X \cdot Y_i$	X_i^2
1	25	100	2,500	625
2	52	256	13,312	2,704
3	38	152	5,776	1,444
4	32	140	4,480	1,024
5	25	150	3,750	625
6	45	183	8,235	2,025
7	40	175	7,000	1,600
8	55	203	11,165	3,025
9	28	152	4,256	784
10	42	198	8,316	1,764
합계	$_1\sum X=382$	$\sum Y_i=1{,}709$	$\sum X_iY_i=68{,}790$	$\sum X_i^2=15{,}620$

위의 자료를 이용해 기울기와 절편을 구하면 다음과 같다.

$$b_1 = \frac{n\sum X_iY_i - (\sum X_i)(\sum Y_i)}{n\sum X_i^2 - (\sum X_i)^2} = \frac{(10)(68,790)-(382)(1,709)}{(10)(15,620)-(382)^2} = 3.412$$

$$b_0 = \bar{Y} - b_1\bar{X} = 170.9 - (3.412)(38.2) = 40.562$$

따라서 회귀식은 다음과 같다.

$$\hat{Y} = 40.562 + 3.412X$$

기울기가 3.412이므로 광고액이 1억원씩 증가함에 따라 매출액이 3.412억원씩 증가한다고 말할 수 있다. Y절편은 40.562이므로 광고액이 0일 때 매출액 40.562억원인 셈이 된다. 그러나 이것은 현실적으로 불가능한 이야기이므로 절편의 수치는 의미가 없다고 본다. 만일 광고액이 30억원인 경우에 매출액은 $\hat{Y}=40.562+3.412(30)=142.992$(억원)이라고 추정할 수 있다. 여기서 우리는 회귀모형의 적용 범위를 제한해야 할 필요성을 갖는다.

이 제한은 조사계획에 의하거나 또는 주어진 자료의 범위에 의하여 결정된다. 이 문제의 경우를 보면 광고액이 25억~55억 사이에서 매출액이 결정되어야 할 것이다. 만일에 이 범위를 넘어간다면 회귀함수의 모양이 달라져 신뢰성을 크게 의심받게 된다.

위에서 구한 회귀선에서 잔차를 구하려면 $e_i = Y_i - \hat{Y} = Y_i - (40.562 + 3.412X_i)$ 공식을 이용한다. 예컨대 25억원의 경우 잔차는 $100 - (40.562 + 3.412 \times 25) = -25.862$가 된다.

2-2 회귀식의 정도

앞에서 주어진 자료를 바탕으로 회귀모형을 일차함수로 나타낸 후에 최소자승법에 의하여 회귀직선을 구하는 방법을 설명하였다. 그러나 회귀선만으로 관찰치들을 어느 정도 잘 설명하고 있는지 여부를 알 수 없다. 회귀선의 정도, 즉 회귀선이 관찰자료를 어느 정도로 설명하는지를 추정하여야 한다.

회귀선의 정도를 추정하는 방법으로는 추정의 표준오차(standard error the estimate), 결정계수(coefficient determination) 두 가지가 있다. 먼저, 추정의 표준오차는 다음과 같은 식으로 계산한다.

$$S_{y \cdot x} = \sqrt{\frac{\sum (Y_i - \hat{Y}_i)^2}{n-2}} = \sqrt{\frac{\sum e_i^2}{n-2}} \qquad \text{(식 6-9)}$$

이 값이 0에 가까울수록 회귀식이 독립변수 X와 종속변수 Y의 관계를 적절하게 설명한다고 볼 수 있다.

예제 2

앞의 [표 6-2]의 표본자료에 대하여 추정의 표준오차를 구하라.

앞의 [표 6-2]에서 잔차를 구한 다음 각각 제곱하여 합을 구한 후에 자유도 10 - 2 = 8로 나누면 다음과 같다.

$$S_{y \cdot x}^2 = \frac{\sum e_i^2}{n-2} = \frac{4,339.647}{10-2} = 542.456$$

따라서 ϵ_i의 표준편차 σ에 대한 추정의 표준오차는 다음과 같다.

$$S_{y \cdot x} = \sqrt{\frac{4,339.647}{8}} = 23.291$$

추정의 표준오차는 척도에 따라 값이 달라질 수 있어 해석이 어려운 경우가 많다. 이 문제를 어느 정도 해결해주는 방법으로 결정계수(coefficient of determination)가 있다. 결정계수는 종속변수의 변동 중 회귀식에 의해 설명되는 비율을 의미한다. 결정계수를 구하기 전에 먼저 필요한 개념을 소개하기로 한다.

관찰치 Y_i의 총편차는 다음과 같이 두 부분으로 나눌 수 있다.

$$(Y_i - \overline{Y}) = (Y_i - \hat{Y}_i) + (\hat{Y}_i - \overline{Y}) \qquad \text{(식 6-10)}$$

(총편차) (설명 안 되는 편차) (설명되는 편차)

등식 오른쪽의 첫 번째 편차는 회귀선에 의해서 나타낼 수 없으므로 이것을 '설명 안 되는 편차'라 부른다. 두 번째 편차는 회귀선으로 나타낼 수 있기 때문에 '설명되는 편차'라고 부른다. 관찰치 Y_i는 회귀선으로는 표현할 길이 없으며, 추정치 $\hat{Y}_i$는 회귀선에 의해 계산이 가능하며, 회귀선은 평균치 $\overline{Y}$를 지나기 때문이다. 이와 같이 총편차는 설명 안 되는 편차와 설명되는 편차로 나눌 수 있다. 이를 그림으로 나타내면 다음과 같다.

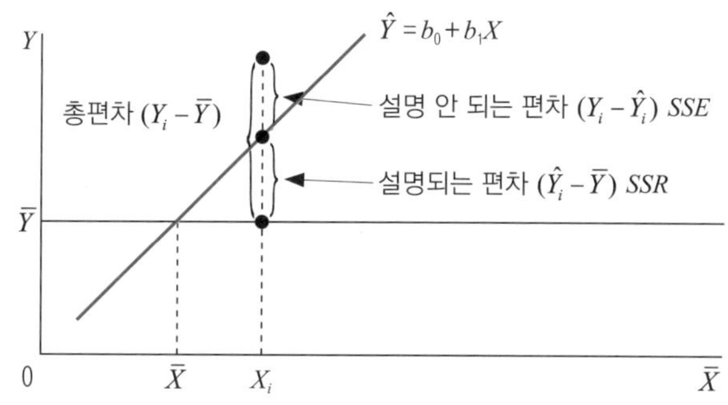

[그림 6-5] 총편차의 구분

(식 6-10)의 양변을 제곱한 후에 모든 관찰치에 대하여 합하면 다음과 같다.

$$\begin{aligned}\sum (Y_i - \bar{Y})^2 &= \sum [(Y_i - \hat{Y}_i) + (\hat{Y}_i - \bar{Y})]^2 \\ &= \sum (Y_i - \hat{Y}_i)^2 + (\sum \hat{Y}_i - \bar{Y})^2 + 2\sum (Y_i - \hat{Y}_i)(\hat{Y}_i - \bar{Y})\end{aligned}$$

여기서 오른쪽 마지막 항은 잔차의 성질에 의하여 $2\sum e_i(\hat{Y}_i - \bar{Y}) = 2(\sum \hat{Y}_i e_i - \bar{Y}\sum e_i)$ $= 0$이므로 다음과 같이 된다.

$$\sum (Y_i - \bar{Y})^2 = \sum (Y_i - \hat{Y}_i)^2 + \sum (\hat{Y}_i - \bar{Y})^2 \qquad \text{(식 6-11)}$$

(총변동) (설명 안 되는 변동) (설명되는 변동)

위 식에서 '설명 안 되는 변동'은 잔차에 의한 제곱합(sum of squares due to residual error, SSE), '설명되는 변동'은 회귀에 의한 제곱합(sum of squares due to regression, SSR)이라고 부르기도 한다. 따라서 (식 6-11)은 다음과 같이 나타낼 수도 있다.

$$\text{SST} = \text{SSE} + \text{SSR} \qquad \text{(식 6-12)}$$

이제 **표본결정계수**는 다음과 같이 정의된다.

$$r^2 = \frac{SSR}{SST} = 1 - \frac{SSE}{SST} \qquad \text{(식 6-13)}$$

이것은 총변동 중에서 회귀선에 의하여 설명되는 비율을 나타내며 r^2의 범위는 $0 \le r^2 \le 1$이다. 만일에 모든 관찰치와 회귀선이 일치한다면 $SSE=0$이 되어 $r^2=1$이 된다. 이렇게 되면 X와 Y 사이의 상관관계는 100% 있다고 본다. 왜냐하면 $r^2 = \pm\sqrt{r^2}$ 이기 때문이다. r^2의 값이 1에 가까울수록 회귀선은 표본의 자료를 설명하는 데 유용성이 높다. 반면 관찰치들이 회귀선에서 멀리 떨어져 있게 되면 SSE는 커지게 되며 r^2의 값은 0에 가까워진다. 이 경우에 회귀선은 쓸모없는 회귀모형이 되고 만다. 따라서 표본결정계수 r^2의 값에 따라 모형의 유용성을 판단할 수 있다.

예제 3

앞의 [표 6-2]의 자료에 대하여 회귀모형 $\hat{Y}=40.562+3.412$를 구했을 때 결정계수를 계산하라.

총변동 SST를 구하면 다음과 같다.

$$SST = \sum(Y_i - \bar{Y})^2 = (100-170.9)^2 + (256-170.9)^2 + \cdots + (198-170.9)^2 = 16,302.9$$

이어서 SSR을 구하면 다음과 같다.

$$SSR = SST - SSE = 16,302.900 - 4,339.647 = 11,963.253$$

따라서 표본결정계수는 아래와 같이 구할 수 있다.

$$r^2 = \frac{SSR}{SST} = \frac{11,963.253}{16,302.900} = 0.734$$

이 회귀선이 총변동 중에서 설명하는 부분은 73.4%이며 추정된 회귀선의 정도는 높은 편(사회과학 분야에서 설명력이 50% 정도이면 높은 편)이다. 따라서 유용한 회귀모형이라고 할 수 있다. 경우에 따라 다르기는 하지만, 총변동의 70% 이상을 설명할 수 있는 회귀모형은 유용한 것이라고 생각할 수 있다.

이후 중회귀분석에서 다루겠지만 독립변수가 증가하면 설명력은 높아진다. 그러나 모든 상황에서 '공짜 점심(no free lunch)'이 없는 것처럼 하나의 회귀모형이 최선인 경우는 없다. 설명력을 높이기 위해서 독립변수를 많이 투입하다 보면 논리성이 떨어질 수 있고 컴퓨터 부하 정도도 증가하기 마련이다.

2-3 회귀선의 적합성

회귀선이 통계적으로 유의한가(statistically significant)를 검정하는 것은 매우 중요하다. 회귀모형이 아무리 설명력이 높다 하더라도 유의하지 못하면 소용없기 때문이다. 회귀선의 적합성(goodness of fit) 여부, 즉 주어진 자료에 적합(fit)시킨 회귀선이 유의한가는 분산분석(analysis of variance)을 통하여 알 수 있다. 이를 위해 분산분석표를 만들면 다음과 같다.

[표 6-3] 단순회귀의 분산분석표

원천	제곱합(SS)	자유도(DF)	평균제곱(MS)	F
회귀	$SSR=\sum(\hat{Y}-\bar{Y})^2$	k	$MSR=\frac{SSR}{k}$	$\frac{MSR}{MSE}$
잔차	$SSE=\sum(Y-\hat{Y})^2$	n-(k+1)	$MSE=\frac{SSE}{n-k-1}$	
합계	$SST=\sum(Y-\bar{Y})^2$	n-1		

(k=독립변수의 수이며, 그 값은 1이다)

위 표에서 평균제곱은 제곱합을 각각의 자유도로 나눈 것이다. 통계량 MSR/MSE은 자유도(k, n-(k+1))의 F분포를 한다고 알려져 있다. 회귀의 평균제곱 MSR이 잔차의 평균제곱 MSE보다 상대적으로 크다면, X와 Y의 관계를 설명하는 회귀선에 의하여 설명되는 부분이 설명 안 되는 부분보다 크기 때문이다.

회귀선의 검정에 대한 귀무가설과 대립가설은 다음과 같다.

H_0: 회귀선은 유의하지 못하다. 또는 ($\beta_1=0$)

H_1: 회귀선은 유의하다. 또는 ($\beta_1 \neq 0$)

F값을 구한 후에 F분포표를 이용한 유의수준 α에서 임계치 $F_{(\alpha;1,\,n-2)}$를 비교하여서 F > $F_{(\alpha;1,\,n-2)}$이면 회귀선은 유의하다고 결론 내릴 수 있다.

예제 4

앞 자료에서 구한 회귀선의 분산분석표를 작성하고 유의수준 5%에서 그 회귀선이 유의한지 여부를 검정하라.

분산분석표를 만들면 다음과 같다.

원천	제곱합(SS)	자유도(DF)	평균제곱(MS)	F	F(0.05)	F(0.01)
회귀	11,963.253	1	11,963.253	22.054	5.32	11.26
잔차	4,339.647	8	542.455			
합계	16,302.900	9				

유의수준 $\alpha=0.05$에서 $F > F_{(0.05)}$이므로 앞의 귀무가설을 기각시킨다. 따라서 회귀선 $\hat{Y}=40.562+3.412X$는 유의하다고 결론 내릴 수 있다.

회귀모형이 통계적으로 유의하면 모집단의 회귀모형에 대하여 계속해서 추론하여야 한다. 만약 분산분석에서 회귀선이 유의하지 않다고 결론 내리면 그 회귀모형은 폐기하여야 한다.

2-4 회귀모형의 추론

앞 절에서 개발된 회귀모형의 가정이 모두 성립하며 회귀선이 유의하다고 하자. 그런데 이 회귀선은 단지 표본에서 도출된 것이다. 우리는 표본에서 구한 표본회귀선의 방정식으로부터 모집단 회귀선을 추정해야 하는데, 이것을 회귀분석의 통계적 추론(statistical inference)이라고 한다.

다음은 단순회귀분석의 모집단 회귀모형이다.

$$Y_i = \beta_0 + \beta_1 X_i + \epsilon_i \qquad \text{(식 6-14)}$$

여기서 β_0, β_1 = 모수

X_i = 알려진 상수

ϵ_i = 독립적이며, $N(0, \sigma^2)$,

$Cov(\epsilon_i, \epsilon_j) = 0$ (단 $i \neq j$)이라고 하자.

실제 모집단에 속해 있는 관찰치를 모두 얻는 것은 불가능하므로 모집단으로부터 n개의 관찰치를 추출하여서 아래의 표본회귀직선을 추정한다.

$$\hat{Y}_i = \beta_0 + \beta_1 X_i \qquad \text{(식 6-15)}$$

여기서 $\hat{Y}_i$는 Y_i, b_0는 β_0, 그리고 b_1은 β_1의 점추정량들이다. 이 추정량들은 평균과 분산을 가지고 있으므로 모수들에 대한 구간추정과 가설검정을 할 수 있는 통계적 근거를 마련해준다.

1) β_1의 신뢰구간 추정

일반적으로 (식 6-14)의 회귀모형 기울기 β_1의 추정에 관하여 관심을 가지는 경우가 많다. 우리가 관심을 갖는 β_1에 대한 가설검정은 다음과 같다.

$$H_0: \beta_1 = 0$$
$$H_1: \beta_1 \neq 0$$

만약 귀무가설이 기각되지 않으면, 독립변수가 종속변수를 예측하는 데 도움이 되지 못하는 것을 나타낸다. 위의 **가설검정을 위한 검정통계량**은 다음과 같은 t**분포**를 따른다.

$$\frac{b_1 - \beta_1}{S_{b_1}} \text{은 } t(n-2) \text{ 분포를 한다.} \qquad \text{(식 6-16)}$$

n개의 표본에서 n−2의 자유도를 가지게 된 이유는 β_0, β_1의 두 모수가 추정되어야 하기 때문에 2개의 자유도를 잃게 된 것이다.

β_1**에 대한 신뢰구간**은 다음과 같다.

$$\beta_1 \in b_1 \pm t(\frac{a}{2},\ n-2) \cdot S_{b_1} \qquad \text{(식 6-17)}$$

$$\text{여기서 } S_{b_1} = \sqrt{\frac{MSE}{\sum(X_i - \bar{X})^2}},\quad MSE = \frac{\sum(Y_i - \hat{Y}_i)^2}{n-2}$$

위의 식에서 σ^2을 아는 경우에는 *MSE* 대신에 σ^2을 대치할 수 있으며 표본의 크기가 충분히 큰 경우에는 t 대신에 Z를 쓰면 된다.

예제 5

앞의 자료에서 기울기 β_1의 95% 신뢰구간을 구하라.

$$S_{b_1}^2 = \frac{MSE}{\sum(X_i - \bar{X})^2} = \frac{542.455}{1,027.6} = 0.528$$

여기서 $\sum(X_i - \bar{X})^2 = \sum X_i^2 - \frac{(\sum X_i)^2}{n} = 15,620 - \frac{(382)^2}{10} = 1,027.6$ 이다.

그리고 $S_{b_1} = 0.727$이며 $t(\frac{0.05}{2},\ 10-2) = 2.306$ 이다.

따라서 기울기 모수의 신뢰구간은 $\beta_1 \in 3.412 \pm (2.306)(0.727) = [1.736,\ 5.088]$이다. 그러므로 광고액을 1억원 증가시키면 95% 신뢰수준에서 매출액은 1.736~5.088(억원) 사이로 증가한다. 그러나 이 숫자는 X의 주어진 자료의 범위 25~55 사이에서만 타당하다고 본다. 이 범위를 넘어서는 경우에는 신뢰구간의 적용이 적절하지 못할 수도 있다.

2) β_0의 신뢰구간 추정

회귀선의 절편인 β_0의 추론은 흔한 경우가 아니다. 이것에 대한 추론은 그 모형의 기울기가 0인 경우에 하게 된다.

β_0의 신뢰구간은 다음과 같다.

$$\beta_0 \in b_0 \pm t(\frac{a}{2},\ n-2) \cdot S_{b_0} \qquad \text{(식 6-18)}$$

여기서 $S_{b_0} = \sqrt{\frac{MSE}{\sum(X_i - \bar{X})^2}}$, $MSE = \frac{\sum(Y_i - \hat{Y}_i)^2}{n-2}$

예제 6

앞의 자료에서 절편 β_0의 95% 신뢰구간을 구하라.

$$S_{b_0} = \sqrt{542.455 \times \frac{15,620}{(10)(1,027.6)}} = 28.715$$

$$\beta_0 \in 40.562 \pm (2.306)(28.715) = 40.562 \pm 66.217$$

$$\therefore\ -22.655 \le \beta_0 \le 106.779$$

이 경우에 비록 Y절편의 신뢰구간을 구하였지만 의미는 없다고 본다. 왜냐하면 X수준의 통계자료를 보면 X=0은 그 범위 안에 포함되어 있지 않기 때문이다.

3) $E(\hat{Y}_h)$의 신뢰구간 추정

회귀분석의 중요한 목적 중의 하나는 Y확률분포의 평균을 추정하는 것이다. 독립변수(X)의 어떤 수준치를 X_h라 하면 X_h는 회귀모형의 범위 안에 있는 값이다. $X=X_h$일 때 평균반응치를 $E(Y_h)$라고 하면 $\hat{Y}_h$는 이것의 점추정량이다.

$$\hat{Y}_h = b_0 + b_1 X_h$$

이제 $\hat{Y}_h$의 표본분포에 대하여 알아보자. $\hat{Y}_h$의 표본분포는 정규적이며 $\hat{Y}_h$의 기대치와 분산은 다음과 같다.

$$E(\hat{Y}_h) = E(Y_h)$$

$$Var(\hat{Y}_h) = \sigma^2\left[\frac{1}{n} + \frac{(X_h - \bar{X})^2}{\sum (X_i - \bar{X})^2}\right] \qquad \text{(식 6-19)}$$

만일 σ^2의 값을 모르는 경우 (식 6-19)에서 $\hat{Y}_h$분산의 추정치를 얻을 수 있다.

$$Var(\hat{Y}_h) = MSE[\frac{1}{n} + \frac{(X_h - \bar{X})^2}{\sum (X_i - \bar{X})^2}]$$

(식 6-16)에서와 마찬가지로 통계량 $\frac{\hat{Y}_h - E(\hat{Y}_h)}{S_{\hat{y}_h}}$는 자유도 n-2를 가진 t분포를 한다. 따라서 X의 주어진 값 X_h에 대한 $E(\hat{Y}_h)$의 신뢰구간은 다음과 같다.

$$E(\hat{Y}_h) \in \hat{Y}_h \pm t(\frac{\alpha}{2},\ n-2) \cdot S_{\hat{Y}_h} \qquad \text{(식 6-20)}$$

여기서 $S_{\hat{y}_h} = \sqrt{MSE[\frac{1}{n} + \frac{(X_h - \bar{X})^2}{\sum (X_i - \bar{X})^2}]}$

표본이 충분히 큰 경우에는 t값 대신에 Z값을 대치하면 된다. 왜냐하면 표본의 크기가 증가할수록 분포는 표준정규분포에 가까워지기 때문이다.

예제 7

앞의 예제에서 광고액이 30억원인 경우와 50억원인 경우에 매출액에 대한 95% 신뢰구간을 구하라.

① X_h=30인 경우

$$\hat{Y}_h = 40.562 + 3.412X = 40.562 + 3.412(30) = 142.922$$

$$S_{\hat{y}_h} = \sqrt{542.455 \cdot [\frac{1}{10} + \frac{(30-38.2)^2}{1,027.6}]} = 9.473$$

$t(\frac{0.05}{2}, 8) = 2.306$이므로

$$E(\hat{Y}_h) = 142.922 \pm (2.306)(9.473)$$
$$= 142.922 \pm 21.845$$

따라서 광고액이 30억원인 경우 매출액 규모는 121.077~164.767억원임을 예측할 수 있다.

② X_h=50인 경우

$$\hat{Y}_h = 40.562 + 3.412X = 40.562 + 3.412 \times 50 = 211.162$$

$$S_{\hat{y}_h} = \sqrt{542.455 \cdot [\frac{1}{10} + \frac{(50-38.2)^2}{1,027.6}]} = 11.303$$

$$E(\hat{Y}_h) = 211.162 \pm (2.306)(11.303)$$
$$= 211.162 \pm 26.065$$

따라서 광고액이 50억원인 경우 매출액의 규모는 185.097~237.227억원임을 예측할 수 있다.

위의 두 가지 예에서 보면 X의 값이 평균에 가까울수록 신뢰구간이 작게 나타난다. 이것은 X의 값이 $\bar{X}$에 가까울수록 $E(\hat{Y}_h)$의 값을 비교적 정확하게 예측할 수 있다는 의미를 갖는다. 이것을 그림으로 나타내면 [그림 6-6]과 같다. 평균에서 잘록한 모양의 영역을 얻게 되는데 이것을 신뢰대(confidence band)라고 한다.

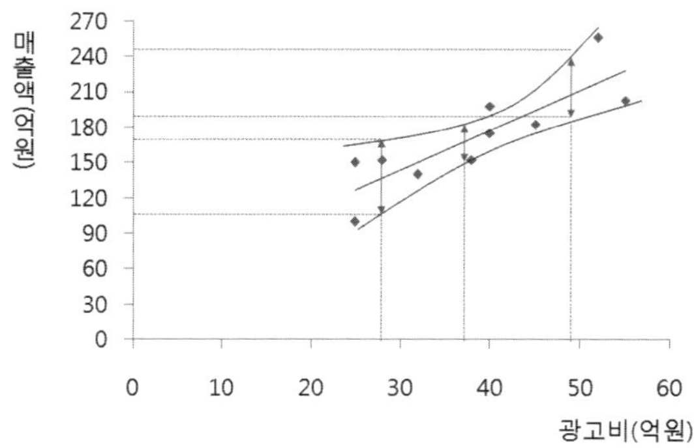

[그림 6-6] 신뢰대

지금까지 설명한 회귀분석 절차를 요약하면 다음과 같다.

- 산포도를 그려서 자료 변동의 대략적인 추세를 살펴본다.
- 회귀모형의 형태를 결정한다. 일반적으로 곡선보다는 직선의 선형모형이 많이 이용된다.
- 회귀모형의 계수와 정도를 구한다.
- 회귀모형이 통계적으로 유의한가를 검정한다.
- 유의한 회귀모형에 대하여 추론을 한다.

2-5 상관계수

우리는 표본 관찰치들로부터 구한 회귀직선 $\hat{Y}_i = b_0 + b_1 X_i$을 얻을 수 있다. 이때 X_i는 주어진 값이고 Y_i만이 확률변수라고 가정하였다. 여기서 오차 $Y_i - \hat{Y}_i$의 크기를 평균 개념에 의해서 회귀의 표준오차로 측정하였다. 그러나 상관분석에서는 X, Y 두 변수를 모두 확률변수로 가정하며 두 변수의 선형관계가 얼마나 강한가 하는 것을 지수로 측정하게 된다. 앞서 5장 상관분석 부분에서 설명한 바와 같이 두 변수의 선형관계의 방향과 정도를 나타내는 측정치를 상관계수(correlation coefficient)라고 하는데, 모집단의 상관계수 ρ(rho)는 다음과 같다.

$$\rho = \frac{\sigma_{xy}}{\sigma_x \sigma_y}, \quad - \leq \rho \leq 1 \qquad \text{(식 6-21)}$$

여기서 σ_{xy}는 X와 Y 두 변수의 공분산이며 σ_x와 σ_y는 각각 X와 Y의 표준오차이다.

이제 $\sum(X_i - \bar{X}) = \sum X_i^*$, $\sum(Y_i - \bar{Y}) = \sum Y_i^*$이라고 하자. 모집단 상관계수는 표본상관계수를 나타내는 다음 식에 의해 추정된다.

$$r = \frac{\sum X_i^* Y_i^*}{\sqrt{\sum X_i^{*2}} \sqrt{\sum Y_i^{*2}}} \qquad \text{(식 6-22)}$$

최소자승법에 의하여 구한 회귀직선의 기울기는 다음과 같다.

$$b_1 = \frac{\sum X_i^* Y_i^*}{\sum X_i^{*2}} \tag{식 6-23}$$

그러므로 (식 6-22)와 (식 6-23)에서

$$r = b_1 \frac{\sqrt{\sum X_i^{*2}}}{\sqrt{\sum Y_i^{*2}}} = b_1 \frac{S_x}{S_y} \tag{식 6-24}$$

또는 다음과 같은 식에서

$$b_1 = r \frac{\sqrt{\sum Y_i^{*2}}}{\sqrt{\sum X_i^{*2}}} = r \frac{S_y}{S_x}$$

b_1이 일정하다고 할 때 Y에 비해 X의 표준편차가 클수록 상관관계는 커진다는 것을 알 수 있다.

상관계수는 결정계수의 제곱근의 값이며, 그 부호는 기울기의 것과 같음을 알 수 있다. 예제에서 보면 결정계수 $r^2=0.734$이므로 표본상관계수 $r=+0.857$이 되어 광고액(X)과 매출액(Y) 사이에 매우 강한 양의 상관관계가 있다고 말할 수 있다.

2-6 회귀모형의 타당성

회귀모형이 정해졌을 때 누구도 이것이 적절하다고 쉽게 단언할 수 없다. 따라서 본격적인 회귀분석을 하기 전에 자료분석을 위한 회귀모형의 타당성을 검토하는 것은 중요하다.

- 첫째, 결정계수 r^2이 지나치게 작아서 0에 가까우면 회귀선은 적합하지 못하다.
- 둘째, 분산분석에서 회귀식이 유의하다는 가설이 기각된 경우에는 다른 모형을 개발해야 한다.
- 셋째, 적합결여검정(lack-if-fit test)을 통하여 모형의 타당성을 조사한다.
- 넷째, 잔차(residual)를 검토하여 회귀모형의 타당성을 조사한다.

여기서는 잔차의 분석에 대해서만 설명한다. 무엇보다도 회귀모형이 타당하려면 잔차들이 X축에 대하여 임의(random)로 나타나 있어야 한다. [그림 6-7] 잔차의 산포도 중에서 (a)만이 전형적인 산포도를 보여 회귀직선이 타당하다고 할 수 있다. 나머지는 무엇인가 조치를 취해야 할 상태다.

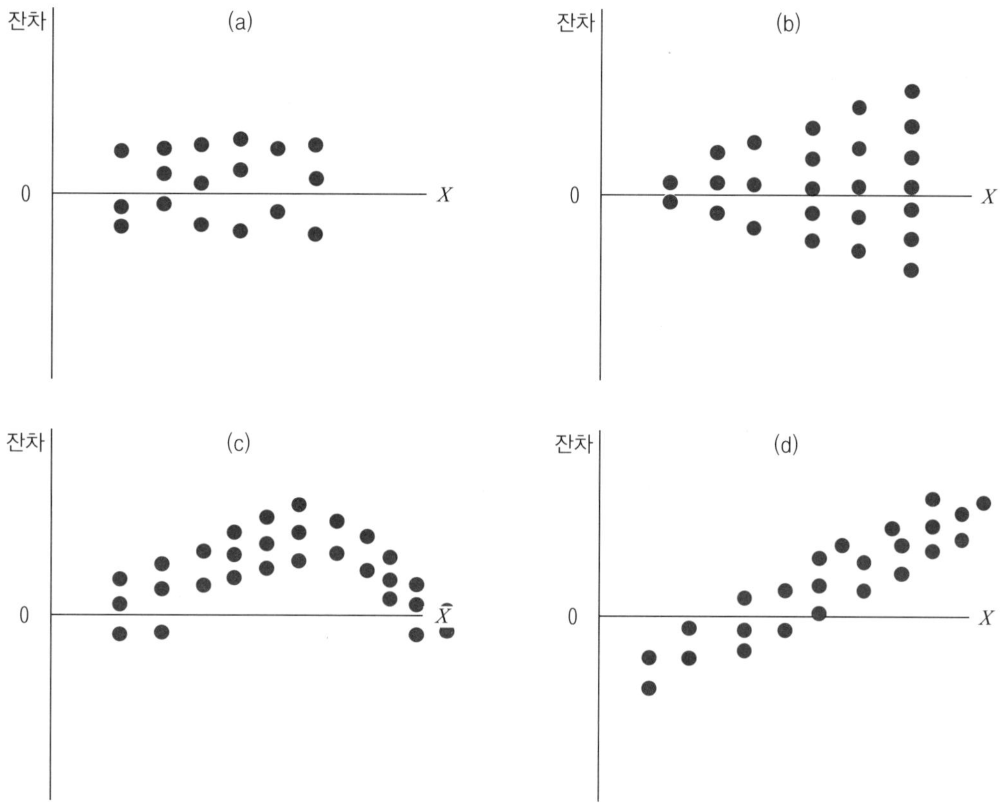

[그림 6-7] 잔차의 산포도

3 중회귀분석

3-1 중회귀모형

앞 절에서는 독립변수와 종속변수가 각각 하나인 경우의 회귀분석을 공부하였다. 중회귀분석(multiple regression analysis)은 여러 개의 독립변수가 있어 독립변수들이 종속변수에 어떠한 영향을 미치는가를 분석하는 것이다.

예를 들어, 회사의 매출액은 광고액에 의존할 뿐만 아니라 영업사원수에 의해서도 영향을 받는다고 생각할 수 있다. [표 6-4]는 이 연구를 위하여 구한 자료로 앞의 [표 6-2]에 영업사원수를 추가한 것이다.

[표 6-4] 광고액, 영업사원수, 매출액

월별	광고액(억원)	영업사원수(명)	매출액(억원)
1	25	3	100
2	52	6	256
3	38	5	152
4	32	5	140
5	25	4	150
6	45	7	183
7	40	5	175
8	55	4	203
9	28	2	152
10	42	4	198

위의 자료에서 Y=매출액, X_1=광고액, X_2=영업사원수라고 할 때 선형 **중회귀모형**을 세워보면 다음과 같다.

$$Y=\beta_0+\beta_1 X_1+\beta_2 X_2+\epsilon \qquad \text{(식 6-25)}$$

여기서 $\beta_0, \beta_1, \beta_2$는 회귀계수이다.

ϵ는 오차항으로서 $N(0, \sigma^2)$이며 독립적이다.

$\beta_0, \beta_1, \beta_2$의 추정치 b_0, b_1, b_2는 단순회귀분석의 경우와 비슷하게 $Q = \sum e^2 = \sum (Y - \hat{Y})^2$을 최소화하는 최소자승법을 이용하여 구할 수 있다. 이에 대한 정규방정식(normal equation)을 구하면 다음과 같다.

$$\sum Y = nb_0 + b_1 \sum X_1 + b_2 \sum X_2$$
$$\sum X_1 Y = b_0 \sum X_1 + b_1 \sum X_1^2 + b_2 \sum X_1 X_2$$
$$\sum X_2 Y = b_0 \sum X_2 + b_1 \sum X_1 X_2 + b_2 \sum X_2^2 \quad \text{(식 6-26)}$$

방정식과 미지수가 각각 3개이므로 $\beta_0, \beta_1, \beta_2$에 대한 추정치 b_0, b_1, b_2를 구할 수 있다. 이를 위해 표를 만들면 다음과 같다.

[표 6-5] 중회귀모형의 계수 계산

가구수	Y	X_1	X_2	$X_1 \cdot Y$	X_2Y	X_1X_2	Y^2	X_1^2	X_2^2
1	100	25	3	2,500	300	75	10,000	625	9
2	256	52	6	13,312	1,536	312	65,536	2,704	36
3	152	38	5	5,776	760	190	23,104	1,444	25
4	140	32	5	4,480	700	160	19,600	1,024	25
5	150	25	4	3,750	600	100	22,500	625	16
6	183	45	7	8,235	1,281	315	33,489	2,025	49
7	175	40	5	7,000	875	200	30,625	1,600	25
8	203	55	4	11,165	812	220	41,209	3,025	16
9	152	28	2	4,256	304	56	23,104	784	4
10	198	42	4	8,316	792	168	39,204	1,764	16
합계	1,709	382	45	68,790	7,960	1,796	308,371	15,620	221

$$1{,}709 = 10b_0 + 382b_1 + 45b_2$$
$$68{,}790 = 382b_0 + 15{,}620b_1 + 1{,}7696b_2$$
$$7{,}960 = 45b_0 + 1{,}709b_1 + 221b_2 \quad \text{(식 6-27)}$$

위에서 식과 변수가 모두 셋이므로 이 연립방정식을 풀면 $b_1 = 3.37$, $b_2 = 0.53$, $b_0 = 39.69$이다. 따라서 중회귀식은 다음과 같다.

$$\hat{Y} = 39.69 + 3.37X_1 + 0.53X_2$$

변수와 관찰치의 수가 많을 때에는 계산이 매우 복잡해진다. 이 경우에 손으로 계산하는 것은 많은 노력을 요하기 때문에 일반적으로 컴퓨터를 이용한다.

추정을 위해서 회귀식의 사용 예를 들어보자. 어느 기간의 광고비가 30억원이고 영업사원수가 4명이라 가정하자. 이 회사의 매출액을 추정하면 다음과 같다.

$$\begin{aligned}\hat{Y} &= 39.69 + 3.37(30) + 0.53(4)\\ &= 142.91\ (\text{억원})\end{aligned}$$

2개의 독립변수를 가지고 있는 중회귀모형에서는 각 계수들을 단순회귀모형의 것과 비슷하게 해석한다. 상수 b_0는 절편으로서 X_1과 X_2가 모두 0일 때 갖는 $\hat{Y}$의 값을 나타낸다. 그리고 b_1은 X_2가 고정되어 있을 때 X_1의 한 단위 증가에 따른 $\hat{Y}$의 변화이며 b_2는 X_1이 고정되어 있을 때 X_2의 한 단위 증가에 따른 $\hat{Y}$의 변화이다.

3-2 중회귀식의 정도

회귀식의 정도는 회귀식이 관찰자료를 어느 정도 설명하고 있는가를 나타낸다. 회귀식의 정도는 표준오차와 결정계수로 파악한다. 전자는 앞 절에서 설명한 개념과 유사하며 흔히 사용되지는 않는다. 여기서는 연구자들이 가장 많이 이용하는 결정계수에 대해서만 설명한다.

결정계수는 표본자료로부터 추정한 회귀방정식의 표본을 어느 정도로 나타내어 설명하고 있는가를 보여준다. 단순회귀분석에서 표본결정계수 r^2은 (식 6-13)에서 아래와 같았다.

$$r^2 = 1 - \frac{SSE}{SST} = \frac{SSR}{SST} \qquad (식\ 6\text{-}28)$$

이 표본결정계수와 약간 다른 것을 소개하면 다음과 같다.

$$r_a^2 = 1 - \frac{S_{y\cdot x}^2}{S_y^2} = 1 - \frac{\sum(Y - \hat{Y})^2 / n-2}{\sum(Y - \bar{Y})^2 / n-1}$$
$$= 1 - \frac{SSE / n-2}{SST / n-1} \qquad (식\ 6\text{-}29)$$

이 r_a^2은 수정결정계수(adjusted coefficient of determination)라고 부른다. 이 결정계수는 각각의 적절한 자유도에 의하여 수정되었기 때문이다. 모집단의 결정계수를 추정할 때에 일반적으로 r^2보다는 r_a^2이 더 많이 사용된다. 그런데 표본의 수가 큰 경우에는 두 표본결정계수가 거의 같아진다.

이제 예제에서 중회귀모형의 중회귀결정계수 R^2은 다음과 같이 계산한다.

$$R^2 = \frac{SSR}{SST} = 1 - \frac{SSE}{SST} = 1 - \frac{\sum(Y - \hat{Y})^2}{\sum(Y - \bar{Y})^2} = 0.734 \qquad (식\ 6\text{-}30)$$

그리고 중회귀수정결정계수 $R_{y\cdot 12}^2$을 계산하면 아래와 같다.

$$R_{y\cdot 12}^2 = 1 - \frac{\sum(Y - \hat{Y})^2 / n-3}{\sum(y - \bar{Y})^2 / n-1} = 0.658 \qquad (식\ 6\text{-}31)$$

따라서 R^2을 보면 매출액에서의 변동 중에서 73.4%는 광고액과 영업사원수에 관련된 회귀식에 의해 설명되었다. 이 숫자는 단순회귀식의 $r^2=0.734$와 비교해보면 거의 변함이 없음을 알 수 있다. 이것은 매출액의 변동을 설명하기 위하여 추가된 두 번째 변수인 영업사원수는 도움이 되지 못함을 나타낸다. 매출액의 변동은 이미 광고액(X_1)에 의해 설명된 셈이다. 이러한 이유는 사실 독립변수들 사이의 높은 상관관계 때문이다. 일단 광고액이 고려되면 영업사원수(X_2)는 이 변수(X_1)와 함께 움직이게 되므로 영업사원수는 광고액의 잔차변동을 거의 설명해주지 못한다.

중회귀분석에 있어서 고려해야 할 중요한 개념은 독립변수들 사이의 상관관계를 나타내는 다중공선성(multicollinearity)이다. 각 독립변수의 역할을 강조하는 데서 다중공선성의 문제가 야기될 수 있다. 대부분의 경우 독립변수들은 종속변수에 대하여 합동으로 영향을 주며, 이 문제를 해결하려면 각 독립변수의 기여도를 개별적으로 분리해볼 필요가 있다.

3-3 중회귀식의 적합성

회귀식이 통계적으로 유의한지 여부를 검정하기 위하여 독립변수가 k개인 중회귀식의 분산분석표를 만들면 [표 6-6]과 같다.

[표 6-6] 중회귀분석의 분산분석표

원천	제곱합(SS)	자유도(DF)	평균제곱(MS)	F
회귀	$SSR=\sum(\hat{Y}-\bar{Y})^2$	k	$MSR=\frac{SSR}{k}$	$\frac{MSR}{MSE}$
잔차	$SSE=\sum(Y-\hat{Y})^2$	n−(k+1)	$MSE=\frac{SSE}{n-k-1}$	
합계	$SST=\sum(Y-\bar{Y})^2$	n−1		

검정 절차는 단순회귀분석에 준한다.

예제에서 선형회귀식 $\hat{Y}=39.69+3.37X_1+0.53X_2$의 유의성 여부를 유의수준 $\alpha=0.05$에서 검정하기 위하여 분산분석표를 만들면 다음과 같다.

[표 6-7] 분산분석표

원천	제곱합(SS)	자유도(DF)	평균제곱(MS)	F	F(0.05)
회귀	11,966.86	2	5983.43	9.66	4.74
잔차	4,336.04	7	619.43		
합계	16,302.90	9			

검정을 위하여 가설을 세우면 다음과 같다.

$$H_0: \beta_1 = \beta_2 = 0$$
$$H_1: \text{적어도 둘 중의 하나는 0이 아니다.}$$

F검정의 임계치 $F_{(0.05;2,\ 7)} = 4.74$는 9.66보다 작으므로 H_0을 기각한다. 따라서 이 중회귀모형은 유의하다고 할 수 있다.

4 Python을 이용한 분석

4-1 단순회귀분석

예제 1

어느 회사의 광고액에 따른 매출액에 관한 예를 들어보자. 매출액이 순전히 광고액의 크기에 달려 있다고 가정하고 10개월 동안 조사한 자료는 다음과 같다. 이 자료를 이용하여 산포도를 그리고 회귀분석을 해보자.

월별	광고액(억원)	매출액(억원)
1	25	100
2	52	256
3	38	152
4	32	140
5	25	150
6	45	183
7	40	175
8	55	203
9	28	152
10	42	198

1단계: 회귀분석을 위해서 다음과 같이 자료를 Excel 프로그램에 입력한다(x = 광고액, y = 매출액).

데이터 ch61.csv

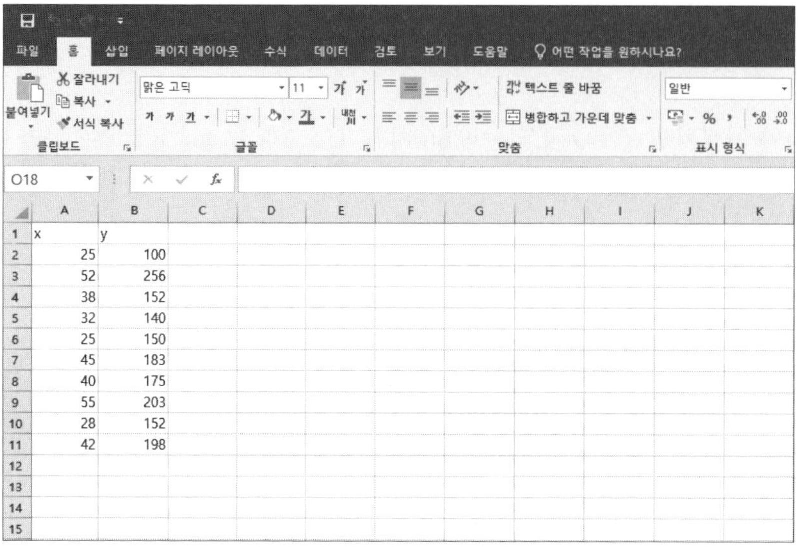

[그림 6-8] 자료 입력

2단계: 다음과 같이 데이터를 불러오기 한다.

데이터 ch6-1.ipynb

```
# 회귀분석에 필요한 라이브러리를 불러오기
import pandas as pd
import matplotlib.pyplot as plt
import statsmodels.formula.api as sm
# 데이터 불러오기
df = pd.read_csv('C:/gskim/P4DS/data/ch61.csv')
df.head() # 상단의 5개의 데이터 확인하기
```

```
    x   y
0   25  100
1   52  256
2   38  152
3   32  140
4   25  150
```

3단계: 두 변수의 기술 통계량을 살펴보기 위해서 다음과 같이 입력한다.

데이터 ch6-1.ipynb

```
# padas 에서 제공하는 설명 통계
print(df.describe())
```

```
              x           y
count   10.0000   10.000000
mean    38.2000  170.900000
std     10.6854   42.560937
min     25.0000  100.000000
25%     29.0000  150.500000
50%     39.0000  163.500000
75%     44.2500  194.250000
max     55.0000  256.000000
```

4단계: Python에서 산포도(scatter diagram)를 그리기 위해서 다음과 같이 입력한다.

데이터 ch6-1.ipynb

```
# Plotting
import matplotlib.pyplot as plt
import seaborn as sns
%matplotlib inline
# jupyter 사용시 이용
sns.regplot(x="x", y="y", data=df)
plt.show()
```

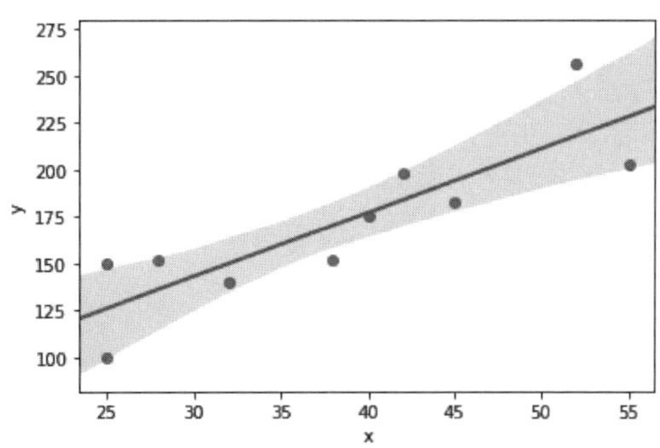

결과 설명 독립변수인 광고액(x)의 변화에 따라 종속변수인 광고액(y)이 체계적으로 많아지는 추세를 파악할 수 있다. 위 결과화면에서 추정회귀선이 직선으로 나타나 있다. 추정회귀식 주변으로 음영이 있는 것은 95%의 신뢰구간대를 의미한다. 이를 통해서 단순회귀분석을 실시할 수 있음을 알 수 있다.

5단계: 단순회귀분석을 실시하기 위해서 다음과 같은 명령어를 입력한다.

```
# 회귀분석 수행
result = sm.ols(formula='y ~ x', data=df).fit()
# 요약결과 출력
print(result.summary())
```

```
                 OLS Regression Results
==============================================================================
Dep. Variable:                  y   R-squared:                       0.734
Model:                        OLS   Adj. R-squared:                  0.701
Method:             Least Squares   F-statistic:                     22.05
Date:            Tue, 24 Mar 2020   Prob (F-statistic):            0.00155
Time:                    17:47:19   Log-Likelihood:                -44.554
No. Observations:              10   AIC:                             93.11
Df Residuals:                   8   BIC:                             93.71
Df Model:                       1
Covariance Type:        nonrobust
==============================================================================
                 coef    std err          t      P>|t|      [0.025      0.975]
------------------------------------------------------------------------------
Intercept     40.5605     28.715      1.413      0.195     -25.657     106.778
x              3.4120      0.727      4.696      0.002       1.737       5.087
==============================================================================
Omnibus:                    1.082   Durbin-Watson:                   2.769
Prob(Omnibus):              0.582   Jarque-Bera (JB):                0.772
Skew:                       0.378   Prob(JB):                        0.680
Kurtosis:                   1.868   Cond. No.                         154.
==============================================================================
```

```
Warnings:
[1] Standard Errors assume that the covariance matrix of the errors is
correctly specified.
```

결과 설명 [결정계수(Multiple R-squared) 0.734, 조정된 결정계수 0.701, F-statistic: 22.05 on 1 and 8 DF, *p*-value: 0.001549]

결정계수(R^2)=0.734, 수정결정계수(Adjusted R Square)=0.701(중회귀모형에서 설명하기로 함), 회귀와 잔차의 자유도가 1과 8인 F통계량(F-statistic: 22.05 on 1 and Df Residuals 8)은 22.05이다.

[Y절편 계수(Intercept) 40.5605, 표준오차(Std. Error) 28.715, t통계량(t value) 1.413, *p*값(Pr(>|t|)) 0.195]

회귀식의 절편(constant)=40.56, 절편의 표준오차=28.715, t=40.51/28.715=1.413, 유의확률(Sig)=0.1915 $> \alpha=0.05$이므로 절편은 유의하지 못하다.

[x의 회귀계수 3.4120, 표준오차(Std. Error) 0.727, t통계량 4.696, *p*값 0.002]

x의 회귀계수 3.412는 유의확률(Sig)=0.002 $< \alpha=0.05$이므로 유의하다.

[*p*-value(분산분석 유의한 F 0.002)]

회귀식이 통계적으로 유의한지를 검정하는 분산분석표이다. F통계량에 대한 유의확률=0.002 $< \alpha=0.05$이므로 추정회귀식($\hat{Y}=40.562+3.412X$)은 유의하다고 할 수 있다.

4-2 중회귀분석

예제 2

다음은 어느 회사의 광고액(x1), 영업사원수(x2), 매출액(y) 자료이다. 아파트 광고액(x1)과 영업사원수(x2)가 매출액(y)에 미치는 영향을 분석해보자.

월별	광고액(억원)	영업사원수(명)	매출액(억원)
1	25	3	100
2	52	6	256
3	38	5	152
4	32	5	140
5	25	4	150
6	45	7	183
7	40	5	175
8	55	4	203
9	28	2	152
10	42	4	198

1단계: 회귀분석을 위해서 다음과 같이 자료를 Excel 프로그램에 입력한다(x1=광고액, x2=영업사원수, y=매출액).

데이터 ch61.csv

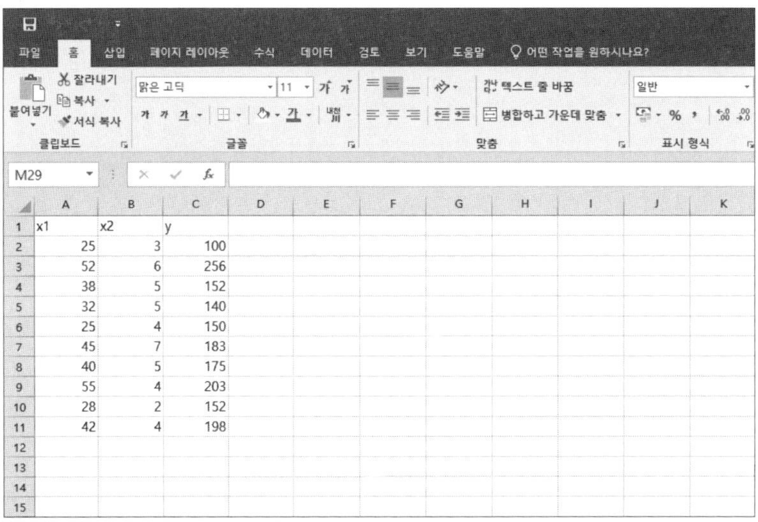

[그림 6-9] 자료 입력

2단계: 다음과 같이 데이터를 불러오기 한다.

데이터 ch6-2.ipynb

```
# 회귀분석에 필요한 라이브러리를 불러오기
import pandas as pd
import matplotlib.pyplot as plt
import statsmodels.formula.api as sm
# 데이터 불러오기
df = pd.read_csv('C:/gskim/P4DS/data/ch62.csv')
df.head() # 상단의 5개의 데이터 확인하기
```

	x1	x2	y
0	25	3	100
1	52	6	256
2	38	5	152
3	32	5	140
4	25	4	150

3단계: 두 변수의 기술 통계량을 살펴보기 위해서 다음과 같이 입력한다.

데이터 ch6-2.ipynb

```
# padas 에서 제공하는 설명 통계
print(df.describe())
```

	x1	x2	y
count	10.0000	10.000000	10.000000
mean	38.2000	4.500000	170.900000
std	10.6854	1.433721	42.560937
min	25.0000	2.000000	100.000000
25%	29.0000	4.000000	150.500000
50%	39.0000	4.500000	163.500000
75%	44.2500	5.000000	194.250000
max	55.0000	7.000000	256.000000

4단계: Python에서 산포도를 그리기 위해서 다음과 같은 문장을 입력한다.

데이터 ch6-2.ipynb

```
# Plotting data
from pandas.plotting import scatter_matrix
# scatter_matrix
%matplotlib inline
scatter_matrix(df[['x1', 'x2', 'y']])
plt.show()
```

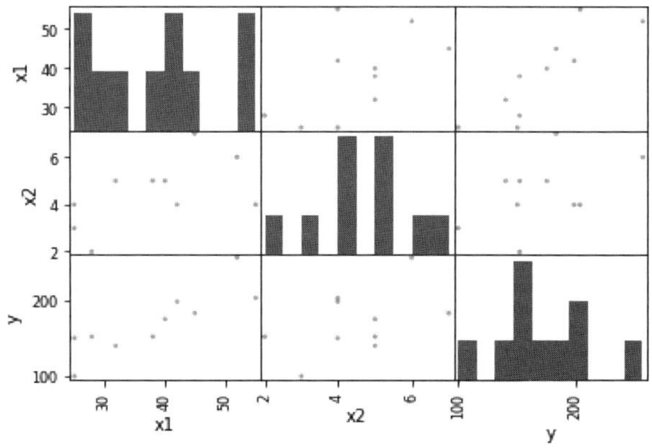

* 인쇄상 제약으로 실제 결과의 색을 반영하지 못했음.

결과 설명 그림을 보면 독립변수인 광고액(x)1의 변화에 따라 종속변수인 광고액(y)이 체계적으로 많아지는 추세를 파악할 수 있다. 그러나 x2(영업사원수)와 y(광고액)의 관계는 낮아 보인다.

5단계: 중회귀분석을 실시하기 위해서 다음과 같은 명령어를 입력한다.

데이터 ch6-2.ipynb

```
# 회귀분석 수행
result = sm.ols(formula='y ~ x1 + x2', data=df).fit()
# 요약결과 출력
print(result.summary())
```

```
    OLS Regression Results
==============================================================================
Dep. Variable:                    y   R-squared:                       0.734
Model:                          OLS   Adj. R-squared:                  0.658
Method:               Least Squares   F-statistic:                     9.659
Date:              Tue, 24 Mar 2020   Prob (F-statistic):            0.00970
Time:                      18:16:51   Log-Likelihood:                -44.550
No. Observations:                10   AIC:                             95.10
Df Residuals:                     7   BIC:                             96.01
Df Model:                         2
Covariance Type:          nonrobust
==============================================================================
                 coef    std err          t      P>|t|      [0.025      0.975]
------------------------------------------------------------------------------
Intercept     39.6892     32.742      1.212      0.265     -37.734     117.112
x1             3.3722      0.936      3.603      0.009       1.159       5.585
x2             0.5321      6.976      0.076      0.941     -15.962      17.027
==============================================================================
Omnibus:                      1.297   Durbin-Watson:                   2.765
Prob(Omnibus):                0.523   Jarque-Bera (JB):                0.837
Skew:                         0.388   Prob(JB):                        0.658
Kurtosis:                     1.814   Cond. No.                         166.
==============================================================================

Warnings:
[1] Standard Errors assume that the covariance matrix of the errors is
correctly specified
```

결과 설명 중회귀식은 $\hat{Y}=39.689+3.372X_1+0.532X_2$로 나타낼 수 있다. 이 회귀식은 73.4%의 설명력을 갖고 있다. 독립변수 중에서 광고액이 Sig.=0.009 〈 α=0.05에서 통계적으로 유의한 것을 알 수 있다.

회귀계수(Coefficients)표에서 보면, 독립변수들 중에서 X_1(광고액)은 유의하나 (Sig=0.009 〈 α=0.05) X_2(영업사원수)는 유의하지 못하다(p값= 0.941 〉 α=0.05). 사실상 매출액의 변동을 설명하는 데 있어서 광고만이 매출액에 유의한 영향을 미치고 영업사원수는 의미 있는 역할을 하지 못하고 있는 것으로 나타났다.

일반적으로 회귀분석을 실시하는 데 있어 간과하기 쉬운 절차는 회귀식이 지닌 가정을 검토하는 일이다. 회귀식의 가정은 변수와 잔차에 관련된 것으로 잔차의 독립성, 다중공선성, 등분산성 등이 해당된다.

잔차의 독립성에 관한 검정은 더빈-왓슨 검정(Durbin-Watson test)으로 실시한다. 이를 이용하여 자기상관관계가 존재하는가를 검정해보자.

$$H_0: \rho = 0$$
$$H_1: \rho > 0$$

독립변수 2(k=2), 관찰치 10(N=10)의 더빈-왓슨의 임계치는 0.95 ≤ D ≤ 1.54이다. 검정통계량 d가 d < 0.95이면 H_1을 채택하고, d가 d > 1.54이면 H_0을 채택한다. 그리고 d가 0.95 < d < 1.54이면 불확정적이다. 예에서 제시된 d값이 2.765로서 d=2.765 > 1.54이므로 H_0을 채택할 수 있다. 따라서 자기상관이 없다고 결론 내릴 수 있다.

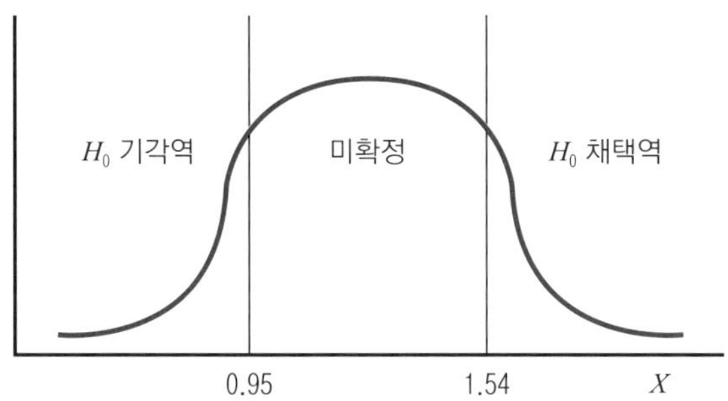

[그림 6-10] 더빈-왓슨

6단계: 잔차의 정규분포 가정을 검증하기 위하여 누적확률분포와 정규분포의 산포도를 그려보자.

데이터 ch6-2.ipynb

```
import statsmodels.api as sm
from statsmodels.formula.api import ols
import matplotlib.pyplot as plt
from statsmodels.graphics.factorplots import interaction_plot
%matplotlib inline

# draw qqplot
res = result.resid
qq = sm.qqplot(res, line = 's')
plt.show()
```

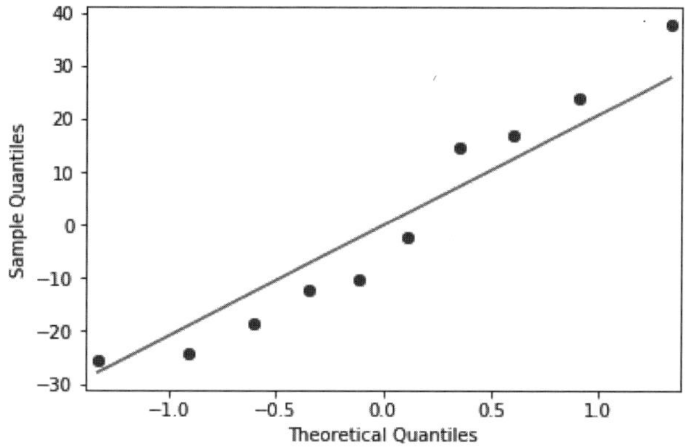

* 인쇄상 제약으로 실제 결과의 색을 반영하지 못했음.

결과 설명 잔차의 정규분포 가정을 검증하기 위하여 누적확률분포와 정규분포의 산포도를 그린 것이다. 잔차의 형태가 대각선 직선의 형태를 지니고 있으면 잔차가 정규분포라고 할 수 있다.

7단계: 다중공선성을 진단하기 위해서 다음과 같이 입력한다.

데이터 ch6-2.ipynb

```
from statsmodels.stats.outliers_influence import OLSInfluence
import numpy as np
np.linalg.cond(result.model.exog)
```

```
166.04767187449278
```

결과 설명 독립변수 간 관련성 정도인 다중공선성을 진단하기 위해 분석한 결과, 조건수(condition number)는 166.0으로 나타났다. 조건수는 공분산행렬에서 가장 큰 고유치와 가장 작은 고유치의 비율을 말한다. 이 수치가 30을 넘으면 독립변수 간에 관련성이 높다고 할 수 있다.

8단계: 등분산성 여부를 검정하기 위해서 다음과 같이 입력한다.

데이터 ch6-2.ipynb

```
import statsmodels.stats.api as sms
from statsmodels.compat import lzip
name = ['Lagrange multiplier statistic', 'p-value',
    'f-value', 'f p-value']
test = sms.het_breuschpagan(result.resid, result.model.exog)
lzip(name, test)
```

```
[('Lagrange multiplier statistic', 0.9948275530732875),
 ('p-value', 0.608101313691664),
 ('f-value', 0.38665516471534206),
 ('f p-value', 0.692982262425187)]
```

결과 설명 최적화를 구하는 데 사용하는 라그랑주 지수는 0.99, 여기에 대한 확률(p-value)은 0.608 〉 α=0.05이므로 등분산성(homoscedasticity)을 가진다는 귀무가설을 충족시킬 수 있다.

연습문제

1 회귀분석의 개념과 목적에 대하여 서로 토론해보자.

2 다음은 표본 6명의 키(heights, m)와 몸무게(weights, kg)에 대한 조사 자료이다.

heights	1.6	1.65	1.7	1.73	1.8	1.85
weights	60	65	72.3	75	80	85

(1) 산포도를 그려라.

(2) 키가 1.78일 경우 몸무게를 예측하라.

3 다음은 어느 병원 직원들의 직무만족도를 알아보기 위해서 표본조사를 한 자료의 일부이다. y=f(x1, x2)의 관련성을 이용하여 다중회귀분석을 실시하고 토론해보자 [x1=출근에 걸리는 시간(분), x2=동료와의 관계(1=매우 좋지 않음, 10=매우 좋음), y=직무만족도(1=매우 낮음, 10=매우 높음)].

데이터 ex62.csv

x1	x2	y
80	5	4
90	5	3
30	4	10
20	7	9
70	6	3
50	7	7
45	8	9
35	6	10
40	5	9
38	7	10

(1) 추정회귀식을 구하라.

(2) $\alpha=0.05$에서 유의한 독립변수를 언급하라.

(3) 한 직원의 x1=80, x2=8일 경우 직무만족도를 예측하여라.

4 다음은 A국가의 주가(Stock_Index_Price)=f[이자율(Interest_Rate), 실업률(Unemployment_Rate)]의 관계를 나타낸 자료이다.

Year	Month	Interest_Rate	Unemployment_Rate	Stock_Index_Price
2019	1	2	5	719
2019	2	2	5	704
2019	3	2	5	822
2019	4	2	5	876
2019	5	2	5	866
2019	6	2	6	884
2019	7	2	6	949
2019	8	2	6	971
2019	9	2	6	958
2019	10	2	6	943
2019	11	2	6	965
2019	12	2	6	1047
2020	1	2	6	1075
2020	2	2	6	1130
2020	3	2	6	1167
2020	4	2	6	1159
2020	5	2	6	1195
2020	6	3	6	1234
2020	7	3	6	1254
2020	8	3	6	1256
2020	9	3	6	1293
2020	10	3	6	1357
2020	11	3	6	1394
2020	12	3	6	1464

(1) 추정회귀식을 구하여라.

(2) 2021년 1월 이자율이 3.1, 실업률이 6.1일 경우의 주가지수를 예측하라.

1 회귀분석(regression analysis)은 독립변수가 종속변수에 미치는 영향력의 크기를 조사하여 독립변수의 일정한 값에 대응하는 종속변수의 값을 예측하는 방법이다. 회귀분석의 세 가지 목적은 기술, 통제, 예측이다.

2 (1)

```
# 연습문제 6-2-1
%matplotlib inline
import matplotlib.pyplot as plt

# represents the heights of a group of people in metres
heights = [[1.6], [1.65], [1.7], [1.73], [1.8], [1.85]]

# represents the weights of a group of people in kgs
weights = [[60], [65], [72.3], [75], [80], [85]]

plt.title('Weights plotted against heights')
plt.xlabel('Heights in metres')
plt.ylabel('Weights in kilograms')

plt.plot(heights, weights, 'k.')

# axis range for x and y
plt.axis([1.5, 1.85, 50, 90])
plt.grid(True)
```

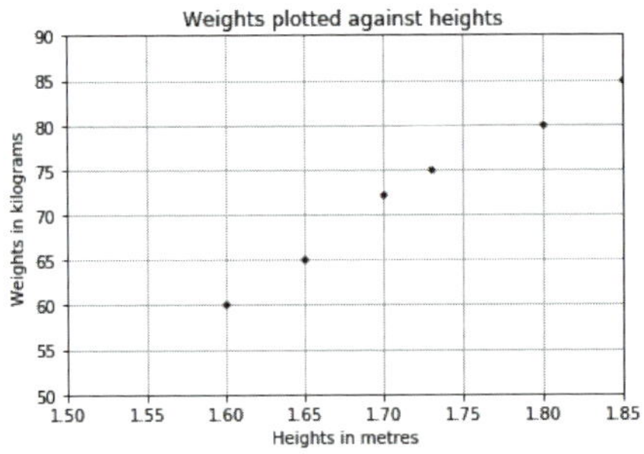

* 인쇄상 제약으로 실제 결과의 색을 반영하지 못했음.

(2)

```
# 연습문제 6-2-2
from sklearn.linear_model import LinearRegression
from sklearn import linear_model
import statsmodels.api as sm

# Create and fit the model
model = LinearRegression()
model.fit(heights, weights)


print('Intercept: \n', model.intercept_)
print('Coefficients: \n', model.coef_)

# prediction with sklearn
New_x1= 1.78

print ('weights: \n', model.predict([[New_x1]]))
```

```
Intercept:
 [-97.95794971]
Coefficients:
 [[99.23017408]]
weights:
 [[78.67176015]]
```

상수항(Intercept)은 –97.95, 회귀계수(Coefficients)는 99.2, 키가 1.78일 경우의 몸무게는 78.6으로 예측됨을 알 수 있다.

3 (1)

```
#연습문제 6-3
import pandas as pd
from sklearn import linear_model
import statsmodels.api as sm

ex62 = pd.read_csv('C:/gskim/P4DS/data/ex62.csv')

df = pd.DataFrame(ex62, columns=['x1','x2','y'])

X = df[['x1','x2']]
Y = df['y']

# with sklearn
regr = linear_model.LinearRegression()
regr.fit(X, Y)

print('Intercept: \n', regr.intercept_)
print('Coefficients: \n', regr.coef_)

# prediction with sklearn
New_x1= 80
New_x2 = 8
print ('Jobs satisfaction: \n', regr.predict([[New_x1, New_x2]]))

# with statsmodels
X = sm.add_constant(X) # adding a constant

model = sm.OLS(Y, X).fit()
predictions = model.predict(X)

print_model = model.summary()
print(print_model)
```

```
          Intercept:
 13.655125697216421
Coefficients:
 [-0.12006001 -0.04602289]
Jobs satisfaction:
 [3.68214201]
             OLS Regression Results
==============================================================================
Dep. Variable:                      y   R-squared:                       0.853
Model:                            OLS   Adj. R-squared:                  0.811
Method:                 Least Squares   F-statistic:                     20.34
Date:                Wed, 03 Jun 2020   Prob (F-statistic):            0.00121
Time:                        20:16:08   Log-Likelihood:                -14.893
No. Observations:                  10   AIC:                             35.79
Df Residuals:                       7   BIC:                             36.69
Df Model:                           2
Covariance Type:            nonrobust
==============================================================================
             coef    std err          t      P>|t|      [0.025      0.975]
------------------------------------------------------------------------------
const     13.6551      2.621      5.211      0.001       7.459      19.852
x1        -0.1201      0.020     -6.156      0.000      -0.166      -0.074
x2        -0.0460      0.357     -0.129      0.901      -0.890       0.798
==============================================================================
Omnibus:                        2.501   Durbin-Watson:                   0.883
Prob(Omnibus):                  0.286   Jarque-Bera (JB):                1.422
Skew:                          -0.893   Prob(JB):                        0.491
Kurtosis:                       2.527   Cond. No.                         356.
==============================================================================
```

추정회귀식 $\hat{Y} = 13.6551 - 0.1201x_1 + 0.0460x_2$

(2) $\alpha = 0.05$에서 유의한 독립변수: x1[출근에 걸리는 시간(분)]

(3) $\hat{Y} = 13.6551 - 0.1201x_1 + 0.0460x_2$

$\hat{Y} = 13.6551 - 0.1201(80) + 0.0460(8) = 3.682$

4 (1)

```
import pandas as pd
from sklearn import linear_model
import statsmodels.api as sm

Stock_Market = pd.read_csv('C:/gskim/P4DS/data/ex63.csv')
df = pd.DataFrame(Stock_Market,columns=['Year','Month','Interest_
Rate','Unemployment_Rate','Stock_Index_Price'])
print(df)


X = df[['Interest_Rate','Unemployment_Rate']]
Y = df['Stock_Index_Price']

# with sklearn
regr = linear_model.LinearRegression()
regr.fit(X, Y)

print('Intercept: \n', regr.intercept_)
print('Coefficients: \n', regr.coef_)

# prediction with sklearn
New_Interest_Rate = 3.1
New_Unemployment_Rate = 6.1
print ('Predicted Stock Index Price: \n', regr.predict([[New_Interest_
Rate ,New_Unemployment_Rate]]))

# with statsmodels
X = sm.add_constant(X) # adding a constant

model = sm.OLS(Y, X).fit()
predictions = model.predict(X)

print_model = model.summary()
print(print_model)
```

```
Intercept:
 -969.7785714285717
Coefficients:
 [284.79761905 239.51666667]
Predicted Stock Index Price:
 [1374.14571429]
                OLS Regression Results
==============================================================================
Dep. Variable:     Stock_Index_Price   R-squared:                       0.811
Model:                           OLS   Adj. R-squared:                  0.793
Method:                Least Squares   F-statistic:                     45.01
Date:               Wed, 03 Jun 2020   Prob (F-statistic):           2.55e-08
Time:                       19:13:24   Log-Likelihood:                -141.98
No. Observations:                 24   AIC:                             290.0
Df Residuals:                     21   BIC:                             293.5
Df Model:                          2
Covariance Type:           nonrobust
==============================================================================
                        coef   std err        t    P>|t|    [0.025      0.975]
------------------------------------------------------------------------------
const              -969.7786   280.000   -3.463    0.002  -1552.071   -387.486
Interest_Rate       284.7976    45.618    6.243    0.000    189.929    379.666
Unemployment_Rate   239.5167    51.057    4.691    0.000    133.339    345.695
==============================================================================
Omnibus:                       5.210   Durbin-Watson:              0.816
Prob(Omnibus):                 0.074   Jarque-Bera (JB):           1.839
Skew:                          0.239   Prob(JB):                   0.399
Kurtosis:                      1.731   Cond. No.                    91.8
==============================================================================
```

추정회귀식

Stock_Index_Price=−969.7786+284.7976*Interest_Rate+239.5167*Unemployment_Rate

(2) Stock_Index_Price=−969.7786+284.7976*Interest_Rate+239.5167*Unemployment_Rate

1374.14=−969.7786+284.7976*3.1+239.5167*6.1

ch. 7 로지스틱 회귀분석

학습목표

- 로지스틱 회귀분석의 개념을 이해한다.
- Python 프로그램을 통해서 로지스틱 회귀분석을 실행하는 방법을 터득한다.
- 로지스틱 회귀분석 결과 후 해석 방법을 이해한다.

1 로지스틱 회귀모형 기본 설명

1-1 로지스틱 회귀모형 개념

로지스틱 회귀모형 설명에 앞서 머신러닝(machine learning) 학습 방식을 소개하고자 한다. 머신러닝에서 사용하는 학습 종류는 지도학습, 비지도학습, 강화학습 등이 있다.

- 지도학습(supervised learning): 축적한 데이터를 바탕으로 예측하거나 분류하는 학습(회귀분석, 로지스틱 회귀분석, 판별분석, 서포트 벡터, 결정트리, 랜덤 포레스트, KNN).
- 비지도학습(unsupervised learning): 축적한 데이터를 배경으로 구조나 관계성을 찾는 학습(요인분석, 군집분석).
- 강화학습(reinforcement learning): 사람이 컴퓨터에 행동할 수 있는 선택지와 인센티브를 설정해 컴퓨터가 스스로 학습하도록 하는 방법(AlphaGo).

지도학습에 해당하는 회귀분석은 앞 장에서 설명한 바와 같이 변수 간의 종속구조, 즉 독립변수와 종속변수의 관계를 규명하는 기법이다. 이 분석 기법은 독립변수와 종속변수가 주로 연속적으로 측정된 경우에 사용한다. 종속변수가 질적인 경우에는 회귀분석을 사용하는 데 무리가 따르므로 판별분석이나 로지스틱 회귀분석을 사용할 것을 권한다. 판별분석에서는 종속변수(주로 집단)를 주어진 것으로 보고 집단 간의 차이를 가장 크게 하는 독립변수들의 선형결합을 추출하여 집단 분류에 이용한다. 로지스틱 회귀분석은 종속변수가 질적인 경우(이변량 자료)에 사용하는 분석 방법이다.

판별분석과 로지스틱 회귀분석의 차이점을 살펴보면 다음과 같다.

- 판별분석은 독립변수들이 정규분포를 하며 집단 간 분산-공분산이 동일하다고 가정하나, 로지스틱 회귀분석에서는 이러한 가정을 엄격하게 적용하지 않는다.
- 판별분석에서 이러한 가정이 충족된다고 할지라도 많은 연구가들이 로지스틱 회귀분석을 선호한다. 이유는 로지스틱 회귀분석이 선형회귀분석과 유사하고, 비선형적인 효과를 통합하고, 전반적인 진단을 내릴 수 있기 때문이다.

로지스틱 회귀모형(logistic regression model)은 종속변수가 이변량(0, 1)을 가지는 질적인 변수일 경우에 사용된다. 이 점에서 다중회귀분석과 근본적인 차이점이 있다. 현실적으로 이변량의 경우는 많이 발견된다. 예를 들어, 실생활에서의 의사결정(예/아니오), 건강상태가 양호하거나 양호하지 않은 경우(생존/죽음), 고객들이 회사의 제품을 구매하는 경우와 구매하지 않는 경우, 성공기업과 실패기업, 정상품과 불량제품, 고객 이탈과 잔류, 내원고객의 질병 유무, 정상메일과 스팸메일 여부와 같은 분류를 해야 할 경우가 많다.

이러한 예는 정규분포를 가정하는 회귀분석을 이용하는 데에 무리가 있다. 따라서 로지스틱 회귀분석을 실시한다. 그런데 로짓모형(logit model)은 2개의 반응범주를 취하는 Y를 공변량(covariate) X로 설명하기 위한 모형이다. 예를 들어 소득수준(X)에 따라서 외식을 하는지(1), 못하는지(0) 여부를 예측하기 위한 확률 비율을 승산율(odds ratio)이라고 부른다.

$$\frac{P(Y=1 \setminus X)}{P(Y=0 \setminus X)} = e^{\beta_0 + \beta_1 X} \qquad \text{(식 7-1)}$$

이 승산율에 자연로그를 취하면 다음과 같은 로짓 모형이 된다.

$$\ln \frac{P(Y=1 \setminus X)}{P(Y=0 \setminus X)} = \beta_0 + \beta_1 X \qquad \text{(식 7-2)}$$

여기서 회귀계수는 확률비율, 즉 승산율의 변화를 측정한다. 이것은 로그로 표현되었기 때문에 결과 수치가 나오면 안티로그를 취해서 해석하여야 한다. 사실, 로지스틱 회귀분석은 로짓분석에서 파생되었으며 양자는 동일한 개념으로 쓰이기도 한다.

로지스틱 회귀분석은 독립변수들의 효과를 분석하기 위해서 어떤 사건이 발생한 경우(1)와 발생하지 않은 경우(0)를 예측하기보다는 사건이 발생할 확률을 예측한다. 종속변수는 0(실패)과 1(성공)로 나타내며, 따라서 예측값은 0과 1 사이의 값을 갖는다. 로지스틱 회귀분석에서는 종속변수의 값을 0과 1로 한정하기 위해서 독립변수와 종속변수 사이의 관계를 다음 그림과 같이 나타낸다.

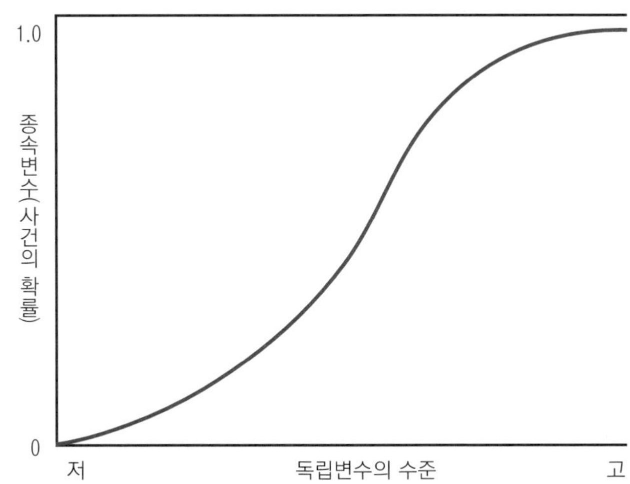

[그림 7-1] 로지스틱 반응함수

위의 그림에서 보는 바와 같이 로지스틱 반응함수에서 독립변수와 종속변수의 관계는 S자의 비선형(nonlinear)을 보인다. 독립변수의 수준이 높으면 성공할 확률은 증가한다. 독립변수가 하나인 단순로지스틱 회귀모형을 나타내면 다음과 같다.

$$E(Y) = \frac{1}{1+e^{-}(\beta_0 + \beta_1 X)} = \pi \quad \text{(식 7-3)}$$

여기서 E(Y)는 특별한 의미를 갖는다. Y가 1의 값을 취할 확률, 즉 어떤 사건이 발생할 확률 π를 의미한다. E(Y)는 X가 커짐에 따라(작아짐에 따라) 확률 E(Y)의 증가율(감소율)이 낮아지는 S자 형태의 비선형(nonlinear) 관계를 가정한다. 로지스틱 반응함수는 앞에서 다룬 회귀분석에서처럼 직관적으로 해석할 수가 없고 회귀계수 β에 대하여 비선형이기 때문에 선형화하기 위하여 자연로그를 취하는 아드(odds)를 로짓변환(logit transformation)한다. odds는 $\frac{\pi(x)}{1-\pi(x)}$를 말한다. 여기서 분모의 $\pi(x)$=성공확률 1이다. 분자 $1-\pi(x)$는 실패할 확률이다.

π의 로짓변환이란 $\text{In}(\pi/1-\pi)$를 의미한다. 독립변수가 2개인 경우의 선형 로지스틱 모형은 다음과 같다.

$$\log(\text{odds}) = \ln(\frac{\pi(x)}{1-\pi(x)}) = \beta_0 + \beta_1 X_1 + \beta_2 X_2 \quad \text{(식 7-4)}$$

로지스틱 회귀모형은 입력변수가 1단위 증가할 때 로그오즈(log odds) 변화량을 말한다. 여기서 로지스틱 회귀계수(coefficient)인 β_1, β_2는 해당 변수가 1단위 증가할 때 로그오즈 변화량이다. 즉 나머지 입력변수는 모두 고정시킨 상태에서 한 변수를 1단위 증가시켰을 때 변화하는 odds(성공확률)의 비율을 말한다. 예컨대 β_1은 다른 독립변수들(X_2)의 수준을 일정하게 한 상태에서 해당 독립변수(X1)를 한 단위 증가시켰을 때 $\exp(\beta_1)$만큼 평균적으로 증가하게 된다는 것을 의미한다. 만약 $\beta_1=2.0$이라면 독립변수를 한 단위 증가시켰을 때 어떤 사건이 발생할 확률이 발생하지 않을 확률보다 2.0배 높아진다는 것을 의미한다.

1-2 로지스틱 회귀계수의 추정과 검정

로지스틱 회귀계수는 다른 선형회귀계수와 마찬가지로 종속변수와 독립변수들 사이의 관계를 설명하고 주어진 독립변수의 수준에서 종속변수를 예측하는 데 사용된다. 그러나 회귀계수의 추정 방법에 차이가 있다. 선형회귀분석의 목적은 잔차의 제곱합을 최소화하는 데 있지만, 로지스틱 회귀분석의 목적은 우도(likelihood), 즉 사건발생 가능성을 크게 하는 데 있다.

이러한 목적을 달성하기 위하여 자료에서 로지스틱 회귀계수(β_0, β_1, $\cdots$ β_k)를 추정하는 방법에 대하여 살펴보자. 로지스틱 회귀계수를 추정하는 방법은 독립변수의 수준에서 반복적인 종속변수 관측 여부에 따라 달라지는데, 각 독립변수의 수준에서 비교적 많은 종속변수의 반복적인 관측이 있으면 가중최소자승법을 사용하고, 반복적인 관찰이 없거나 아주 작은 경우에는 최대우도추정법을 사용한다.

1) 가중최소자승법

가중최소자승 추정 방법은 주어진 독립변수의 수준에서 반복적인 종속변수의 관측자료가 주어진 경우에 사용된다. 예를 들어, 독립변수가 하나인 경우 관찰된 X수준이 c개 있다고 가정하자. 각 수준 X_i(i=1, 2, ⋯, c)에서 종속변수 Y에 대한 반복적인 관찰횟수를 n_i라 하자. 이때 독립변수 X_i 수준에서 Y값이 1인 횟수를 r_i(i=1, 2, ⋯, c)라 하였을 때 X_i에서 Y값이 1을 취할 표본비율은 $p_i=r_i/n_i$가 된다. 이때 어떤 사건이 발생할 확률 π_i는 표본비율 p_i로 대체하여 사용된다. 따라서 가중최소자승 추정 방법에서는 표본비율 p_i를 로짓변환시킨 $In(p_i/1-p_i)$ 것을 종속변수로 사용한다. 로짓변환은 비선형함수를 선형함수로 변환할 수 있으나 종속변수의 분산이 일정하지 않기 때문에 가중치 $w_i=n_ip_i(p_i/1-p_i)$를 사용하여 분석을 하게 된다. 표본비율을 사용한 로짓반응 함수는 다음과 같다.

$$p_i' = In(\frac{p_i}{1-p_i}) = \beta_0 + \beta_1 X_{1i} + \cdots + \beta_k X_{ki} \quad \text{(식 7-5)}$$

2) 최대우도추정법

독립변수의 각 수준에서 Y의 반복적인 관측이 아주 작거나 없으면, 표본비율을 사용할 수 없기 때문에 독립변수의 각 수준에서 하나의 Y값에 대하여 최대우도추정법을 사용하여 로지스틱 반응함수를 추정한다. 일단 최대우도추정법에 의하여 회귀계수가 추정되면 로지스틱 회귀모형이 자료에 대하여 어느 정도 설명력이 있는지를 검정한다. 로지스틱 회귀모형에서는 다중회귀모형에서 사용한 F-검정과 유사한 우도값 검정(likelihood value test)을 실시한다. 그 절차는 다음과 같다.

(1) 가설 설정

귀무가설과 대립가설은 다음과 같다.

$$H_0: \beta_1=\beta_2=\cdots=\beta_k=0$$

H_1: 적어도 하나는 0이 아니다.

(2) 우도비 검정통계량

전반적으로 추정된 모형의 적합성은 우도값 검정에 의해 판단된다. 우도값은 로그 –2배 또는 (–2LL, 또는 –2Log Likelihood)라고 한다. –2 Log 우도는 자료에 모형이 얼마나 적합한지에 대한 정도를 나타낸다. 값이 작을수록 더 적합하다. 단계적 선택법에서 –2 log 우도의 변화량은 모형에서 삭제된 항의 계수가 0이라는 가설을 검정한다.

우도값의 식은 다음과 같다.

$$\Lambda = -2In\frac{L_0}{L} = -2InL_0 + 2InL \qquad \text{(식 7-6)}$$

여기서 L은 k개의 독립변수들의 정보를 모두 이용한 우도를 나타내며, L_0는 k개 독립변수들이 종속변수의 변화에 전혀 영향을 미치지 못한다고 가정했을 때의 우도를 나타낸다. 따라서 모형에 포함된 독립변수들이 중요한 변수가 아니라면 우도비 L_0/L는 거의 같아져서 우도비 대수함수인 검정통계량 Λ의 값이 0에 가까운 작은 값을 갖게 된다. 이 경우에 우리는 모형이 적합하지 못하다고 결론을 내릴 수 있다. 반면에 중요한 독립변수가 포함되어 있을 때에는 검정통계량 Λ의 값은 커지게 된다. 검정통계량 Λ의 표본분포는 귀무가설이 참일 때 df=k인 χ^2 분포에 따른다.

(3) 기각치 설정 및 의사결정

유의수준 α에서 기각치 χ^2(df=k)과 검정통계량의 값을 비교하여 귀무가설 채택 여부를 결정한다.

$$\text{만약, } \Lambda \leq \chi^2 \text{이면 } H_0 \text{를 채택한다.}$$
$$\Lambda > \chi^2 \text{이면 } H_0 \text{를 기각한다.}$$

그리고 추정된 계수의 통계적 유의성 판단은 왈드 통계량(Wald statistics)으로 한다.

(4) p값 계산

추정회귀계수의 유의성을 검정하기 위한 p값을 계산한다.

2 Python을 이용한 분석

2-1 로지스틱 회귀분석

예제

보건관리센터에서는 바이러스 감염 방지에 관심이 많다. 30명에 대한 과거 자료를 이용하여 바이러스 감염에 미치는 독립변수를 찾기 위해서 노력하고 있다. 다음은 과거 감염 여부에 대한 자료 일부이다(본 데이터는 필자가 그간 신문자료를 보고 각색한 것임을 밝힌다).

설문지

Y --- 바이러스 감염 여부　　예(1) 아니오(0)
X1 --- 마스크 착용의 중요성 인식/습관화 정도 (　)점
X2 --- 손씻기 생활화 (　)점
X3 --- 운동 중요도 (　)점

y	x1	x2	x3
0	3	6	5
0	4	10	4
1	3	5	3
1	3	1	5
1	3	1	5
0	5	11	4
1	3	6	5
1	2	10	4
1	3	2	3
0	4	9	5
0	4	10	6
1	3	3	1
1	4	3	2
1	3	1	2
0	5	11	5
0	5	10	6
0	4	9	5
1	4	7	2
0	5	8	4
1	3	6	3
1	5	6	5
0	3	9	3
1	4	5	2
1	3	5	2
0	2	11	6
1	3	4	5
1	3	5	4
0	5	11	5
0	4	8	4
0	3	8	5

로지스틱 회귀분석을 위해 다음과 같은 연구가설을 설정하였다.

- 연구가설 1: 마스크 착용은 바이러스 감염에 유의적인 영향을 줄 것이다.
- 연구가설 2: 손씻기 생활화는 바이러스 감염에 유의적인 영향을 줄 것이다.
- 연구가설 3: 운동 중요도 정도는 바이러스 감염에 유의적인 영향을 줄 것이다.

이어 새로운 관측치가 있을 경우, 앞에서 구한 로지스틱 추정회귀식을 토대로 바이러스 감염 여부를 예측하고자 한다. 아래 신규 두 사람의 데이터(유보 데이터: holdout)를 이용하여 감염 여부를 예측해보자.

x1	x2	x3
5	11	6
2	5	3

1단계: 다음과 같이 Excel 프로그램에서 데이터를 정리한다.

데이터 ch71.csv

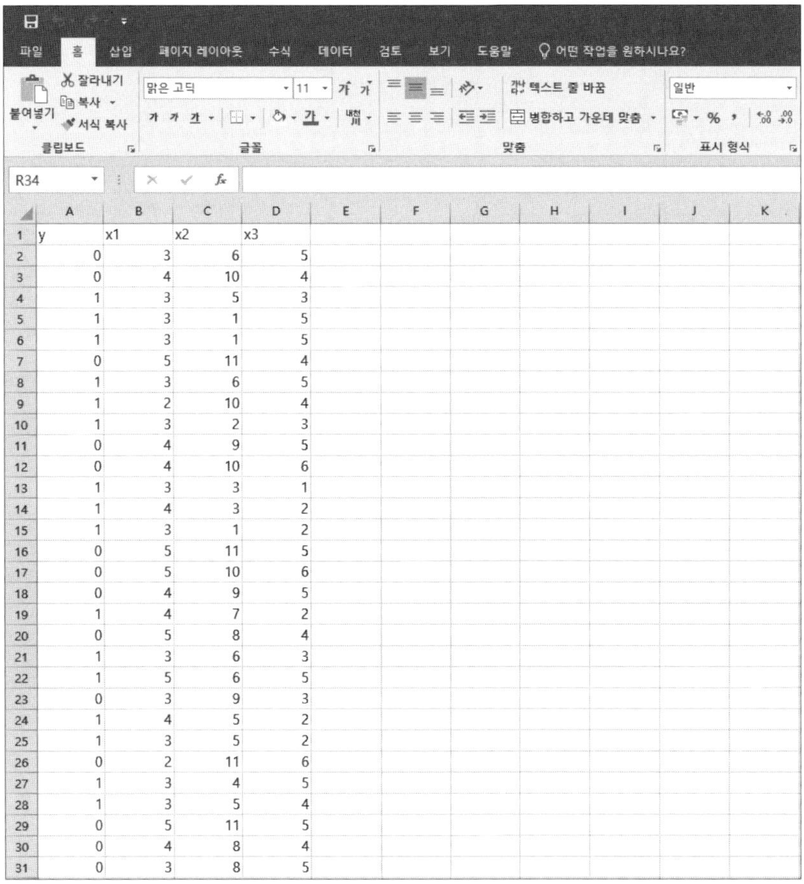

	A	B	C	D
1	y	x1	x2	x3
2	0	3	6	5
3	0	4	10	4
4	1	3	5	3
5	1	3	1	5
6	1	3	1	5
7	0	5	11	4
8	1	3	6	5
9	1	2	10	4
10	1	3	2	3
11	0	4	9	5
12	0	4	10	6
13	1	3	3	1
14	1	4	3	2
15	1	3	1	2
16	0	5	11	5
17	0	5	10	6
18	0	4	9	5
19	1	4	7	2
20	0	5	8	4
21	1	3	6	3
22	1	5	6	5
23	0	3	9	3
24	1	4	5	2
25	1	3	5	2
26	0	2	11	6
27	1	3	4	5
28	1	3	5	4
29	0	5	11	5
30	0	4	8	4
31	0	3	8	5

2단계: 다음과 같이 데이터를 불러오기 위해서 문장을 작성한다. 이를 실행하면 다음과 같은 결과가 나타난다.

데이터 ch7-1.ipynb

```
import numpy as np
import pandas as pd
from scipy import stats
import matplotlib.pyplot as plt
import statsmodels.api as sm
from statsmodels.formula.api import logit
%matplotlib inline
# 데이터 불러오기
dta = pd.read_csv('C:/gskim/P4DS/data/ch71.csv')
dta.columns=["y", "x1","x2","x3"]
dta.head() # 상단의 5개의 데이터 확인하기
```

	y	x1	x2	x3
0	1	3	6	5
1	1	4	10	4
2	0	3	5	3
3	0	3	1	5
4	0	3	1	5

3단계: 각 변수에 대한 기본 정보를 확보하기 위해서 히스토그램을 그려보자.

데이터 ch7-1.ipynb

```
df.hist()
plt.show()
```

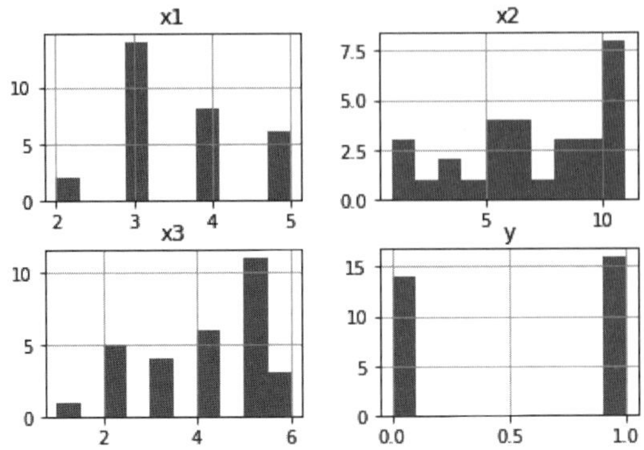

결과 설명 각 변수에 대한 기본 정보가 시각적으로 표현되어 있다. X1(마스크 착용의 중요성 인식/습관화 정도)은 3~4점에 많이 분포되어 있고, X2(손씻기 생활화)는 5점 이상에 많이 분포되어 이다. X3(운동 중요도)는 4점 이상에 많이 분포되어 있다. Y(바이러스 감염 여부)는 예(0)와 아니오(1)로 분명하게 이변량으로 구분되어 있다.

4단계: 로지스틱 회귀분석을 실시하기 위해서 다음과 같은 문장을 작성하고 실행한다. 여기서 sm.Logit.from_formula 대신 logit만 사용해도 상관없다.

데이터 ch7-1.ipynb

```
affair_mod =sm.Logit.from_formula("y ~ x1 + x2 + x3", dta).fit()
```

```
Optimization terminated successfully.
Current function value: 0.205563
Iterations 9
```

결과 설명 9회의 반복 계산을 통해서 모델 최적화가 성공적으로 이루어졌으며 현재 함수의 값은 0.206이다,

5단계: 로지스틱 회귀분석을 실시하기 위해서 다음과 같은 문장을 작성한다.

데이터 ch7-1.ipynb

```
print(affair_mod.summary())
print(np.exp(affair_mod.params))
print(affair_mod.pred_table())
```

```
         Logit Regression Results
==============================================================================
Dep. Variable:                  y   No. Observations:                   30
Model:                      Logit   Df Residuals:                       26
Method:                       MLE   Df Model:                            3
Date:            Fri, 27 Mar 2020   Pseudo R-squ.:                  0.7025
Time:                    11:08:17   Log-Likelihood:                -6.1669
converged:                   True   LL-Null:                       -20.728
Covariance Type:        nonrobust   LLR p-value:                 2.111e-06
==============================================================================
                coef   std err        z    P>|z|    [0.025    0.975]
------------------------------------------------------------------------------
Intercept    15.5833     6.810    2.288    0.022     2.235    28.931
x1           -0.9059     0.846   -1.071    0.284    -2.563     0.751
x2           -1.1087     0.488   -2.270    0.023    -2.066    -0.151
x3           -1.0253     0.814   -1.260    0.208    -2.620     0.570
==============================================================================
Intercept    5.857952e+06
x1           4.041598e-01
x2           3.299989e-01
x3           3.586942e-01
dtype: float64
[[13.  1.]
 [ 2. 14.]]
```

결과 설명 로지스틱 회귀분석의 목적은 발생 사건의 가능성을 크게 하는 우도(likelihood)를 최대화하는 데 있다. 관찰된 결과의 우도가 높을 때 모형이 적합하다고 할 수 있는데, 여기서는 변수를 포함시키지 않은 상태에서 상수만을 포함한 경우의 LL값이 -20.728이므로 모형은 적합하다고 할 수 있다. 모형의 설명력(Pseudo R-squ.)은 0.7025로 높다고 할 수 있다. 로지스틱 모델의 유의확률 $p=0.000 < \alpha=0.05$이므로 세 변수(x1, x2, x3)를 포함하는 모형이 감염 여부를 설명하는 데 유의하다는 것을 확인할 수 있다.

[Intercept coef 15.5833 P 〉 |z| 0.022] 회귀식의 상수는 15.5833이며 $p=0.022 < \alpha=0.05$이므로 통계적으로 유의하다.

[x1 coef -0.9059 P 〉 |z| 0.284] x1(마스크 착용)의 회귀계수는 -0.959이며, 이 회귀계수의 통계적 유의성을 검정하는 값인 Z통계량 -1.071의 확률적 표시인 유의확률(Sig)이 0.284이므로 $\alpha=0.05$에서 통계적으로 유의하지 않다.

[X2 coef-1.1087 P > |z| 0.023] x2(손씻기 생활화)의 회귀계수는 -1.1087이며, 이 회귀계수는 통계적으로 유의하다(Sig 0.023 < α=0.05). 이는 신뢰구간을 통해서도 설명할 수 있는데 신뢰구간[-2.066 -0.151] 안에 0을 포함하고 있지 않아 X2는 유의함을 다시 한 번 확인해준다. 즉 손씻기를 생활화하면 바이러스 감염 가능성은 낮아진다고 말할 수 있다.

[X3 coef-1.0253 P > |z| 0.023] x3(운동 중요도)의 회귀계수는 -1.0253이고, 이 회귀계수는 통계적으로 유의하지 않다(P > |z| 0.208 > α=0.05).

그리고 회귀식은 다음과 같다.

$$\hat{Y} = 15.583 - 0.9059X1 - 1.1087X2 - 1.0253X3$$

[X2 Exp(B)-1.1087] 회귀식에서는 X2(손씻기 생활화)의 계수가 유의하므로 이에 관해서만 설명한다. 회귀계수가 양수이면 성공할 확률(e^{β_i})은 1 이상(≥ 1)으로 증가한다. 만약 회귀계수가 음수(-)이면 성공확률은 0 ≤ 성공확률 ≤ 1에 존재하게 된다. Exp(-1.1087)=0.32이며, 다른 변수의 값을 일정하게 놓고, X2(손씻기 생활화)가 1단위 증가하면, 바이러스 감염 정도는 0.32배 낮아진다고 할 수 있다.

6단계: 상수항을 제거한 이후의 독립변수의 효과크기를 확인해서 다음과 같이 작업할 수 있다.

데이터 ch7-1.ipynb

```
mfx = affair_mod.get_margeff()
print(mfx.summary())
```

```
 Logit Marginal Effects
=======================================
Dep. Variable:              y
Method:                  dydx
At:                   overall
==============================================================================
          dy/dx  std err        z    P>|z|    [0.025    0.975]
------------------------------------------------------------------------------
x1=>x1  -0.0567    0.047   -1.209   0.227    -0.149     0.035
x2      -0.0693    0.012   -5.799   0.000    -0.093    -0.046
x3      -0.0641    0.045   -1.412   0.158    -0.153     0.025
==============================================================================
```

결과 설명 상수항을 제거한 이후 독립변수의 기여도 및 유의성을 살펴본 결과, X2의 유의한 정도가 더 높아졌다(p=0.000 〈 α=0.05). 신뢰구간[-0.093-0.046]에 '0'을 포함하고 있지 않아 유의함을 알 수 있다.

7단계: 조금 어려울 수 있겠지만 이제 모델의 예측 성능에 대한 정밀도(precision), 재현율(recall), F값(f1-score), support(지지횟수), 정확도(accuracy), ROC_AUC를 알아보기 위해서 다음과 같이 입력하면 된다. 모델 예측 성능을 알아보기 위해서는 sklearn 라이브러리가 필요하다.

데이터 ch7-1.ipynb

```
from sklearn import model_selection
from sklearn import metrics

# Model selection using Logistic Regression analysis
from sklearn.linear_model import LogisticRegression
clf = LogisticRegression()
# Data Frame
X=dta[['x1','x2', 'x3']]
Y=dta[['y']]

# Model fitness
clf.fit(X, Y)

# Forecasting depend on model
y_pred = clf.predict(X)

# Model Identification
print("{} Result of Classification : \n{}\n".format(clf,metrics.
classification_report(Y, y_pred)))
print("Accuracy:\n{}".format(metrics.accuracy_score(Y, y_pred)))
print("Confusion matrix:\n{}".format(metrics.confusion_matrix(Y, y_pred)))
print("ROC_AUC:\n{}".format(metrics.roc_auc_score(Y, y_pred)))
```

```
LogisticRegression(C=1.0, class_weight=None, dual=False, fit_
intercept=True,
          intercept_scaling=1, l1_ratio=None, max_iter=100,
          multi_class='auto', n_jobs=None, penalty='l2',
          random_state=None, solver='lbfgs', tol=0.0001, verbose=0,
          warm_start=False) Result of Classification :
               precision    recall  f1-score   support
           0        0.87      0.93      0.90        14
           1        0.93      0.88      0.90        16

    accuracy                            0.90        30
   macro avg        0.90      0.90      0.90        30
weighted avg        0.90      0.90      0.90        30


Accuracy:
0.9
Confusion matrix:
[[13 1]
 [ 2 14]]
ROC_AUC:
0.9017857142857143
```

결과 설명 모델 예측 성능에 대한 적합도를 알아보기 위해서 정밀도(precision), 재현율(recall), F값(f1-score), support(지지횟수), 정확도(accuracy)를 이해하면 된다. 우선 이들 지표를 알아보기 위해서는 혼동행렬(confusion matrix)을 이해해야 한다. 참고로 혼동행렬을 분류표(classification table)라고도 한다. 여기서 결과물 하단 혼동행렬을 보면 2행 2열로 나타나 있다. 이를 정리하면 다음과 같이 나타낼 수 있다.

[표 7-1] 혼동행렬

예측 결과 / 실제 결과		예측 결과		퍼센트
		1 (감염)	0 (감염 안 됨)	
실제 결과	1 (감염)	13 (TP)*	1 (FN)	93.0
	0 (감염 안 됨)	2 (FP)	14 (TN)	87.5
전반적인 퍼센트				90.0

* TP(True Positive), FN(False Negative), FP(False Positive), TN(True Negative)을 나타낸다.

혼동행렬에서 대각선 x_{ij}는 제대로 맞춘 개수를 나타내고 그 이외의 성분은 다른 클래스로 오판하여 틀린 경우의 수를 말한다. 여기서는 오판 개수가 3개로 예측률은 대체로 있다고 볼 수 있다.

위와 같은 분류표에서 판별 결과에 대한 평가를 할 때는 정밀도(적합률), 정확도, 재현율, F값을 보고 판단한다.

- 정밀도(precision, 0인 경우) $= \dfrac{TP}{TP+FP} = \dfrac{13}{13+2} = 86.7\%$
- 정확도(accuracy) $= \dfrac{TP+TN}{TP+FP+FN+TN} = \dfrac{13+14}{13+2+1+14} = 90.0\%$
- 재현율(recall, 0인 경우) $= \dfrac{TP}{TP+FN} = \dfrac{13}{13+1} = 93.0\%$
- F값(F1 score, 0인 경우) $= \dfrac{2 \times \mathrm{Re}\,call \times \mathrm{Pr}\,ecision}{\mathrm{Re}\,call \times \mathrm{Pr}\,ecision} = \dfrac{2TP}{2TP+FN+FP} = 90\%$
- 위양성률(fall-out) $= \dfrac{FP}{FP+TN} = \dfrac{2}{2+14} = 12.5\%$ (낮을수록 좋음)

또한 이진 분류(1, 0) 시스템에 대한 성능 평가에 사용하는 ROC_AUC(Receiver Operating Characteristic Area Under Curve)의 값을 살펴본 결과 90.1%였다. ROC_AUC는 분류에 모델이 얼마나 적합한지를 나타내는 것이다. 제대로 예측이 안 된 경우는 0%, 완벽하게 예측된 경우는 100%의 값을 갖는다.

위 결과를 보면 정밀도 86.7%, 정확도 90.0%, 재현율 93.0%, F값 90%, ROC_AUC 90%로 나타나 대체로 분류가 잘되었다고 평가할 수 있다. 위양성률은 실제 양성 클래스에 속하지 않는 표본 중에 양성 클래스에 속한다고 출력한 표본의 비율을 나타나는데, 여기서는 12.5%로 낮은 편이라 성능이 우수하다고 할 수 있다.

8단계: 다음으로 ROC(Receiver Operator Characteristic) 커브를 그려보자. ROC 커브는 클래스 판별 기준값의 변화에 따른 위양성률(fall-out)과 재현율(recall)의 변화를 시각화한 것이다.

```
from sklearn.datasets import make_classification
from sklearn.metrics import roc_curve
recall = 13 / (13 + 1)
fallout = 2 / (2 + 14)
print(recall, fallout)
fpr, tpr, thresholds = roc_curve(Y, clf.decision_function(X))
fpr, tpr, thresholds
fpr, tpr, thresholds = roc_curve(Y, clf.predict_proba(X)[:, 1])
fpr, tpr, thresholds
plt.plot(fpr, tpr, 'o-', label="Logistic Regression")
plt.plot([0, 1], [0, 1], 'k--', label="random guess")
plt.plot([fallout], [recall], 'ro', ms=10)
plt.xlabel('Fall-Out')
plt.ylabel('Recall')
plt.title('Receiver operating characteristic example')
plt.show()
```

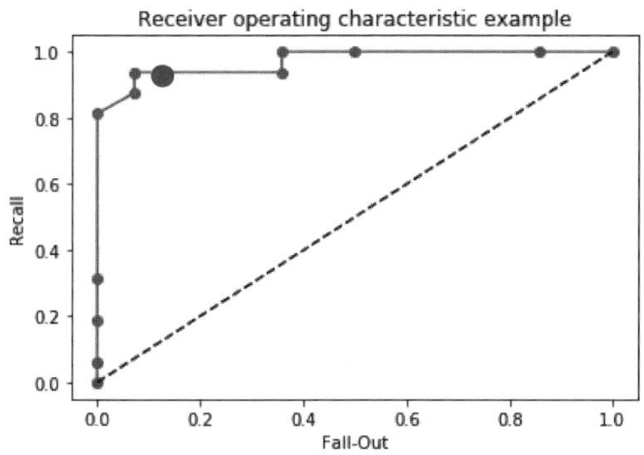

결과 설명 ROC는 기준값에 따른 재현율(민감도, Recall)과 위양성률(fall-out, false positive rate)의 관계를 나타낸 것이다. 가장 이상적인 것은 재현율이 1이고 위양성률이 0인 경우이다. 로지스틱 회귀분석 결과 재현율(Recall, 0인 경우)이 0.93, 위양성률(fall-out)이 0.125의 좌표가 큰 원(실제 화면에서는 붉은색)으로 찍혀 있다. 대체로 모델은 우수한 편이라고 할 수 있다. 또한 ROC 커브에서 모델의 평가가 좋다는 것은 커브의 밑면적, 즉 AUC의 넓이가 넓을수록 우수하다는 것을 나타낸다.

9단계: 첫 번째 사람에 대해 예측하고 싶다면 다음과 같이 작업한다. 여기서 주의할 사항은 첫 번째 번호를 갖는 사람을 지정할 때 1이 아니라 0으로 지정해야 한다는 것이다.

```
respondent0= dta.iloc[[0]]
affair_mod.predict(respondent0)
affair_mod.model.cdf(affair_mod.fittedvalues[0])
```

```
0.7478266809165098
```

결과 설명 실제는 1(감염)로 분류되었으며 추정식에 의한 예측으로도 기준값(0.5)을 상회하기 때문에 실제 감염집단으로 분류될 수 있음을 나타낸다.

10단계: 앞에서 제시한 유보표본에 대하여 감염 여부를 예측해보도록 하자. 이를 위해서는 기존 데이터 파일에 다음과 같이 데이터를 입력하고 저장한다. 각 두 표본에서 y값에 0과 1을 입력한 것은 앞에서 실험데이터를 분석하면서 첫 번째 유보표본은 0(바이러스 감염 가능성 없음), 두 번째 표본은 1(바이러스 감염 가능성이 있음)로 예측되었기 때문이다.

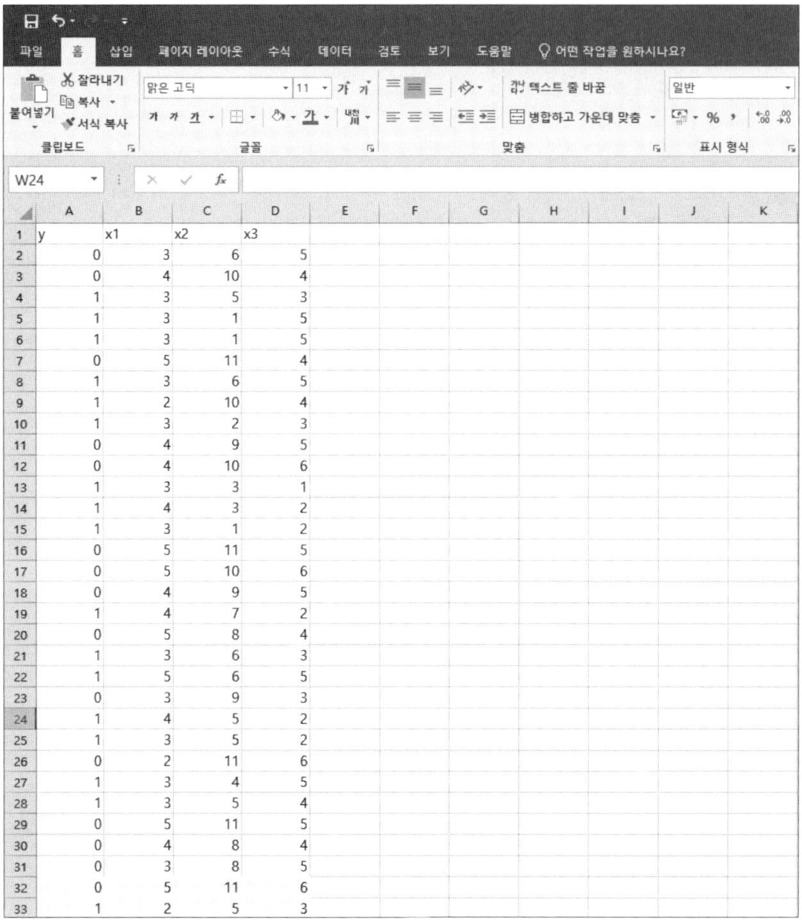

y	x1	x2	x3
0	3	6	5
0	4	10	4
1	3	5	3
1	3	1	5
1	3	1	5
0	5	11	4
1	3	6	5
1	2	10	4
1	3	2	3
0	4	9	5
0	4	10	6
1	3	3	1
1	4	3	2
1	3	1	2
0	5	11	5
0	5	10	6
0	4	9	5
1	4	7	2
0	5	8	4
1	3	6	3
1	5	6	5
0	3	9	3
1	4	5	2
1	3	5	2
0	2	11	6
1	3	4	5
1	3	5	4
0	5	11	5
0	4	8	4
0	3	8	5
0	5	11	6
1	2	5	3

11단계: 앞에서 실행했던 Jupyter 프로그램을 다시 한 번 실행한 후 첫 번째 유보표본을 예측하기 위해서 아래와 같이 작업한다. espondent30=dta.iloc[[-2]]에서 -2를 한 것은 데이터에서 마지막 두 번째 데이터를 지정하기 위한 것이다.

```
respondent30=dta.iloc[[-2]]
affair_mod.predict(respondent30)
affair_mod.model.cdf(affair_mod.fittedvalues[30])
```

```
0.0006515049478307336
```

결과 설명 실행 결과 0에 가까운 값이 나와 첫 번째 표본은 바이러스 감염성이 없는 그룹(0)으로 예측된다.

12단계: 유보표본 두 번째를 예측하기 위해서 다음과 같이 작업한다. respondent31=dta.iloc[[-1]]에서 -1을 입력한 것은 마지막 데이터를 나타내기 위한 것이다.

```
respondent31=dta.iloc[[-1]]
affair_mod.predict(respondent31)
affair_mod.model.cdf(affair_mod.fittedvalues[31])
```

```
0.9944584770551094
```

결과 설명 실행 결과 1에 가까운 값이 나와 두 번째 표본은 바이러스 감염성이 있는 그룹(1)으로 예측된다.

2-2 로지스틱 회귀를 이용한 예측 방법

1단계: 이제는 훈련 데이터와 검증용 데이터를 각각 75%와 25%로 분할한 다음, 로지스틱 추정 회귀식에 의한 혼동행렬을 구해보도록 하자. 이를 위해서 다음과 같이 코딩한다.

데이터 ch7-2.ipynb

```
import pandas as pd
import pandas as pd
from sklearn.model_selection import train_test_split
from sklearn.linear_model import LogisticRegression
from sklearn import metrics
import seaborn as sn
import matplotlib.pyplot as plt
df = pd.read_csv('C:/gskim/P4DS/data/ch71.csv')
df = pd.DataFrame(df,columns= ['y', 'x1','x2','x3'])
X = df[['x1', 'x2','x3']]
y = df['y']

X_train,X_test,y_train,y_test = train_test_split(X,y,test_
size=0.25,random_state=0)

logistic_regression= LogisticRegression()
logistic_regression. t(X_train,y_train)
logistic_regression= LogisticRegression()
logistic_regression. t(X_train,y_train)
y_pred=logistic_regression.predict(X_test)
confusion_matrix = pd.crosstab(y_test, y_pred, rownames=['Actual'],
colnames=['Predicted'])
sn.heatmap(confusion_matrix, annot=True)
print('Accuracy: ',metrics.accuracy_score(y_test, y_pred))
plt.show()
```

```
Accuracy:  1.0
```

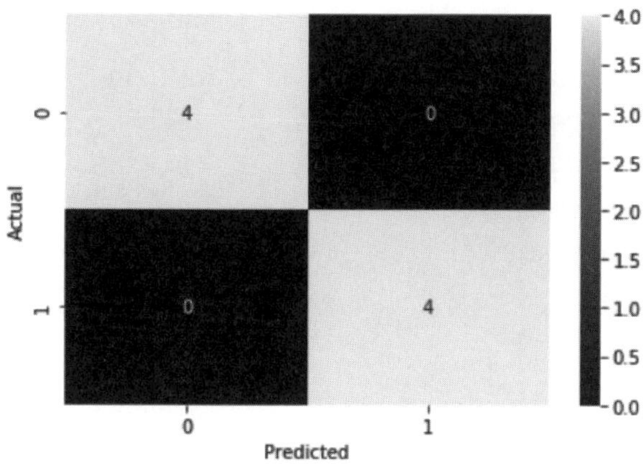

결과 설명 혼동행렬에서 정확도(Accuracy)가 1로 나타나 있다. 이는 다음 식을 이용하여 구할 수 있다.

$$\text{정확도} = \frac{TP+TN}{TP+FP+FN+TN} = \frac{4+4}{4+0+0+4} = 100.0\%$$

2단계: 이제 다음 2명에 대한 신규 유보 데이터를 예측하는 방법을 적용해보자. 이를 위해서 다음과 같이 신규데이터(new_candidates)를 입력하고 실행한다.

x1	x2	x3
5	11	6
2	5	3

데이터 ch7-2.ipynb

```
import numpy as np
import pandas as pd
from sklearn.model_selection import train_test_split
from sklearn.linear_model import LogisticRegression
df = pd.read_csv('C:/gskim/P4DS/data/ch71.csv')
df = pd.DataFrame(df,columns= ['y', 'x1','x2','x3'])

X = df[['x1', 'x2','x3']]
y = df['y']
```

```
X_train,X_test,y_train,y_test = train_test_split(X,y,test_
size=0.25,random_state=0)

logistic_regression= LogisticRegression()
logistic_regression. t(X_train,y_train)

new_candidates = {'x1': [5,2],
         'x2': [11,5],
         'x3': [6,3]
         }

df2 = pd.DataFrame(new_candidates,columns= ['x1', 'x2','x3'])
y_pred=logistic_regression.predict(df2)

print (df2)
print (y_pred)
```

```
  x1 x2 x3
0  5 11  6
1  2  5  3
[0 1]
```

결과 설명 앞 결과 [0 1]에서 0은 첫 번째 유보표본의 예측 결과이다. 첫 번째 유보표본은 바이러스 감염성이 없는 그룹(0)으로 예측되었음을 나타낸다. 1은 두 번째 유보표본의 예측 결과로 바이러스 감염성이 있는 그룹(1)으로 예측되었음을 나타낸다. 두 번째 유보표본이 X1(마스크 착용의 중요성 인식/습관화 정도), X2(손씻기 생활화), X3(운동 중요도)에서 모두 낮은 점수를 보이는 것을 확인할 수 있다.

연습문제

1 회귀분석과 로지스틱 회귀분석의 차이점은 무엇인가?

2 주변에서 경험하는 일 가운데 종속변수의 값이 0과 1을 가지며, 독립변수가 양적인 데이터를 조사해보자. 이를 이용하여 로지스틱 회귀분석을 실시해보고 동료들과 토론해보자.

3 다음 데이터 파일(ex73.csv)은 취업 여부(admit, 1=취업, 0=취업이 안 됨)=f[toeic(토익점수), gpa(학점), rank(태도점수, 1=매우 적극적임, 4=적극적이지 못함)]에 관한 자료이다.

(1) 로지스틱 회귀분석을 실시하고 추정식을 언급하라.

(2) $\alpha=0.05$에서 유의한 변수를 언급하라.

(3) ROC 커브를 그리고 설명하라.

4 다음에 사용한 데이터 세트는 Pima Indians Diabetes Data Set이다(데이터: diabetes.csv). 미국 원주민인 피마(Pima)족의 당뇨병 유병률은 원래 매우 적었지만 서구식 식습관에 의해 급속도로 높아졌다. 그래서 이들에 대한 자료는 당뇨병을 연구하는 데 귀중한 데이터로 사용되고 있다.

데이터 세트는 총 9가지 속성으로 구성되어 있다. Pregnancies(임신횟수), Glucose[글루코스 내성(glucose tolerance) 실험 후의 혈당수치], BloodPressure[확장기 혈압(mm Hg)], SkinThickness[상완 삼두근 피부 두께 (mm)], Insulin[혈액 내 인슐린 수치(mu U/ml)], BMI[비만도 수치, weight in kg/(height in m)^2], Diabetes Pedigree Function(당뇨병 가족력), Age(나이), Outcome[당뇨병 여부, 0(발병 안 함) 또는 1(발병)]이다.

(1) outcome=f(Glucose, BMI, Age) 로지스틱 회귀분석을 실시하고 정확도를 언급하라.

(2) ROC 커브를 그려라.

1 • 회귀분석: 독립변수와 종속변수의 관계를 규명하는 기법으로 기술, 통제, 예측 목적이 있다. 회귀분석은 독립변수와 종속변수가 주로 연속형 변수로 구성된다.

• 로지스틱 회귀분석: 독립변수는 양적변수이고 종속변수가 이변량(0, 1)을 가지는 질적인 변수일 경우에 사용된다.

2 각자 실시해보고 동료들과 토론해보자.

3 (1)

```
#연습문제 7-3
import numpy as np
import pandas as pd
from scipy import stats
import matplotlib.pyplot as plt
import statsmodels.api as sm
from statsmodels.formula.api import logit
%matplotlib inline
import pandas as pd
df = pd.read_csv('C:/gskim/P4DS/data/ex73.csv')
df.columns=["amit","toeic","gpa","rank"]
affair_mod =sm.Logit.from_formula("amit ~ toeic + gpa + rank", df).fit()
print(affair_mod.summary())
print(np.exp(affair_mod.params))
print(affair_mod.pred_table())
```

```
Logit Regression Results
==============================================================================
Dep. Variable:                   amit   No. Observations:                  400
Model:                          Logit   Df Residuals:                      396
Method:                           MLE   Df Model:                            3
Date:                Thu, 04 Jun 2020   Pseudo R-squ.:                 0.08107
Time:                        21:21:41   Log-Likelihood:                -229.72
converged:                       True   LL-Null:                       -249.99
Covariance Type:            nonrobust   LLR p-value:                 8.207e-09
==============================================================================
                 coef    std err          z      P>|z|      [0.025      0.975]
------------------------------------------------------------------------------
Intercept     -3.4495      1.133     -3.045      0.002      -5.670      -1.229
toeic          0.0023      0.001      2.101      0.036       0.000       0.004
gpa            0.7770      0.327      2.373      0.018       0.135       1.419
rank          -0.5600      0.127     -4.405      0.000      -0.809      -0.311
==============================================================================
Intercept    0.031760
toeic        1.002297
gpa          2.174967
rank         0.571191
dtype: float64
[[253.  20.]
 [ 98.  29.]]
```

$$admit = -3.4495 + 0.0023toeic + 0.770gpa - 0.5600rank$$

(2) $\alpha = 0.05$에서 toeic, gpa, 그리고 rank 변수는 모두 유의하다.

(3)

```
from sklearn import model_selection
from sklearn import metrics

# Model selection using Logistic Regression analysis
from sklearn.linear_model import LogisticRegression
clf = LogisticRegression()
# Data Frame
X=df[['toeic','gpa', 'rank']]
Y=df[['amit']]

# Model fitness
clf.fit(X, Y)

# Forecasting depend on model
y_pred = clf.predict(X)

# Model Identification
print("{} Result of Classification : \n{}\n".format(clf,metrics.
classification_report(Y, y_pred)))
print("Accuracy:\n{}".format(metrics.accuracy_score(Y, y_pred)))
print("Confusion matrix:\n{}".format(metrics.confusion_matrix(Y, y_
pred)))
print("ROC_AUC:\n{}".format(metrics.roc_auc_score(Y, y_pred)))
from sklearn.datasets import make_classification
from sklearn.metrics import roc_curve
recall = 255 / (255 + 18)
fallout = 99 / (99 + 28)
print(recall, fallout)
fpr, tpr, thresholds = roc_curve(Y, clf.decision_function(X))
fpr, tpr, thresholds
fpr, tpr, thresholds = roc_curve(Y, clf.predict_proba(X)[:, 1])
fpr, tpr, thresholds
plt.plot(fpr, tpr, 'o-', label="Logistic Regression")
plt.plot([0, 1], [0, 1], 'k--', label="random guess")
plt.plot([fallout], [recall], 'ro', ms=10)
```

```
plt.xlabel('Fall-Out')
plt.ylabel('Recall')
plt.title('Receiver operating characteristic example')
plt.show()
```

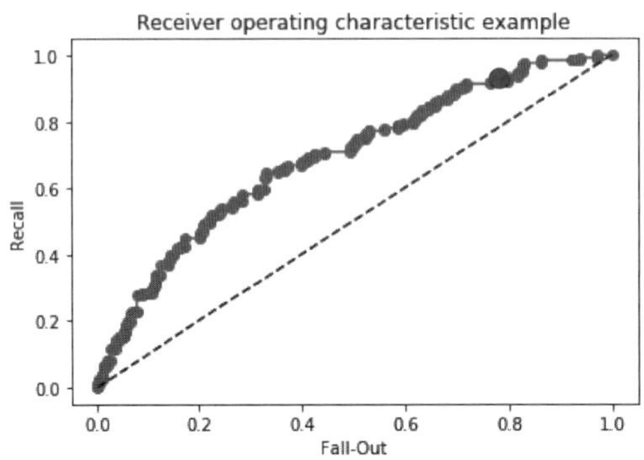

로지스틱 회귀분석 결과 재현율(Recall, 0인 경우)이 0.934, 위양성률(fall-out)이 0.779의 좌표가 파란색(실제 결과는 붉은색) 큰 원으로 찍혀 있다. 재현율은 우수한 편이나 위양성률이 높아 모델의 우수성은 낮다고 할 수 있다. 참고로 가장 이상적인 판정은 재현율(recall)은 1이고 위양성률(fall-out)은 0인 경우이다.

4 (1)

```
# 연습문제 7-4-1
import numpy as np
import pandas as pd
df = pd.read_csv('C:/gskim/P4DS/data/diabetes.csv')
df.info()
#---check for null values---
print("Nulls")
print("=====")
print(df.isnull().sum())
#---check for 0s---
print("0s")
print("==")
print(df.eq(0).sum())
```

```
df[['Glucose','BloodPressure','SkinThickness',
  'Insulin','BMI','DiabetesPedigreeFunction','Age']] = \
  df[['Glucose','BloodPressure','SkinThickness',
    'Insulin','BMI','DiabetesPedigreeFunction','Age']].replace(0,np.NaN)
df.fillna(df.mean(), inplace = True)  # replace NaN with the mean
print(df.eq(0).sum())

from scipy import stats
import matplotlib.pyplot as plt
import statsmodels.api as sm
from statsmodels.formula.api import logit
from sklearn import linear_model
from sklearn.model_selection import cross_val_score
from sklearn import model_selection
from sklearn import metrics

#---features---
X = df[['Glucose','BMI','Age']]
#---label---
Y = df.iloc[:,8]

affair_mod =sm.Logit.from_formula("y ~ X", df).fit()
print(affair_mod.summary())
print(np.exp(affair_mod.params))
```

```
            Logit Regression Results
==============================================================================
Dep. Variable: y        No. Observations:       768
Model:  Logit   Df Residuals:   764
Method:         MLE     Df Model:        3
Date:   Mon, 08 Jun 2020 Pseudo R-squ.: 0.2575
Time:   20:20:34Log-Likelihood:        -368.84
converged:      True    LL-Null:         -496.74
Covariance Type:        nonrobust       LLR p-value:    3.640e-55
==============================================================================
```

```
                coef    std err          z     P>|z|     [0.025    0.975]
-----------------------------------------------------------------------
Intercept    -9.1215      0.708    -12.878     0.000    -10.510    -7.733
X[0]          0.0356      0.003     10.243     0.000      0.029     0.042
X[1]          0.0918      0.014      6.383     0.000      0.064     0.120
X[2]          0.0292      0.008      3.795     0.000      0.014     0.044
=======================================================================
Intercept    0.000109
X[0]         1.036223
X[1]         1.096113
X[2]         1.029639
dtype: float64
LogisticRegression(C=1.0, class_weight=None, dual=False, fit_
intercept=True,
         intercept_scaling=1, l1_ratio=None, max_iter=100,
         multi_class='auto', n_jobs=None, penalty='l2',
         random_state=None, solver='lbfgs', tol=0.0001, verbose=0,
         warm_start=False) Result of Classification :
              precision     recall  f1-score      support

        0        0.79      0.88      0.83      500
        1        0.71      0.57      0.63      268
        accuracy                     0.77      768
        macro avg        0.75      0.72      0.73      768
        weighted avg     0.76      0.77      0.76      768

Accuracy:
0.76953125
Confusion matrix:
[[439  61]
 [116 152]]
ROC_AUC:
0.7225820895522388
```

$\alpha=0.05$에서 Glucose, BMI, Age 변수는 모두 유의하다. 추정회귀식을 통한 예측 정확도는 76.95%이다.

(2)

```
# 연습문제 7-4-2
from sklearn.datasets import make_classification
from sklearn.metrics import roc_curve
recall = 439 / (439 + 61)
fallout = 116 / (116 + 152)
print(recall, fallout)
fpr, tpr, thresholds = roc_curve(Y, clf.decision_function(X))
fpr, tpr, thresholds
fpr, tpr, thresholds = roc_curve(Y, clf.predict_proba(X)[:, 1])
fpr, tpr, thresholds
plt.plot(fpr, tpr, 'o-', label="Logistic Regression")
plt.plot([0, 1], [0, 1], 'k--', label="random guess")
plt.plot([fallout], [recall], 'ro', ms=10)
plt.xlabel('Fall-Out')
plt.ylabel('Recall')
plt.title('Receiver operating characteristic example')
plt.show()
```

0.878 0.43283582089552236

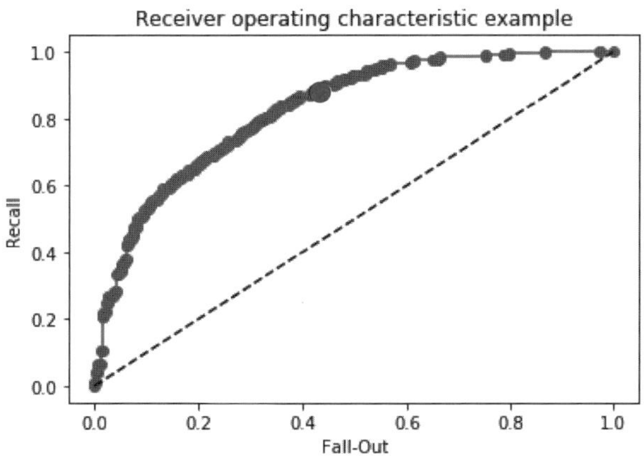

ch. 8 차원축소

학습목표

- 선형변환에 대하여 이해한다.
- 특이값 분해에 대하여 이해한다.
- 차원축소 방법인 PCA 방식을 이해한다.
- PCA 방식에 의한 차원축소를 실무에 적용할 수 있는 방법을 생각한다.

1 선형변환

다차원의 데이터를 다루기 쉽게 이해하기 위해서는 2차원이나 3차원으로 압축하는 방법을 알아야 한다. 이를 위해서 고윳값과 고유벡터에 대한 기본 개념을 가지고 있어야 한다. 행렬에서 행(row)과 열(row)의 수가 같은 행렬을 정방행렬(square matrix)이라고 한다. 정방행렬 A가 있고 다음 식을 만족하는 열벡터(column vector) x(단, $x \neq 0$)가 존재할 경우, λ를 행렬 A의 고윳값(eigen value)이라고 한다. 여기서 열벡터 x를 고유벡터(eigen vector)라고 한다.

$$Ax=\lambda Ex \qquad \text{(식 8-1)}$$

E는 행과 열의 수가 같은 정방행렬에서 대각선이 1인 단위행렬을 말한다. 위 식에서 x에 관해서 정리하기 위해 좌변을 우변으로 보내면 다음과 같이 된다.

$$(A-\lambda E)x=0 \qquad \text{(식 8-2)}$$

이 식에서 $(A-\lambda E)$가 역행렬이 존재한다는 가정을 하면 양변에 역행렬 $(A-\lambda E)^{-1}$을 곱할 수 있다.

$$(A-\lambda E)(A-\lambda E)^{-1}x=(A-\lambda E)^{-1}0 \qquad \text{(식 8-3)}$$

앞 식은 $x=(A-\lambda E)^{-1}0=0$으로 x가 0이 되어 처음에 설정한 $x\neq 0$의 가정을 위반하게 된다. 따라서 x의 고유벡터가 존재하기 위해서는 $(A-\lambda E)$의 역행렬 $(A-\lambda E)^{-1}$가 존재하면 안 된다. 즉 고유벡터가 존재하기 위한 행렬식(det, determinant)으로 만들 수 있다.

$$\det(A-\lambda E)=0 \qquad \text{(식 8-4)}$$

이 행렬식과 λ의 고유방정식의 고윳값을 가지면 행렬을 회전시키거나 확대 또는 축소시킨 선형변환(linear transformation)을 할 수 있다. 고윳값은 데이터의 특징을 설명하는 가늠자 역할을 한다. 각 고윳값을 전체 합산한 고윳값으로 나누면 정보 기여율을 계산할 수 있다.

2 특이값 분해

2-1 특이값 분해

특이값 분해(Singular Value Decomposition, SVD)는 신호처리와 통계학에서 자주 사용되는 선형변환의 핵심이다. 특이값 분해는 데이터를 입력 행렬로 나타내고 이를 3개의 행렬로 돌려주고, 이들 행렬끼리 곱하기를 할 수 있고 원래 입력정보로 돌려주는 것을 말한다. 특이값 분해의 공식은 다음과 같이 나타낼 수 있다.

$$M=U\times s\times Vh \qquad \text{(식 8-5)}$$

여기서 U=관찰 데이터를 행으로 나타낸 정보

V_h=특성을 열로 나타낸 정보

s=SVD의 프로세스 기록

특이값 분해를 하다 보면 초기 행렬의 열로부터 행에 관한 정보를 분리할 수 있다. 이렇게 함으로써 결과적으로 초기행렬의 첫 번째 열에 유용한 정보를 압축해서 모을 수 있다. 결과에서 s는 압축이 몇 번 발생했는지를 나타낸다. s에서 모든 값의 합산은 얼마나 많은 정보가 최초의 행렬에 저장되었는지를 나타낸다. 그리고 행정보는 얼마나 많은 데이터가 U, V_h의 열에 각각 축적되었는지에 대한 기록이다. 이런 특이값 분해 과정에서 차원축소를 통해서 데이터에서 유용한 지식과 정보를 발견할 수 있다.

정리하면, SVD는 데이터에서 행과 열의 정보의 관련성을 발견하는 유익한 방법이다. SVD는 과거에 알지 못한 관련성, 복잡한 상호작용을 알려준다. 분석자는 SVD를 사용하면서 미리 상상할 필요가 없다. SVD는 전적으로 데이터 기반 접근법이다. 분석자는 결과를 보면서 정보를 탐색하면 된다.

2-2 차원축소

Python을 이용하여 차원축소를 하는 방법을 알아보자. 분석자는 Numpy 라이브러리를 사용하면 된다. 다음 행렬에 대한 차원축소 방법을 실습해보자.

$$A = \begin{pmatrix} 3 & 6 \\ 2 & 3 \end{pmatrix}$$

1단계: 다음과 같이 행렬 A 정보를 입력하고 실행한다. 그러면 행렬 A를 얻을 수 있다.

```
import numpy as np
A = np.array([[3, 6], [2,3]])
print(A)
```

```
[[3 6]
 [2 3]]
```

결과 설명 행렬 A는 2개의 관찰치와 2개의 특성으로 구성되어 있다.

2단계: Numpy 라이브러리의 linalg 라이브러리를 이용하여 svd 함수를 이용할 수 있다. 이를 통해서 최초의 행렬을 U, s, Vh로 분해할 수 있다.

```
U, s, Vh = np.linalg.svd(A, full_matrices=False)
print(np.shape(U), np.shape(s), np.shape(Vh))
print(s)
```

```
(2, 2) (2,) (2, 2)
[7.60555128 0.39444872]
```

결과 설명 결과 (2, 2) (2,) (2, 2)에서 첫 번째의 (2, 2)는 U의 행렬의 행과 열의 개수를 나타낸다. 두 번째(2,)는 행렬 s로 대각선 행렬로 고유벡터를 나타낸다. 대각선 행렬은 대각선을 제외하고는 모든 원소가 0으로 채워지는 행렬이다. 여기서 대각선의 길이는 2이다. 세 번째 (2, 2)는 행렬 Vh는 최초 행렬이 2행 2열의 정방행렬임을 나타낸다. [7.60555128 0.39444872]는 행렬 s(대각선 행렬)의 원소를 나타낼 수 있다.

$$s = \begin{pmatrix} 7.60555128 & 0 \\ 0 & 0.39444872 \end{pmatrix}$$

여기서 첫 번째 열 값은 전체 정보의 95%($\frac{7.60555128}{7.60555128 + 0.39444872}$)를 보유하고 있는 것으로 나타났다. 이를 기여율 또는 주성분(principle component)이라고 부른다. 두 번째 값은 전체 정보 5%($\frac{0.39444872}{7.60555128 + 0.39444872}$)를 보유하고 있는 것으로 나타났다.

3 요인분석

3-1 기본 개념

앞에서 사용한 SVD를 데이터에 적용하여 중요한 정보를 찾는 것도 의미가 있으나, 요인분석을 실시하면 유용한 정보를 쉽게 찾을 수 있다. 요인분석(factor analysis)은 여러 변수들 사이의 상관관계를 기초로 하여 정보의 손실을 최소화하면서 변수의 개수보다 적은 수의 요인(factor)으로 자료 변동을 설명하는 다변량 기법이다. 예를 들어 어떤 회사에서 직무 만족도를 측정하기 위하여 100개의 질문 항목을 사용했을 때, 이를 10개 정도의 요인으로 묶어 직무 만족의 특성을 분석할 수 있다.

요인분석에서 사용하는 요인은 4장 분산분석의 요인과는 의미가 전혀 다르다. 분산분석의 요인은 단일 변수의 의미가 있지만, 요인분석의 요인은 여러 변수들이 공통적으로 가지고 있는 개념적 특성을 뜻한다. 요인분석은 과정에서 가능한 한 모든 변수의 상관성을 살피게 된다. 분석자는 고유분산과 공유분산을 탐색하게 된다.

- 고유분산(unique variance): 변수 자체에 의해서 일어나는 특정 분산
- 공유분산(shared variance): 다른 변수들과 공통으로 변하는 공분산

요인분석과 주성분분석(Principal Components Analysis, PCA) 방식의 공통점은 자료의 양을 줄여 정보로 요약해준다는 점이다. 요인분석과 PCA 방식의 차이점은 측정 결과 구한 자료에 나타난 분산구성 요소 가운데 어떤 분산을 분석의 기초로 이용하는가에 따라 분석의 종류가 나뉜다는 점이다. 요인분석은 변수들 간에 내재하는 차원을 찾아냄으로써 변수들 간의 구조를 파악하고자 할 때 이용한다. 이 방식에서는 자료의 공유분산만을 분석한다. 반면에 PCA 방식은 정보의 손실을 최소화하면서 보다 적은 수의 요인(components, 속성이 정확한 표현임)을 구하고자 할 때에 주로 이용되며, 자료의 총분산을 분석한다. 요인분석은 사전에 요인의 수를 정하지만 PCA는 추출할 성분(component) 수를 사전에 정하지 않는다. PCA는 적은 수의 속성으로 압축하거나 줄인다는 점에서 앞에

서 다룬 SVD와 매우 유사하다. 다만, 최초 속성의 척도에 영향을 받지 않고 변수의 관계를 재구축한다는 측면에서는 SVD와 차이가 있다.

요인분석이 회귀분석이나 판별분석과 같은 다른 다변량 분석 방법과 차이가 나는 점은 독립변수와 종속변수가 지정되지 않고 변수들 간의 상호작용을 분석한다는 데 있다. 요인분석에서는 100개의 측정변수를 묶을 때 상관관계가 높은 것끼리 동질적인 몇 개의 요인으로 묶기 때문에 다음 경우에 자주 사용한다.

- 자료의 양을 줄여 정보를 요약하는 경우
- 변수들 내에 존재하는 구조를 발견하려는 경우
- 요인으로 묶이지 않는 중요도가 낮은 변수를 제거하려는 경우
- 동일한 개념을 측정하는 변수들이 동일한 요인으로 묶이는지를 확인(측정 도구의 타당성 검정)하려는 경우
- 요인분석을 통해 얻게 된 요인들을 회귀분석이나 판별분석에서 변수로 활용하려는 경우

정리하면 연구자는 요인분석이나 PCA를 통해서 정신심리 관련 모델을 개발할 수도 있고, 데이터 속에 잠재되어 있는 정보를 찾을 수도 있다. 여기서는 데이터 속에 잠재되어 있는 유용한 정보를 요인이라고 부른다.

3-2 잠재요인 찾기 예제

sklearn 라이브러리에 내장되어 있는 붓꽃(Iris) 데이터를 이용하여 요인분석을 실시해보자. Iris 데이터에는 기본적으로 붓꽃의 샘플(observations) 수, 속성(features) 등에 관한 정보가 저장되어 있다. 즉, 붓꽃(iris)의 세 가지 종(setosa, versicolor, virginica)에 대해 꽃받침(sepal)과 꽃잎(petal)의 넓이와 길이를 정리한 데이터이다.

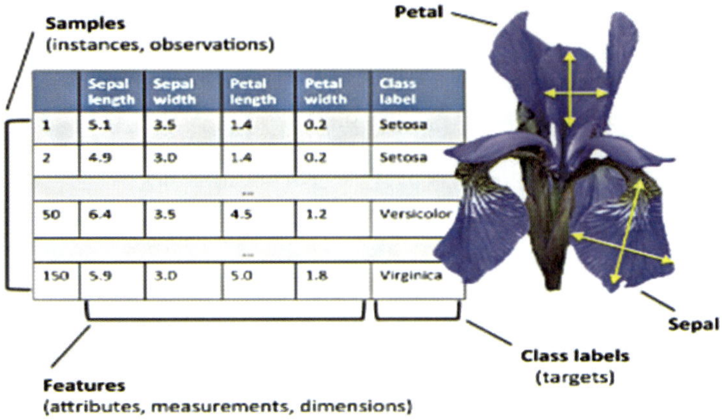

[그림 8-1] 붓꽃 데이터 특징

1단계: 다음과 같이 iris 데이터를 로딩한다.

데이터 fa.ipynb

```
from sklearn.datasets import load_iris
from sklearn.decomposition import FactorAnalysis
iris = load_iris()

import numpy as np
import pandas as pd
import matplotlib.pyplot as plt
import seaborn as sns

X=iris.data
Y=iris.target
```

2단계: 입력변수를 지정하고 요인분석을 실시한다.

데이터 fa.ipynb

```
cols = [s[:12].strip() for s in iris.feature_names]
factor = FactorAnalysis(n_components=4).fit(X)
print(pd.DataFrame(factor.components_, columns=cols))
```

```
   sepal length sepal width petal length petal width
0      0.706989   -0.158005     1.654236     0.70085
1      0.115161    0.159635    -0.044321    -0.01403
2     -0.000000    0.000000     0.000000     0.00000
3     -0.000000    0.000000     0.000000    -0.00000
```

결과 설명 4개 요인이 설정되어 있고 요인과 속성 간의 관련성이 나타나 있다. 양(+)값은 요인과 속성의 양(+)의 비율이 존재함을 나타내고, 음(–)값은 요인 또는 속성 중의 하나가 반대로 움직임을 나타낸다. 요인분석 결과를 보면, 여기서는 요인의 최대 개수가 2임을 알 수 있다.

3단계: 변수 간의 관련성을 미적으로 살펴보기 위해서 시각화를 실시한다.

데이터 fa.ipynb

```
df = pd.DataFrame(iris.data, columns=iris.feature_names)
df['species'] = np.array([iris.target_names[i] for i in iris.target])
sns.pairplot(df, hue='species')
plt.show()
```

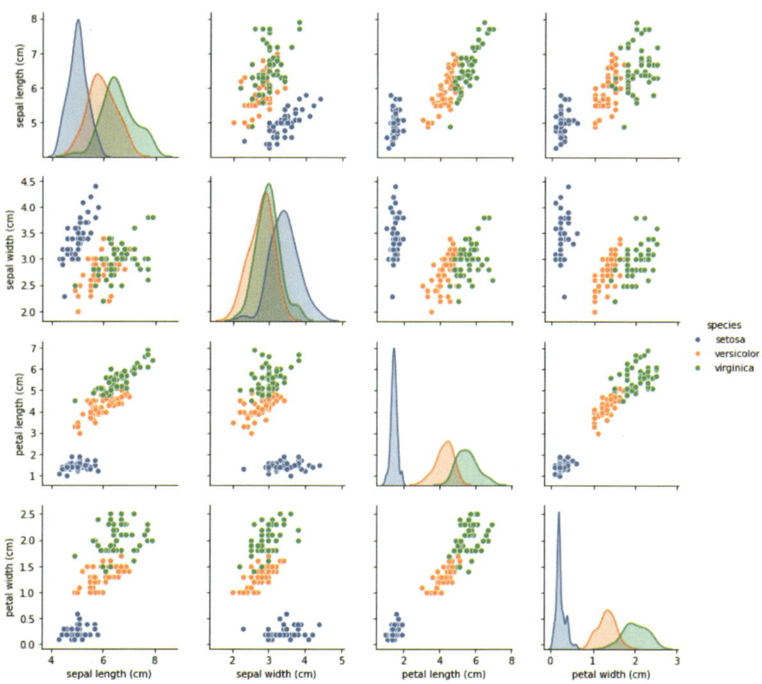

결과 설명 파란색의 setosa는 petal length와 petal width에서 다른 것들과 구별되는 것을 알 수 있으나, 다른 두 종은 쉽게 구별되지 않음을 나타낸다.

3-3 차원축소

iris 데이터를 이용하여 PCA 방식에 의한 차원축소를 실습해보자.

1단계: PCA 방식에 의한 차원축소를 위해서 다음과 같이 작업한다.

데이터 fa.ipynb

```
from sklearn.decomposition import PCA
import pandas as pd
pca = PCA().fit(X)
print('각 성분에 의한 설명분산 비율: %s'
   % pca.explained_variance_ratio_)
print(pd.DataFrame(pca.components_,
         columns=iris.feature_names))
```

```
각 성분에 의한 설명분산 비율: [0.92461872 0.05306648 0.01710261 0.00521218]
    sepal length (cm)  sepal width (cm)  petal length (cm)  petal width (cm)
0            0.361387         -0.084523           0.856671          0.358289
1            0.656589          0.730161          -0.173373         -0.075481
2           -0.582030          0.597911           0.076236          0.545831
3           -0.315487          0.319723           0.479839         -0.753657
```

결과 설명 첫 번째 성분이 데이터셋의 분산 92.5%를 설명하는 것으로 나타났다. 즉 iris 데이터를 이용한 자료 축소에서 대부분의 정보는 첫 번째 성분에 집중되는 것을 알 수 있다(92.5%). 여기서는 두 성분으로 자료를 거의 모두 설명하고 있다고 볼 수 있다.

3-4 t-SNE

앞에서 다룬 PCA의 결과를 시각화하는 것은 변수의 관련성을 심층적으로 고려해야 하기 때문에 설명에 도움이 되지 못한다. 따라서 비선형 차원축소(nolinear dimensionality reduction) 방법을 사용하는 t-SNE(Stochastic Neighbor Embedding)를 이용한다. 2차원의 시각화 도표를 산포도를 통해서 100개 이상의 변수를 시각화해서 보여줄 수 있다.

t-SNE를 이용한 분류분석을 위해서 여기서는 sckit-learn 라이브러리에서 제공하는 digits 데이터 세트를 이용하기로 한다. digits 데이터 세트는 0부터 9까지 손글씨가 8×8 픽셀의 흑백 이미지로 되어 있다.

1단계: 데이터를 로딩한다.

데이터 fa.ipynb

```
from sklearn.datasets import load_digits
digits = load_digits()
X = digits.data
ground_truth = digits.target
```

2단계: 데이터를 로딩한 후 t-SNE 알고리즘으로 데이터를 축소한다.

데이터 fa.ipynb

```
from sklearn.manifold import TSNE
tsne = TSNE(n_components=2,
     init='pca',
     random_state=0,
     perplexity=50,
     early_exaggeration=25,
     n_iter=300)
Tx = tsne.fit_transform(X)
```

3단계: 시각화를 위해서 다음과 같이 작업한다.

데이터 fa.ipynb

```
import numpy as np
import matplotlib.pyplot as plt
plt.xticks([],[])
plt.yticks([],[])
for target in np.unique(ground_truth):
  selection = ground_truth==target
  X1, X2 = Tx[selection, 0], Tx[selection, 1]
  c1, c2 = np.median(X1), np.median(X2)
  plt.plot(X1, X2, 'o', ms=5)
  plt.text(c1, c2, target, fontsize=18)
```

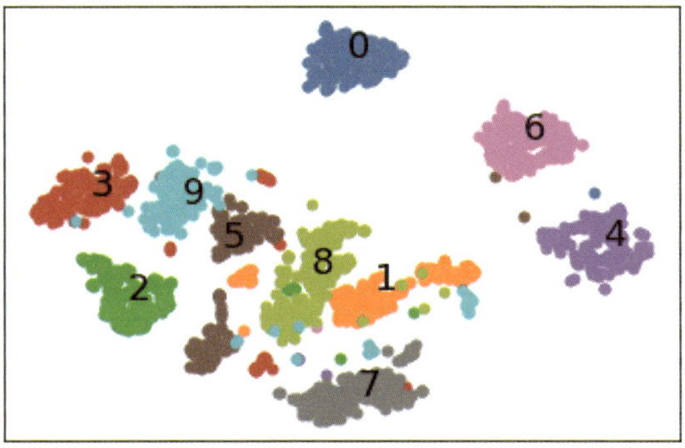

결과 설명 그림에서 오른쪽 상단의 0, 6, 4 글씨를 쉽게 구분할 수 있음을 알 수 있다. 반면에 3번과 9번, 5번과 8번은 상대적으로 구분하기 어려운 것으로 나타났다.

연습문제

1 선형변환에 대하여 설명하라.

2 특이값 분해에 대해 정의하고, 특이값 분해를 통해서 얻을 수 있는 장점은 무엇인지 설명하라.

3 요인분석과 주성분분석(PCA)을 비교 설명하라.

4 어느 병원의 x1(의료품질 수준), x2(병원 이미지), x3(서비스 품질수준), x4(의료진의 전문성), x5(최신의료장비 수준), x6(병원의 브랜드 파워) 등에 대한 조사 자료이다.

데이터 ex84.csv

(1) 요인분석(탐색요인분석)을 실시하고 해석하라.

(2) 주성분요인분석을 실시하고 해석하라.

(3) 데이터(ex843.cvs)를 이용하여 탐색요인분석을 실시한 다음, y(병원 인지도)=f('의료품질', '병원이미지 품질') 간의 회귀분석을 실시하고 설명하라.

1 선형변환(linear transformation): 벡터 공간에서 벡터 공간으로 가는 함수로, 그것들 중 벡터 공간의 성질을 보존하는 즉 선형성을 갖는 함수이다. 행렬식과 λ의 고유방정식의 고윳값을 가지면 행렬을 회전시키거나 확대 또는 축소시킨 선형변환을 할 수 있다.

2 특이값 분해(Singular Value Decomposition, SVD): 신호처리와 통계학에서 자주 사용되는 분야로, 데이터를 입력 행렬로 나타내고 이를 3개의 행렬로 돌려주고 이들 행렬 간에 곱하기를 할 수 있고 원래 입력정보로 돌려주는 것을 말한다. 분석자는 특이값 분해 과정에서 차원축소를 통해서 데이터에서 유용한 지식과 정보를 발견할 수 있다.

3 • 요인분석: 자료의 양을 줄여 정보로 요약해주는 방법. 요인분석은 변수들 간에 내재하는 차원을 찾아냄으로써 변수들 간의 구조를 파악하고자 할 때 이용하며 이 방식에서는 자료의 공유분산만을 분석한다. 요인분석은 사전에 요인의 수를 정한다.

• 주성분분석(PCA): 자료의 양을 줄여 정보로 요약해주는 방법. PCA 방식은 정보의 손실을 최소화하면서 보다 적은 수의 요인(components, 속성이 정확한 표현임)을 구하고자 할 때에 주로 이용하는 방법으로, 자료의 총분산을 분석하는 것이다. PCA는 추출할 성분(component) 수를 사전에 정하지 않는다.

4 (1)

```
# 연습문제 8-4-1
# Import required libraries
import pandas as pd
from sklearn.decomposition import FactorAnalysis
import matplotlib.pyplot as plt
df = pd.read_csv('C:/gskim/P4DS/data/ex84.csv')
X = pd.DataFrame(df, columns=['x1','x2','x3','x4','x5','x6']) # name열 불러오기
print(X.head()) # 결과 확인하기
factor = FactorAnalysis(n_components=2).fit(X)
pd.DataFrame(factor.components_)
```

	0	1	2	3	4	5
0	-1.104222	-0.793015	-0.587076	-0.805352	-0.724169	-1.350185
1	1.356798	-0.545341	0.915803	-0.247520	0.903791	-0.290881

결과 설명 행(0,1)은 요인을 나타내고 열(0, 1, 2, 3, 4, 5)은 변수를 나타낸다. 적재치가 높은 것으로 보아 2요인(2행, 1)은 x1, x3, x5 변수로 구성되어 있으며 1요인은 x2, x4, x6 변수와 연관이 높음을 알 수 있다. 변수의 성격에 맞게 요인의 명칭을 부여하면 1요인은 '의료품질', 2요인은 '병원이미지 품질'이라고 명명할 수 있을 것이다. 탐색적 요인분석에 대한 두 번째 방법을 데이터 파일(# 연습문제 8-4-1, 방법2)에 상세하게 서술해놓았다. 여기서 Bartlett's Test, Kaiser-Meyer-Olkin Test, 스크리차트 그리기, 요인명칭 부여 등 다양한 방법을 확인할 수 있다.

(2)

```
# 연습문제 8-4-2
from sklearn.decomposition import PCA
import pandas as pd
from sklearn.preprocessing import StandardScaler
X_ = StandardScaler().fit_transform(X)
from sklearn.decomposition import PCA
pca = PCA(n_components=2)
pc = pca.fit_transform(X_)
pd.DataFrame(pca.components_)
import matplotlib.pyplot as plt
plt.scatter(pc[:,0],pc[:,1])
```

	0	1	2	3	4	5
0	-0.453928	-0.285602	-0.395002	-0.401910	-0.415244	-0.471587
1	-0.397008	0.515171	-0.346495	0.372994	-0.401346	0.395881

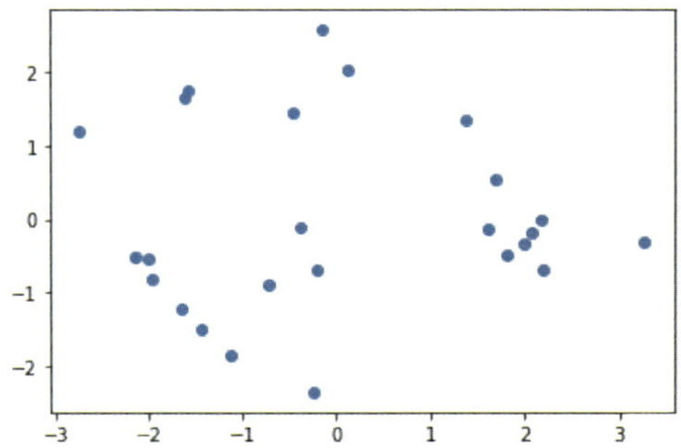

결과 설명 행(0,1)은 요인을 나타내고 열(0, 1, 2, 3, 4, 5)은 변수를 나타낸다. 적재치가 높은 것으로 보아 2요인(2행, 1)은 x1, x3, x5 변수로 구성되어 있으며 1요인은 x2, x4, x6 변수와 연관이 높음을 알 수 있다. 변수의 성격에 맞게 요인의 명칭을 부여하면 1요인은 '의료품질', 2요인은 '병원이미지 품질'이라고 명명할 수 있을 것이다.

(3) 요인분석을 실시한 이후 회귀분석(연습문제 8장.ipynb 파일의 # 연습문제 8-4-3)을 실시한 결과는 다음과 같다.

```
OLS Regression Results
==============================================================================
Dep. Variable:           y_use   R-squared:                       0.298
Model:                     OLS   Adj. R-squared:                  0.234
Method:          Least Squares   F-statistic:                     4.658
Date:          Sun, 16 Aug 2020  Prob (F-statistic):             0.0206
Time:                 09:02:46   Log-Likelihood:                -28.270
No. Observations:           25   AIC:                             62.54
Df Residuals:               22   BIC:                             66.20
Df Model:                    2
Covariance Type:     nonrobust
==============================================================================
                coef    std err        t     P>|t|    [0.025    0.975]
------------------------------------------------------------------------------
Intercept     5.1700      0.654    7.909     0.000     3.814     6.526
의료품질      0.1388      0.055    2.545     0.018     0.026     0.252
병원이미지품질 -0.0128    0.071   -0.181     0.858    -0.160     0.134
==============================================================================
Omnibus:                 2.998   Durbin-Watson:                   2.494
Prob(Omnibus):           0.223   Jarque-Bera (JB):                1.788
Skew:                   -0.641   Prob(JB):                        0.409
Kurtosis:                3.266   Cond. No.                         66.5
==============================================================================
Warnings:
[1] Standard Errors assume that the covariance matrix of the errors is
correctly speci ed.
```

결과 설명 의료품질 요인의 회귀계수(coef)는 0.1388이고, $p(0.018) < \alpha = 0.05$이므로 의료품질 요인은 y(병원인지도)에 유의한 영향을 미치는 것으로 나타났다. 병원이미지품질 요인의 회귀계수(coef)는 −0.0128이며 $p(0.858) > \alpha = 0.05$이므로 y(병원인지도)에 유의한 영향을 미치지 않는 것으로 나타났다.

ch. 9 군집분석

학습목표

- 군집분석의 기본 원리를 이해한다.
- 계층적 군집분석과 비계층적 군집분석을 구분하고 실행한다.
- 각 군집별 평균 차이를 보고 각 군집에 명칭을 부여할 수 있다.

1 군집분석

1-1 군집분석 정의

사물을 관찰하다 보면 다양한 특성을 지닌 개체들을 동질적인 집단으로 분류할 필요성이 생긴다. 그런데 명확한 분류 기준이 있는 경우에는 비교적 쉽게 구분할 수 있으나, 변수가 많거나 분류 기준이 명확하지 않은 경우에는 관찰 대상들을 분류하는 것이 쉬운 일이 아니다.

군집분석(cluster analysis)은 다양한 특성을 지닌 관찰 대상에 대해 유사성을 바탕으로 동질적인 집단으로 분류하는 데 쓰이는 기법이다. 군집분석은 머신러닝의 비지도학습(unsupervised learning)을 따른다. 군집분석은 다른 분석기법들과 달리 미리 군집(집단)수를 정하지 않는다. 비지도학습은 추천상품을 알려주는 기능과 (앞 장에서 학습한 것처럼) 정보를 압축해주는 주성분분석(PCA)과 차원축소에 이용된다. 분석 대상의 데이터셋에 대한 지식이나 정보가 없는 상태에서 미리 분류 레이블을 달지 않고 데이터 분석 기반에 의해서 의미 있는 군을 찾아내는 것이다. 비지도학습에 속하는 군집분석은 단지 전체 대상들에 대한 유사성이나 거리에 의거하여 동질적인 집단으로 분류한다. 군집분석은 시장

세분화 등에 사용된다. 분류 규칙이 불명확하거나 또는 집단의 수를 미리 정하지 않은 경우에는 군집분석이 매우 유용하다.

군집분석은 다음과 같은 여러 가지 목적을 가진다.

- 자료 탐색
- 자료 축소
- 가설 정립
- 군집에 근거한 예측

1-2 군집분석 절차

군집분석은 특성들의 유사성, 즉 특성 자료가 얼마나 비슷한 값을 가지고 있는지를 거리로 환산하여 그 거리가 가까운 대상들을 동일한 집단으로 편입시키게 된다. 요인분석이나 판별분석 등은 자료의 상관관계를 이용하여 유사한 집단끼리 분류하게 되지만, 군집분석은 단지 측정치의 차이를 이용하는 방법이다. 따라서 군집분석에서는 다음과 같은 질문이 중요시된다.

- 어떠한 특성에 대한 측정치의 차이를 비교할 것인가? (변수 선정 문제)
- 어떻게 유사성의 차이를 측정할 것인가? (유사성 측정 방법)
- 어떻게 동질적인 집단으로 묶을 것인가? (군집화 방법)

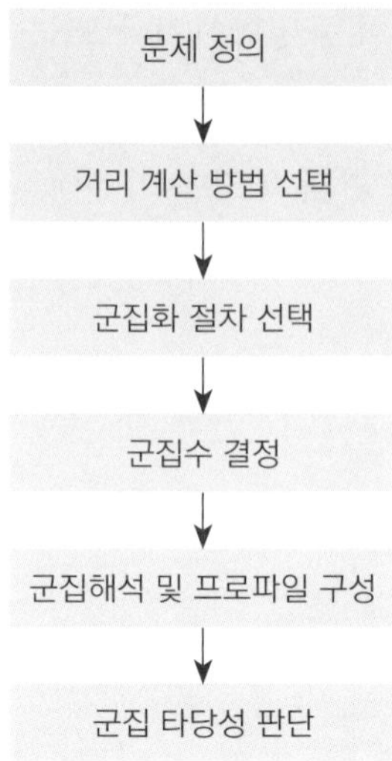

1) 변수 선정

변수 선정은 군집분석에서 가장 중요한 문제이다. 중요한 변수가 빠지거나 불필요한 변수가 추가되면 변수값들의 유사성 평가에 오류를 범하게 된다. 군집분석에서는 회귀분석이나 판별분석과 같이 의미 없는 변수를 제거할 수 있는 방법이 없기 때문에 선정된 변수는 모두가 동일한 비중으로 유사성 평가에 이용된다. 따라서 변수를 잘못 선정하면 엉뚱한 결과가 나타날 수 있다. 또한 군집분석에서는 다른 분석 방법들과는 달리 최종 결과에 대한 통계적 유의성을 검정할 수 있는 방법이 없기 때문에 더욱 문제가 될 수 있다.

2) 유사성 측정 방법

유사성은 각 대상이 지니고 있는 특성에 대한 측정치들을 하나의 거리로 환산하여 측정하게 된다. 거리를 측정하는 방식에는 다음과 같이 세 가지가 있다.

(1) 유클리디안 거리(Euclidean distance)

변수값들의 차이를 제곱하여 합산한 거리, 다차원 공간에서 직선 최단 거리를 말한다. 가장 일반적으로 사용되는 거리 측정 방법이다.

$$d = \sqrt{\sum_{i=1}^{p}(X_{1i} - X_{2i})^2}$$

X_{ji} = 개체 j의 변수 i의 좌표

유클리디안 거리를 사용하다 보면 두 가지 문제가 발생할 수 있다. 첫째, 변수들이 다른 벡터나 다른 척도를 가져 유클리디안 거리의 총합이 큰 경우가 발생할 수 있다. 이 경우는 사전에 한정된 범위를 사용하든지 아니면 데이터를 표준화시켜야 한다. 둘째, 변수간에 상관성이 있을 수 있다. 이런 경우 정보의 중복 문제가 발생할 수 있기 때문에 주성분분석(PCA)과 같은 방법으로 차원을 축소하여 변수를 정리하고 군집분석을 실시해야 한다.

Python을 이용하여 유클리디안 거리를 구하는 연습을 해보자. H와 K라는 두 사람이 있다고 하자. 이들의 특성을 수치로 나타낼 수 있다. 키(cm), 몸무게(kg), 나이(세), 안경 착용 여부(0: 착용 안 함, 1: 착용함) 등의 자료를 이용한다. 자료는 Jupyter 환경에서 다음과 같이 입력할 수 있다.

데이터 ED.ipynb

```
import numpy as np
H = np.array([170, 65, 54, 1])
K = np.array([180, 67, 49, 0])
```

```
D = (H-K)
D = D**2
D = np.sqrt(np.sum(D))
print(D)
11.40175425099138
```

결과 설명 유클리디안 거리를 계산한 결과 11.40을 산출하였다.

또는 sklearn 라이브러리를 사용해서 유클리디안 거리를 구할 수 있다.

데이터 ED.ipynb

```
from sklearn.neighbors import DistanceMetric
dist = DistanceMetric.get_metric('euclidean')
X = [[170, 65, 54, 1],
    [180, 67, 49, 0]]
dist.pairwise(X)
```

```
array([[ 0.        , 11.40175425],
       [11.40175425,  0.        ]])
```

결과 설명 유클리디안 거리를 계산한 결과, 앞에서 Numpy로 구한 값과 동일한 11.40을 산출하였다.

(2) 유클리디안 제곱 거리(Squared Euclidean distance)

유클리디안 거리를 제곱한 거리다.

$$d = \sum_{i=1}^{p} (X_{1i} - X_{2i})^2$$

이번에는 Python을 이용하여 유클리디안 제곱 거리를 구하는 방법을 알아보자.

데이터 SED.ipynb

```
import numpy as np
H = np.array([170, 65, 54, 1])
K = np.array([180, 67, 49, 0])
```

```
D = (H-K)
D = D**2
D = np.sum(D)
print(D)
130
```

결과 설명 유클리디안 거리를 계산한 결과, 130을 산출하였다.

(3) 민코스키 거리(Minkowski distance)

거리를 계산하는 일반식으로서 함수에 포함된 지수들을 조정해줌으로써 앞에서 소개한 거리뿐만 아니라 다양한 방식의 거리를 구할 수 있다.

$$d = \left[\sum_{i=1}^{p} \left| X_{1i} - X_{2i} \right| m \right]^{\frac{1}{m}}$$

민코스키 거리는 절댓값을 사용하는데 특히 m=1일 때 p차원의 두 점 거리는 '도시블록' 거리라고 한다. 그리고 m=2일 때에는 유클리드 거리가 된다. 이 식은 거리를 재는 일반식으로서 m이 자주 여러 가지로 변할 수 있기 때문에 다양한 방식의 거리를 구하는 데에 이용된다. 그런데 실제로 대상을 특정 짓는 변수의 측정 단위는 다른 경우가 대부분이다. 이러한 경우에는 측정 자료를 표준화해서 거리를 측정해야 한다.

이번에는 Python을 이용하여 민코스키 거리를 구하는 방법을 알아보자.

데이터 Minkowski.ipynb

```
from sklearn.neighbors import DistanceMetric
dist = DistanceMetric.get_metric('minkowski')
X = [[170, 65, 54, 1],
  [180, 67, 49, 0]]
dist.pairwise(X)
```

```
array([[ 0.     , 11.40175425],
   [11.40175425, 0.      ]])
```

결과 설명 Python을 이용하여 민코스키 거리 값을 산출하였다.

3) 비계층적 군집분석

비계층적 군집분석은 일반적으로 사용되는 계층적인 군집분석과 달리 군집화 과정이 순차적으로 이루어지지 않는 군집분석 방법을 말한다. 비계층적인 군집화 방법을 실행하기 위해서는 중심을 기준으로 군집의 수와 최초 시작점을 지정하여야 한다. 비계층적인 군집화는 주어진 데이터를 k개의 클러스터로 묶는 알고리즘으로, 각 클러스터와 거리 차이의 분산을 최소화하는 방식으로 동작한다. 일반적으로 비계층적인 군집 방법을 K-평균 군집분석 방법이라고 부른다. 비계층적인 군집화 방법에서 K-평균 군집분석 방법이 가장 많이 사용되고 있기 때문이다. K-평균 군집분석 방법은 군집화의 각 단계가 끝날 때에 발생 오류를 계산해주고, 오류가 발생하지 않는 방향으로 군집화를 계속하는 것이 특징이다.

K-평균 군집분석은 간단하고 쉽게 분석할 수 있어 머신러닝에서 인기가 높다. K-평균 군집분석의 알고리즘은 데이터에 특정 군집수가 몇 개인지에 관심을 두고 작동한다. 분석자는 군집에서 중심을 생각한다. 이 중심을 태양의 중앙처럼 중심점(centroids)이라고 부른다. 각 군집이 중심점을 중심으로 동질적으로 묶이는지, 아니면 서로 다르게 묶이는지를 보는 것이 K-평균 군집분석에서 얻을 수 있는 정보라고 할 수 있다.

4) 계층적 군집화 방법

대상을 군집화하는 방법에는 알고리즘이 다양하게 있어 여러 가지가 소개되고 있다. 이 방법을 크게 두 가지로 나누어보면 계층적 군집화 방법과 비계층적 군집화 방법이 있다. 계층적 방법은 데이터의 각 점의 거리 및 근접성에 의한 연결에 관심을 두고 군집화를 하는 것이다. 반면에 비계층적인 방법은 중심점에 집중하여 군집분석을 하는 것이다.

계층적 방법에서 군집화 과정은 가까운 대상끼리 순차적으로 묶어가는 AHM(Agglomerative Hierarchical Method)과 전체 대상을 하나의 군집으로 출발하여 개체들을 분할해나가는 DHM(Devisive Hierarchical Method)이 있다. 여기에서는 AHM 방식만을 세 가지 소개하겠다.

(1) 단일 기준 결합 방식(single linkage, nearest neighbor)

어느 한 군집에 속해 있는 개체와 다른 군집에 속해 있는 개체 사이의 거리가 가장 가까운 경우에 두 군집이 새로운 하나의 군집으로 이루어지는 방식을 의미한다. 거리가 가장 가깝다는 것은 가장 유사하다는 것을 의미한다.

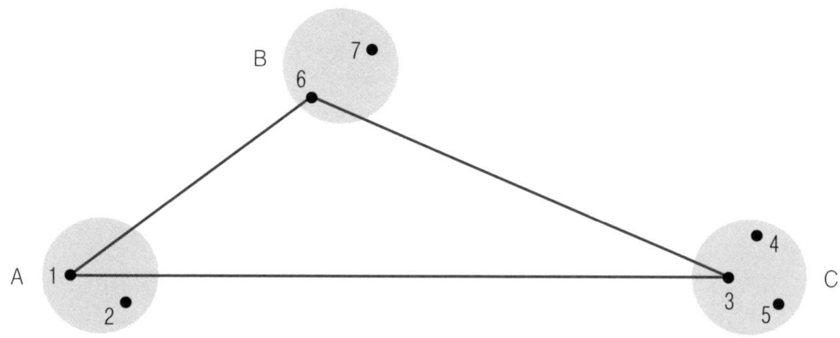

위의 그림에서 대상 1과 6이 가장 가깝기 때문에 군집 A와 군집 B는 새로운 군집을 만들게 된다.

(2) 완전 기준 결합 방식(complete linkage, furthest neighbor)

완전 기준 결합 방식은 각 단계마다 한 군집에 속해 있는 대상과 다른 군집에 속해 있는 대상 사이의 유사성이 최대 거리로 정해진다는 것이다. 따라서 앞의 단일 기준 결합 방식에서 유사성이 최소 거리로 정해지는 것과 대조를 보인다.

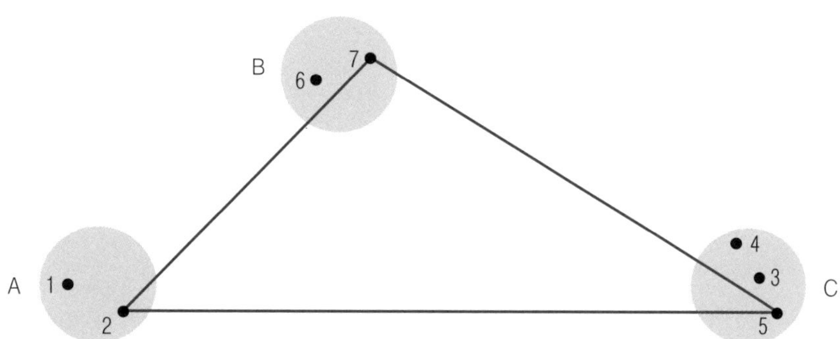

(3) 평균 기준 결합 방식(average linkage)

평균 기준 결합 방식은 한 군집 안에 속해 있는 모든 대상과 다른 군집에 속해 있는 모든 대상의 쌍집합에 대한 거리를 평균적으로 계산한다. 이러한 특성만 제외하고는 앞에서 설명한 결합 방식과 비슷하다. 즉, 제1단계로 거리 행렬에서 가까운 거리에 있는(유사한) 두 대상, 예를 들어 A와 B를 선발하여 한 군집(AB)에 편입시킨다.

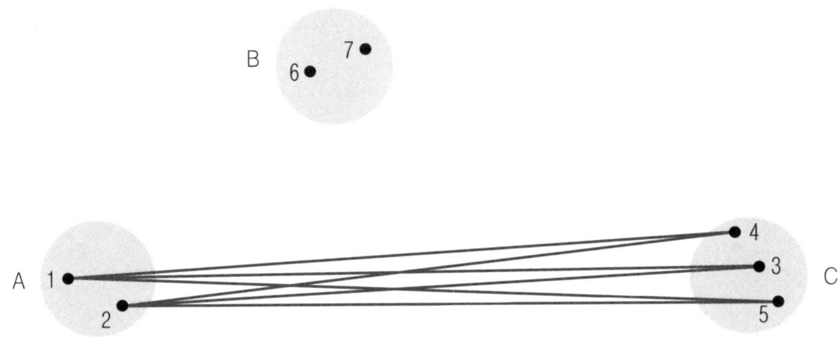

이어서 그 군집(AB)과 다른 군집(K) 사이의 거리를 다음 식으로 계산한다.

$$d_{(AB)K} = \sum_i \sum_j d_{ij} / N_{(AB)} N_K$$

ij는 군집(AB)의 개체 i와 군집(K)의 개체 j 사이의 거리를 의미하며, N(AB)과 NK는 각각 군집(AB)과 군집(K)에 포함된 개체들의 수를 의미한다.

2 비계층적 군집분석(K-means)

예제

Cable은 유선 채널 방송 서비스를 제공하고 있는 회사다. 이곳에서 고객 성향에 근거하여 고객들을 군집하려 하고 있다. 조사는 고객 설문을 통해서 이루어졌다. 저장 데이터는 ch9.csv이다.

응답번호(ID:)

	적극 동의 안 함			보통			적극 동의함
(x1) TV시청에 흥미 있음	①	②	③	④	⑤	⑥	⑦
(x2) 월 TV시청료가 비싸고 TV는 도움이 안 됨	①	②	③	④	⑤	⑥	⑦
(x3) TV시청을 하면서 교양수준이 좋아졌음	①	②	③	④	⑤	⑥	⑦
(x4) TV시청 시 양질 콘텐츠를 구입할 의사가 있음	①	②	③	④	⑤	⑥	⑦
(x5) TV시청에 관심이 없음	①	②	③	④	⑤	⑥	⑦
(x6) TV프로그램을 신중하게 선별하는 편임	①	②	③	④	⑤	⑥	⑦

x1	x2	x3	x4	x5	x6
6	4	7	3	2	3
2	3	1	4	5	4
7	2	6	4	1	3
4	6	4	5	3	6
1	3	2	2	6	4
6	4	6	3	3	4
5	3	6	3	3	4
7	3	7	4	1	4
2	4	3	3	6	3
3	5	3	6	4	6

1단계: 다음과 같이 ch9.csv 데이터를 로딩한다.

데이터 kmeans.ipynb

```
import numpy as np
import pandas as pd
from matplotlib import pyplot as plt
from sklearn.datasets.samples_generator import make_blobs
from sklearn.cluster import KMeans
%matplotlib inline
# 데이터 불러오기
X = pd.read_csv('C:/gskim/P4DS/data/ch9.csv')
X.columns=["x1", "x2","x3","x4","x5","x6"]
X.head() # 상단의 5개의 데이터 확인하기
```

	x1	x2	x3	x4	x5	x6
0	6	4	7	3	2	3
1	2	3	1	4	5	4
2	7	2	6	4	1	3
3	4	6	4	5	3	6
4	1	3	2	2	6	4

결과 설명 각 변수 x1부터 x6까지 데이터 파일의 앞부분 5명에 대한 데이터가 나타나 있다.

2단계: 조사한 표본 데이터를 시각화하기 위해서 다음과 같이 작업한다.

데이터 kmeans.ipynb

```
X, y = make_blobs(n_samples=10, centers=3, cluster_std=0.60, random_
state=0)
plt.scatter(X[:,0], X[:,1])
```

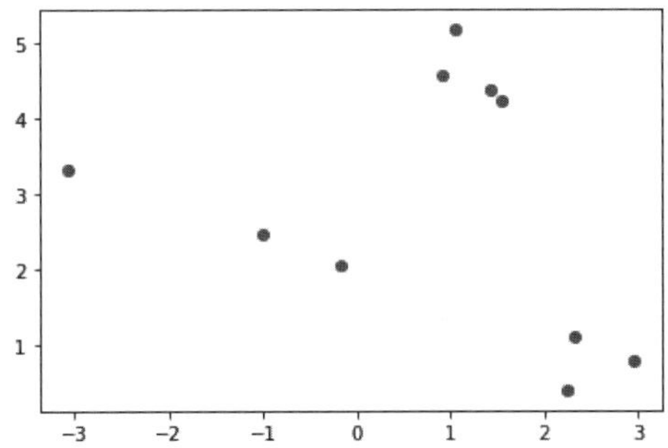

결과 설명 조사한 표본 10명에 대한 좌표가 나타나 있다.

3단계: 팔꿈치 방법(elbow method)에 의해 군집수를 정하기 위해서 시각화 작업을 한다.

데이터 kmeans.ipynb

```
wcss = []
for i in range(1, 11):
    kmeans = KMeans(n_clusters=i, init='k-means++', max_iter=300, n_init=10,
random_state=0)
   kmeans.fit(X)
   wcss.append(kmeans.inertia_)
plt.plot(range(1, 11), wcss)
plt.title('Elbow Method')
plt.xlabel('Number of clusters')
plt.ylabel('WCSS')
plt.show()
```

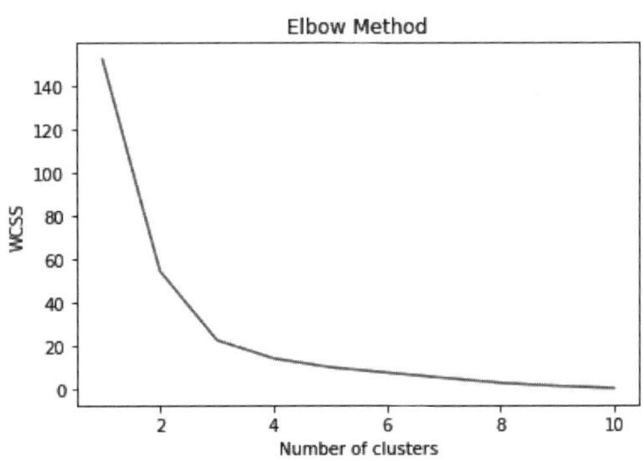

결과 설명 팔꿈치 방법은 데이터 기반 모델의 매개변수 수를 나누기 위해 자주 사용되는 휴리스틱(heuristic) 방법이다. 팔꿈치 방법에서 볼 수 있는 것과 같이 20개 미만의 표본에는 3개 정도의 표본수를 결정하는 것이 적당하다. 팔꿈치가 군집수 3개인 지점에서 그래프가 급격히 꺾이기 때문이다.

4단계: 비계층적 군집분석(K-means)을 수행한 결과를 시각화하기 위해서 다음과 같이 작업한다.

데이터 kmeans.ipynb

```
kmeans = KMeans(n_clusters=3, init='k-means++', max_iter=300, n_init=10,
random_state=0)
pred_y = kmeans.fit_predict(X)
plt.scatter(X[:,0], X[:,1])
plt.scatter(kmeans.cluster_centers_[:, 0], kmeans.cluster_centers_[:, 1],
s=300, c='red')
plt.show()
```

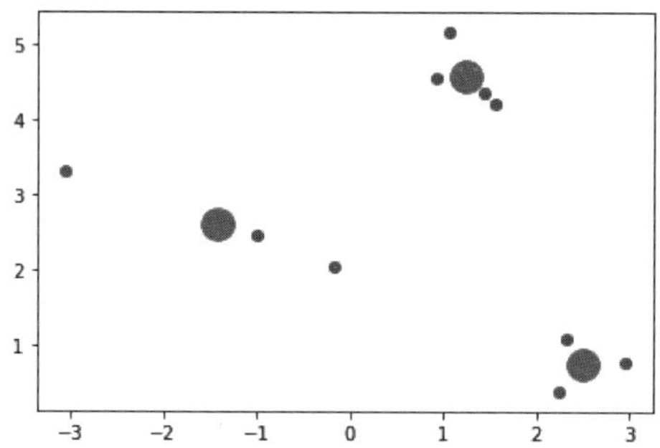

* 인쇄상 제약으로 실제 결과의 색을 반영하지 못했음.

결과 설명 큰 동그라미는 군집을 나타내며, 군집 주변에 작은 점은 군집을 구성하는 고객을 의미한다.

5단계: 각 고객이 어느 군에 속하는지 알아보기 위해 다음과 같이 작업한다.

데이터 kmeans.ipynb

```
Kx =kmeans.cluster_centers_[:, 0]
Kx_mapping = {case:cluster for case,
              cluster in enumerate(kmeans.labels_)}
print(Kx_mapping)
```

```
{0: 0, 1: 0, 2: 1, 3: 0, 4: 2, 5: 2, 6: 2, 7: 1, 8: 1, 9: 0}
```

결과 설명 첫 번째(0:2) 내용은 1번 고객(0의 값을 가짐)이 3번 집단(결과에서 2로 나타남)에 분류됨을 알 수 있다. 마지막 10번 고객(9의 값을 가짐)은 3번 군집에 속함을 알 수 있다(9:2). 그룹별로 정리해서 나타내면 다음과 같다.

- 1그룹(뒷자리에 2의 숫자 부여): 4, 5, 6
- 2그룹(뒷자리에 1의 숫자 부여): 2, 7, 8
- 3그룹(뒷자리에 0의 숫자 부여): 0, 1, 3, 9

분석자는 변수별 평균 비교를 통해서 군집의 특성을 확인할 수 있다. 이에 관한 내용은 다음 절에서 살펴보자.

3 계층적 군집분석

2절 비계층적 군집분석에서 다룬 예제를 가지고 계층적 군집분석을 실시해보자.

1단계: 다음과 같이 ch9.csv 데이터를 로딩한다.

데이터 Hcluster.ipynb

```
import numpy as np
import pandas as pd
from matplotlib import pyplot as plt
from sklearn.datasets.samples_generator import make_blobs
import scipy.cluster.hierarchy as sch
%matplotlib inline
# loading data
X = pd.read_csv('C:/gskim/P4DS/data/ch9.csv')
X.columns=["x1", "x2","x3","x4","x5","x6"]
X.head() # confirm data
```

	x1	x2	x3	x4	x5	x6
0	6	4	7	3	2	3
1	2	3	1	4	5	4
2	7	2	6	4	1	3
3	4	6	4	5	3	6
4	1	3	2	2	6	4

결과 설명 데이터셋 5행까지의 자료와 변수가 나타나 있다.

2단계: 군집분석 작업을 원활하게 하기 위해서 조사 데이터를 공간에 표시해보자.

데이터 Hcluster.ipynb

```
# create blobs
data = make_blobs(n_samples=10, n_features=2, centers=4, cluster_std=1.6,
random_state=50)
# create np array for data points
points = data[0]
# create scatter plot
plt.scatter(data[0][:,0], data[0][:,1], c=data[1], cmap='viridis')
plt.xlim(-15,15)
plt.ylim(-15,15)
```

(-15, 15)

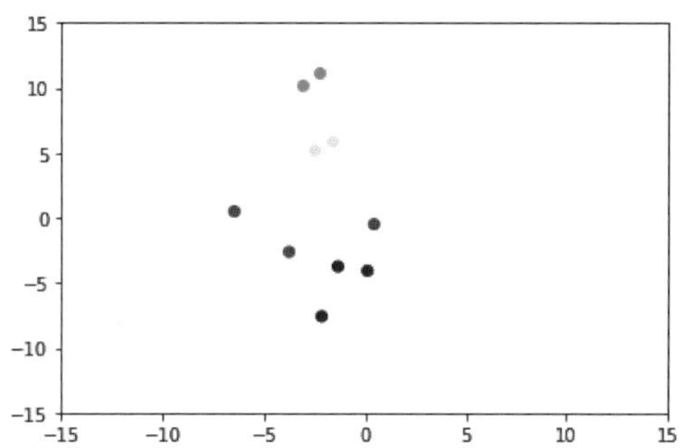

* 인쇄상 제약으로 실제 결과의 색을 반영하지 못했음.

결과 설명 x축과 y축을 중심으로 데이터셋의 10개 점들이 표시되어 있다.

3단계: 계층적인 군집분석을 실시하기 위해서 다음과 같이 입력한다.

데이터 Hcluster.ipynb

```
from sklearn.cluster import AgglomerativeClustering
Hclustering = AgglomerativeClustering(n_clusters=3,
                                      affinity='euclidean',
                                      linkage='ward')
Hclustering.fit(X)
```

```
AgglomerativeClustering(affinity='euclidean', compute_full_tree='auto',
                        connectivity=None, distance_threshold=None,
                        linkage='ward', memory=None, n_clusters=3,
                        pooling_func='deprecated')
```

결과 설명 계층적인 군집분석을 위한 기본 코드가 나타나 있다.

4단계: 군집분석 결과에 대한 내용을 살펴보기 위해서 다음을 실행한다.

데이터 Hcluster.ipynb

```
# cluster analysis
H_mapping = {case: cluster for case,
            cluster in enumerate(Hclustering.labels_)}
print(H_mapping)
```

```
{0: 0, 1: 1, 2: 0, 3: 2, 4: 1, 5: 0, 6: 0, 7: 0, 8: 1, 9: 2}
```

결과 설명 비계층적 군집분석 결과에서도 밝혔지만, Python의 결과 출력을 보면 첫 번째 {0:0}은 첫 번째 고객(0)이 1군집(여기서는 0으로 표시됨)에 묶이는 것을 보여준다. 따라서 계층적인 군집분석 결과 군집 1(0, 2, 5, 6, 7)에서 보면 x1(TV시청에 흥미 있음)과 x3(TV시청을 하면서 교양수준이 좋아졌음)은 각각 평균 6.20, 6.40으로 높은 편이고, x5(TV시청에 관심이 없음)는 평균 2.00으로 낮게 평가되고 있다. 그러므로 군집 1은 'TV시청 선호군(群)'이라고 할 수 있다.

군집 2(1, 4, 8)를 보면 x1(TV시청에 흥미 있음)과 x3(TV시청을 하면서 교양수준이 좋아졌음)은 낮은 평균 점수를 보이고 x5(TV시청에 관심이 없음)는 높은 점수를 보여 'TV시청에 냉담한 시청자군'으로 명칭을 붙일 수 있다.

군집 3(3, 9)은 x2(월 TV시청료가 비싸고 TV는 도움이 안 됨), x4(TV시청 시 양질 콘텐츠를 구입할 의사가 있음), x6(TV프로그램을 신중하게 선별하는 편임)의 변수가 높은 평균 점수를 보여 '신중한 고객군'으로 명명할 수 있다.

5단계: 앞의 군집분석 결과를 덴드로그램으로 나타내기 위해 다음과 같이 입력한다.

데이터 Hcluster.ipynb

```
# draw dendrogram
dendrogram = sch.dendrogram(sch.linkage(X, method='ward'))
```

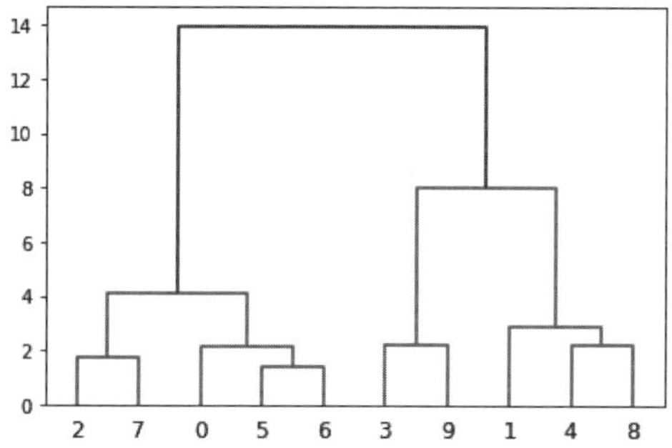

결과 설명 y축에는 군집 수, x축에는 해당 고객번호가 나타나 있다.

6단계: 세 군집별로 좌표에 나타내기 위해 다음과 같이 작성한다.

데이터 Hcluster.ipynb

```
# create clusters
hc = AgglomerativeClustering(n_clusters=3, affinity = 'euclidean', linkage
= 'ward')
# save clusters for chart
y_hc = hc.fit_predict(points)
plt.scatter(points[y_hc ==0,0], points[y_hc == 0,1], s=100, c='red')
plt.scatter(points[y_hc==1,0], points[y_hc == 1,1], s=100, c='black')
plt.scatter(points[y_hc ==2,0], points[y_hc == 2,1], s=100, c='blue')
```

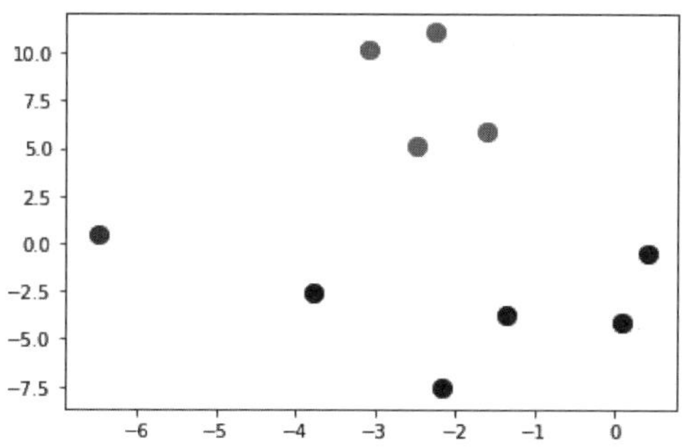

* 인쇄상 제약으로 실제 결과의 색을 반영하지 못했음.

결과 설명 군집별로 다른 색깔이 나타난다. 1그룹은 붉은색, 2그룹은 검정색, 3그룹은 파란색으로 표시된다.

연습문제

1 K-means 방법과 계층적 군집분석의 차이점은 무엇인가?

2 다음은 키, 몸무게, 가슴둘레, 나이에 대한 정보이다. sklearn 라이브러리를 사용해서 유클리디안 거리를 계산하라.

p1 = [178, 71, 72, 29]
p2 = [166, 65, 60, 30]

3 제품 및 서비스 구매 관련 고객 조사 자료이다(데이터 ex93.csv). 응답자들은 해당 문항에 대하여 7점 척도(1. 매우 동의하지 않음, 3. 보통임, 7점. 매우 동의함)로 답하였다.

v1. 제품 및 서비스 구매 시 윤리적인 제품을 구매하는 것은 중요하다.
v2. 제품과 서비스 품질을 고려하여 구매한다.
v3. 근로자의 노동 가치를 인정하는 기업의 제품과 서비스를 구매한다.
v4. 사회적 책임을 다하는 기업인지도를 고민한다.
v5. 안전을 생각하면서 제품과 서비스를 구매한다.
v6. 가성비를 생각하면서 제품과 서비스를 구매한다.

(1) 비계층적인 군집분석을 실시하고 결과를 해석하라.

(2) 계층적인 군집분석을 실시하고 결과를 해석하라.

1 'K-means'는 '비계층적인 군집분석'으로 중심점(centroids)에 집중하여 군집분석을 하는 방법이다. 주어진 데이터를 k개의 클러스터로 묶는 방식과 거리 차이의 분산을 최소화하는 방식으로 동작한다. 반면 '계층적인 군집분석'은 데이터의 각 점의 거리 및 근접성에 의한 연결에 관심을 두고 군집화하는 방법이다.

2

```
# 연습문제 9-2
from sklearn.neighbors import DistanceMetric
dist = DistanceMetric.get_metric('euclidean')
P = [[178, 71, 72, 29],
     [166, 65, 60, 30]]
dist.pairwise(P)
```

```
array([[ 0.        , 18.02775638],
       [18.02775638,  0.        ]])
```

3 (1)

```
# 연습문제 9-3-1
import numpy as np
import pandas as pd
from matplotlib import pyplot as plt
from sklearn.datasets.samples_generator import make_blobs
from sklearn.cluster import KMeans
%matplotlib inline
# 데이터 불러오기
X = pd.read_csv('C:/gskim/P4DS/data/ex93.csv')
X.columns=["v1", "v2","v3", "v4", "v5","v6"]
X.head() # 상단의 5개의 데이터 확인하기
```

```
# 연습문제 9-3-1
X, y = make_blobs(n_samples=30, centers=3, cluster_std=0.60, random_
state=0)
plt.scatter(X[:,0], X[:,1])
wcss = []
for i in range(1, 11):
    kmeans = KMeans(n_clusters=i, init='k-means++', max_iter=300, n_
init=10, random_state=0)
    kmeans.fit(X)
    wcss.append(kmeans.inertia_)
plt.plot(range(1, 11), wcss)
plt.title('Elbow Method')
plt.xlabel('Number of clusters')
plt.ylabel('WCSS')
plt.show()
kmeans = KMeans(n_clusters=3, init='k-means++', max_iter=300, n_init=10,
random_state=0)
pred_y = kmeans.fit_predict(X)
plt.scatter(X[:,0], X[:,1])
plt.scatter(kmeans.cluster_centers_[:, 0], kmeans.cluster_centers_[:,
1], s=300, c='red')
plt.show()
Kx =kmeans.cluster_centers_[:, 0]
Kx_mapping = {case:cluster for case,
              cluster in enumerate(kmeans.labels_)}
print(Kx_mapping)
```

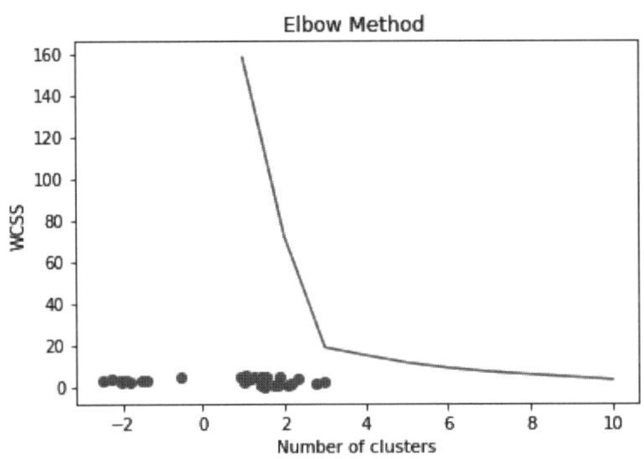

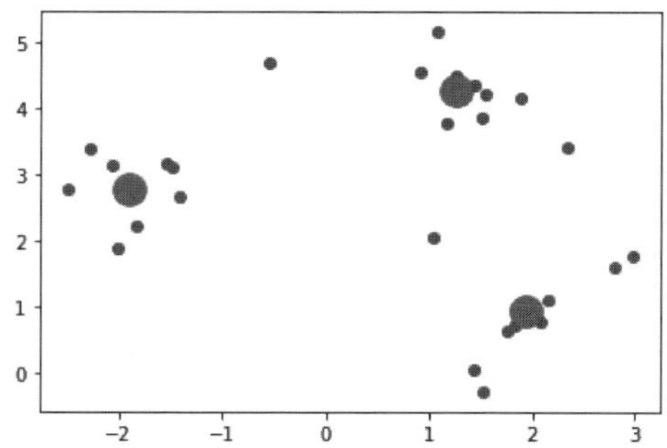

* 인쇄상 제약으로 실제 결과의 색을 반영하지 못했음.

{0: 2, 1: 0, 2: 0, 3: 0, 4: 1, 5: 2, 6: 1, 7: 0, 8: 1, 9: 0, 10: 0, 11: 0, 12: 0, 13: 1, 14: 2, 15: 2, 16: 1, 17: 2, 18: 0, 19: 2, 20: 1, 21: 1, 22: 2, 23: 2, 24: 2, 25: 1, 26: 1, 27: 1, 28: 0, 29: 2}

1그룹(0): 1, 2, 3, 7, 9, 10, 11, 12, 18,
2그룹(1): 4, 6, 8, 13, 16, 20, 21, 25, 26, 27
3그룹(2): 5, 14, 15, 17, 19, 22, 23, 24, 29

(2)

```
# 연습문제 9-3-2
import numpy as np
import pandas as pd
from matplotlib import pyplot as plt
from sklearn.datasets.samples_generator import make_blobs
import scipy.cluster.hierarchy as sch
%matplotlib inline
# loading data
X = pd.read_csv('C:/gskim/P4DS/data/ex93.csv')
X.columns=["v1", "v2","v3", "v4", "v5","v6"]
X.head() # confirm data
# create blobs
data = make_blobs(n_samples=30, n_features=2, centers=4, cluster_
std=1.6, random_state=50)
# create np array for data points
points = data[0]
```

```
# create scatter plot
plt.scatter(data[0][:,0], data[0][:,1], c=data[1], cmap='viridis')
plt.xlim(-15,15)
plt.ylim(-15,15)
from sklearn.cluster import AgglomerativeClustering
Hclustering = AgglomerativeClustering(n_clusters=3,
                affinity='euclidean',
                linkage='ward')
Hclustering.fit(X)
# cluster analysis
H_mapping = {case: cluster for case,
     cluster in enumerate(Hclustering.labels_)}
print(H_mapping)
# draw dendrogram
dendrogram = sch.dendrogram(sch.linkage(X, method='ward'))
# create clusters
hc = AgglomerativeClustering(n_clusters=3, affinity = 'euclidean',
linkage = 'ward')
# save clusters for chart
y_hc = hc.fit_predict(points)
plt.scatter(points[y_hc ==0,0], points[y_hc == 0,1], s=100, c='red')
plt.scatter(points[y_hc==1,0], points[y_hc == 1,1], s=100, c='black')
plt.scatter(points[y_hc ==2,0], points[y_hc == 2,1], s=100, c='blue')
```

{0: 1, 1: 2, 2: 1, 3: 0, 4: 2, 5: 1, 6: 1, 7: 1, 8: 2, 9: 0, 10: 1, 11: 2, 12: 1, 13: 0, 14: 2, 15: 1, 16: 1, 17: 1, 18: 2, 19: 0, 20: 2, 21: 1, 22: 2, 23: 0, 24: 1, 25: 0, 26: 1, 27: 0, 28: 0, 29: 2}

1그룹(0): 3, 9, 13, 19. 23, 25, 27, 28
2그룹(1): 0, 2, 5, 6, 7, 10, 12, 15, 16, 17, 21, 24, 26
3그룹(2): 1, 4, 8, 11, 14, 18, 20, 22, 29

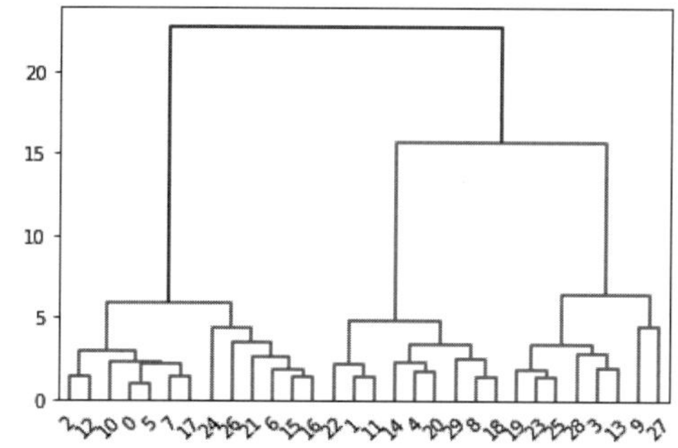

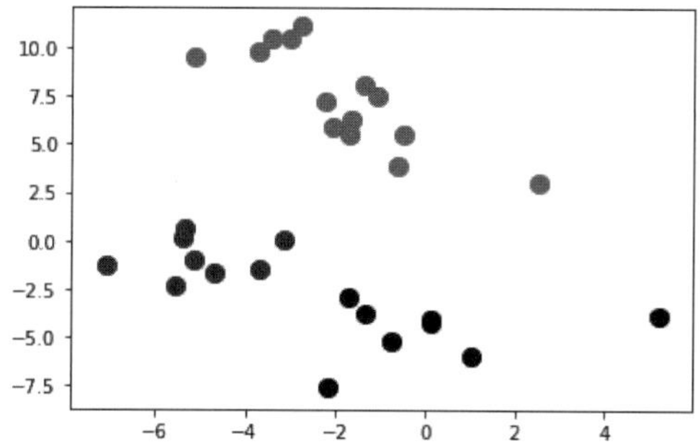

* 인쇄상 제약으로 실제 결과의 색을 반영하지 못했음.

각 군집별 변수에 해당하는 기술통계량을 계산한 다음 변수명의 특성을 고려한 결과, 1군집은 윤리적인 소비자군, 2군집은 안전고려 소비자군, 3군집은 실용적인 소비자군으로 명명할 수 있다.

part

03

고급편

ch. 10 머신러닝

학습목표

- 머신러닝의 기본 개념을 이해한다.
- 머신러닝 분석을 위한 알고리즘의 종류를 확인한다.
- 손글씨 분류 예제를 다룰 수 있다.
- 회귀분석 예제를 다뤄보고 다양한 모델 평가 방법을 이해한다.

1 머신러닝과 서포트 벡터 머신

과학기술 분야에서 클라우드 컴퓨팅(cloud computing), 센서(sensor), 빅데이터(bigdata), 머신러닝(machine learning), 인공지능(artificial intelligence), 혼합현실(mixed reality), 로봇(robot) 등은 미래의 먹거리라 할 수 있다. 이들의 조합은 사회경제적으로 큰 변화를 가져올 것이다.

본서에서는 머신러닝에 대하여 간단하게 설명하기로 한다. 머신러닝은 인공지능의 토대가 되는 것으로 다양한 데이터 분석을 통한 '예측'에 목표를 둔다. 따라서 머신러닝은 수집된 데이터를 분할하여 학습용으로 모델을 개발하고, 테스트용으로는 모델을 검증하여 모델의 예측력을 높이는 데 사용된다. 머신러닝의 실용적인 가치는 거대하고 다양하다. 제조업에서는 머신러닝을 통해서 유지보수 시점을 찾아낼 수 있고 고객에게 새로운 가치를 창출하는 방법을 탐색할 수도 있다. 서비스업에서는 방대한 데이터를 토대로 생각지도 못한 환경 변화, 고객의 요구 변화 등에 대응하는 혜안을 찾아낼 수 있다.

데이터 과학자들은 머신러닝 기법으로 서포트 벡터 머신(Support Vector Machine, SVM)을 이용한다. 서포트 벡터 머신은 복잡하고 강력한 머신러닝으로 알려져 있다. 서포트 벡터 머신은 1990년에 AT&T 실험실에서 블라드미르 베프닉(Vladmir Vapnik)과 동료에 의해서 개발되었다.

sckit-learn 라이브러리에서는 분류와 회귀분석을 위한 지도학습(supervised learning) 중심의 서포트 벡터 머신을 제공한다. 일반적으로 학습은 지도학습과 비지도학습(supervised learning)으로 나눈다. 지도학습은 정답 레이블이 붙은 데이터를 이용하여 머신러닝이 작동하여 학습하고 모델을 만들어내는 것이다. 반면에 비지도학습은 정답 레이블이 붙지 않은 데이터를 이용하여 모델을 개발하는 것이다. 비지도학습의 대표적 예로 주성분분석(Principal Components Analysis, PCA)을 들 수 있다. 분석자는 sckit-learn 라이브러리를 이용하여 다음과 같은 데이터 분석을 할 수 있다.

- 분류, 회귀분석, 탐지
- 데이터 이상치 발견, 모델 과적합 발견으로 좋은 예측모델 생성
- 많은 변수와 10,000회 이상의 학습을 신속하게 진행
- 자동적으로 데이터 이상치 탐지

2 분류

여기서는 sckit-learn 라이브러리에서 제공하는 digits 데이터 세트를 이용하여 머신러닝을 통해 손글씨로 인식하고 분류하는 방법을 알아보기로 한다. digits 데이터 세트는 0부터 9까지 손글씨가 8×8 픽셀의 흑백 이미지로 저장되어 있다. 이런 분류 방법을 연습하다 보면 머신러닝이 얼마나 강력한 방법인지를 이해하고, 이를 응용하여 다른 부분에 어떻게 적용할 것인지 생각해볼 수 있을 것이다.

1단계: 먼저 데이터를 로딩하도록 하자.

데이터 svm.ipynb

```
import pandas as pd
from sklearn import datasets
from sklearn import model_selection
from sklearn import metrics
import matplotlib.pyplot as plt
%matplotlib inline
# Data set loading
digits = datasets.load_digits()
```

2단계: 손글씨 숫자를 그림으로 나타내기 위해서 다음과 같이 입력하고 실행한다. 그러면 데이터로부터 10개의 손글씨 이미지를 얻을 수 있다.

데이터 svm.ipynb

```
# Display the first ten number as an example of the data
for k,img in enumerate(range(10)):
    plt.subplot(2, 5, k+1)
    plt.imshow(digits.images[img],
               cmap='binary',
               interpolation='none')
plt.show()
```

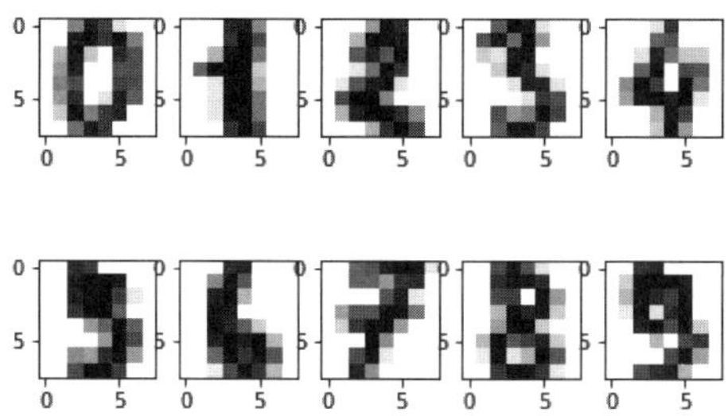

3단계: 본격적으로 머신러닝 모델링을 위해서 데이터를 준비해보자. 데이터의 기본 정보를 알아보기 위해서 아래와 같이 입력하면 해당 정보를 얻을 수 있다.

데이터 svm.ipynb

```
# Data preparation
X=pd.DataFrame(digits.data)
y=pd.Series(digits.target, name='Actual')

# Information of data
X.dtypes
X.info()
X.describe()
X.nunique()
```

```
<class 'pandas.core.frame.DataFrame'>
RangeIndex: 1797 entries, 0 to 1796
Data columns (total 64 columns):
0   1797 non-null float64
1   1797 non-null float64
2   1797 non-null float64
3   1797 non-null float64
4   1797 non-null float64
5   1797 non-null float64
6   1797 non-null float64
7   1797 non-null float64
8   1797 non-null float64
9   1797 non-null float64
10  1797 non-null float64
11  1797 non-null float64
12  1797 non-null float64
13  1797 non-null float64
14  1797 non-null float64
15  1797 non-null float64
16  1797 non-null float64
17  1797 non-null float64
18  1797 non-null float64
19  1797 non-null float64
20  1797 non-null float64
21  1797 non-null float64
22  1797 non-null float64
23  1797 non-null float64
24  1797 non-null float64
25  1797 non-null float64
26  1797 non-null float64
27  1797 non-null float64
28  1797 non-null float64
29  1797 non-null float64
30  1797 non-null float64
31  1797 non-null float64
32  1797 non-null float64
33  1797 non-null float64
34  1797 non-null float64
35  1797 non-null float64
36  1797 non-null float64
37  1797 non-null float64
38  1797 non-null float64
39  1797 non-null float64
40  1797 non-null float64
41  1797 non-null float64
42  1797 non-null float64
43  1797 non-null float64
44  1797 non-null float64
45  1797 non-null float64
46  1797 non-null float64
47  1797 non-null float64
48  1797 non-null float64
49  1797 non-null float64
50  1797 non-null float64
51  1797 non-null float64
```

```
52  1797 non-null float64
53  1797 non-null float64
54  1797 non-null float64
55  1797 non-null float64
56  1797 non-null float64
57  1797 non-null float64
58  1797 non-null float64
59  1797 non-null float64
60  1797 non-null float64
61  1797 non-null float64
62  1797 non-null float64
63  1797 non-null float64
dtypes: float64(64)
memory usage: 898.6 KB

0  1
1  9
2  17
3  17
4  17
   ..
59  17
60  17
61  17
62  17
63  17
Length: 64, dtype: int64
```

4단계: 데이터를 4개의 세트로 구분한다. 학습용은 X_tr과 y_tr로 하고, 테스트용은 X_t와 y_t로 명명한다. 학습용은 데이터의 70%, 테스트용은 30%를 배정하기로 한다. 통상적으로 전체 데이터의 20~30%를 테스트용으로 배정한다.

데이터 svm.ipynb

```
# preperation of train, test data set
X_tr, X_t, y_tr, y_t = model_selection.train_test_split(X, y, test_
size=0.30,
random_state=0)
```

5단계: sklearn에서 제공하는 로지스틱 회귀분석을 실시하기 위해 다음과 같이 입력한다. 또한 모델 적합도와 모델에 의한 예측 정도를 알아보기 위해 다음과 같은 명령어도 입력한다.

데이터 svm.ipynb

```
# Model selection of analysis
from sklearn.linear_model import LogisticRegression
clf = LogisticRegression(solver='liblinear', multi_class='auto')
# Model fitness
clf.fit(X_tr, y_tr)
# Forecasting depend on model
y_pred = clf.predict(X_t)
```

6단계: 분류의 정확성과 혼동행렬을 확인하기 위해서 다음과 같이 입력한다.

```
# Model Identification
print("{} Result of Classification : \n{}\n".format(clf,metrics.
classification_report(y_t, y_pred)))
print("Accuracy:\n{}".format(metrics.accuracy_score(y_t, y_pred)))
print("Confusion matrix:\n{}".format(metrics.confusion_matrix(y_t, y_
pred)))
print("Accuracy:\n{}".format(metrics.accuracy_score(y_t, y_pred)))
print("Confusion matrix:\n{}".format(metrics.confusion_matrix(y_t, y_
pred)))
```

```
LogisticRegression(C=1.0, class_weight=None, dual=False, fit_intercept=True,
                   intercept_scaling=1, l1_ratio=None, max_iter=100,
                   multi_class='auto', n_jobs=None, penalty='l2',
                   random_state=None, solver='liblinear', tol=0.0001, verbose=0,
                   warm_start=False) Result of Classification :
```

```
              precision    recall  f1-score   support

           0       1.00      1.00      1.00        45
           1       0.89      0.90      0.90        52
           2       0.96      0.96      0.96        53
           3       0.93      0.96      0.95        54
           4       0.98      1.00      0.99        48
           5       0.98      0.96      0.97        57
           6       0.95      0.98      0.97        60
           7       1.00      0.94      0.97        53
           8       0.92      0.90      0.91        61
           9       0.95      0.93      0.94        57

    accuracy                           0.95       540
   macro avg       0.96      0.96      0.96       540
weighted avg       0.95      0.95      0.95       540
```

결과 설명 손글씨에 대한 정밀도(precision), 재현율(recall), F값(f1-score), support(지지횟수), 정확도(accuracy)가 나와 있다. 모든 지표가 0.9 이상으로 높기 때문에 모델의 성능이 우수하다고 할 수 있다. 보다 정확한 해석 방법을 알고 싶다면 '7장 로지스틱 회귀분석' 부분을 참고하면 된다.

```
Accuracy:
0.9537037037037037
Confusion matrix:

          예측결과
  [[45  0  0  0  0  0  0  0  0  0]
   [ 0 47  0  0  0  0  2  0  3  0]
   [ 0  0 51  2  0  0  0  0  0  0]
실 [ 0  0  1 52  0  0  0  0  0  1]
제 [ 0  0  0  0 48  0  0  0  0  0]
결 [ 0  1  0  0  0 55  1  0  0  0]
과 [ 0  1  0  0  0  0 59  0  0  0]
   [ 0  1  0  1  1  0  0 50  0  0]
   [ 0  3  1  0  0  0  0  0 55  2]
   [ 0  0  0  1  0  1  0  0  2 53]]
```

결과 설명 평가 결과에 대한 적합도를 알아보기 위해서 혼동행렬(confusion matrix)도 산출하였다. 혼동행렬은 10개로 분류된 결과를 10×10 행렬로 정리한 것이다. 혼동행렬에서 대각선 x_{ij}는 맞춘 개수를 나타내고, 그 이외의 성분은 다른 클래스로 오판하여 틀린 개수를 말한다. 여기서는 오판 개수가 3개 이하로 매우 낮음을 알 수 있다.

7단계: 분석 결과를 시각화하기 위해서 다음과 같이 입력한다.

```
# visualization
import seaborn as sns
df = pd.DataFrame([y_t.reset_index()['Actual'],y_pred]).T
df.columns=['y_t', 'y_pred']
df_pivot=df.groupby(['y_t']).y_pred.value_counts().astype('int').unstack()
sns.heatmap(df_pivot, annot=True)
```

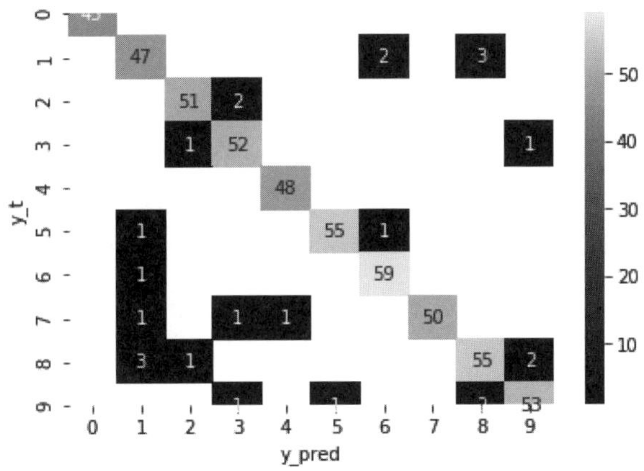

* 인쇄상 제약으로 실제 결과의 색을 반영하지 못했음.

결과 설명 분류모델에 대한 적합도를 알아보는 혼동행렬에 관한 내용이 시각적으로 제시되어 있다. 앞에서도 설명한 것처럼, 혼동행렬에서 대각선 x_{ij}는 맞춘 개수를 나타내고 그 이외의 성분은 다른 클래스로 오판하여 틀린 개수를 말한다. 여기서는 오판 개수가 3개 이하로 매우 낮음을 알 수 있다.

3 회귀분석 이용 주택 가격 추정

3-1 회귀분석 예제 설명

회귀분석의 목적은 기술, 통제, 예측에 있다고 앞에서 언급하였다. 이번 절에서는 회귀분석을 이용하여 주택가격을 추정하는 모델을 개발하고 평가하는 방법에 대하여 알아보기로 한다.

이번 실습에 사용할 데이터는 머신러닝 라이브러리인 sckit-learn에 내장된 'Boston Housing Dataset'이다. Boston Housing Dataset에는 주택가격의 중앙값(MEDV)과 보스턴 지역을 설명하는 다양한 변수(13개 독립변수)가 포함되어 있다. Boston Housing Dataset의 기본 정보는 표로 정리해놓았다. 여기에서 분석할 연구모델을 수식과 그림으로 나타내면 다음과 같다.

$$MEDV=\beta_0+\beta_1 CRIM+\beta_0 ZN+\cdots \beta_{13} LSTAT+\epsilon_i$$

여기서 β_0=상수항, $\beta_1, \cdots, \beta_{13}$=기울기, ϵ_i=오차항을 나타낸다.

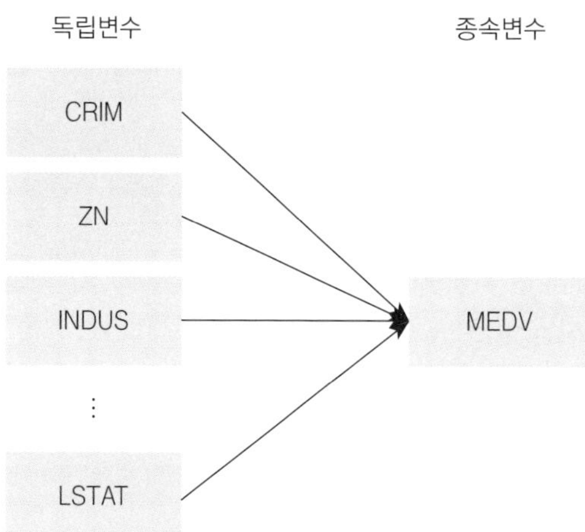

[그림 10-1] 연구모델

[표 10-1] Boston Housing Dataset의 기본 정보

분석	변수명	설명	척도 및 단위
독립변수	CRIM	인구1인당 범죄발생수(per capita crime rate by town)	횟수
	ZN	25,000평방피트 이상의 주거지역이 차지하는 비율(proportion of residential land zoned for lots over 25,000 sq.ft.)	%
	INDUS	비소매업의 차지 비율 (proportion of non-retail business acres per town)	%
	CHAS	더미 처리한 찰스강(Charles River dummy variable (1 if tract bounds river; 0 otherwise))	1: 강변 지역 2: 그 외 지역
	NOX	NOX의 농도(nitric oxides concentration (parts per 10 million))	%
	RM	가구당 룸수(average number of rooms per dwelling)	개수
	AGE	1940년 이전에 지어진 건물의 비율 (proportion of owner-occupied units built prior to 1940)	%
	DIS	보스턴 시 5개 고용센터로부터의 거리 (weighted distances to five Boston employment centres)	가중치 부여
	RAD	순환고속도로 접근성(index of accessibility to radial highways)	1~24의 등간척도
	TAX	$10,000당 부동산 세율의 총합 (full-value property-tax rate per $10,000)	$
	PTRATIO	학생-교사 비율(pupil-teacher ratio by town)	사람수
	B	$1000 \times (\text{흑인 비율} - 0.632)^2$	단위 없음
	LSTAT	저소득 업종에 종사하는 인구의 비율 (% lower status of the population)	%
종속변수	MEDV	주택시세의 중앙값 (Median value of owner-occupied homes in $1000's)	1,000달러

3-2 모델 적합화 과정

분석 과정을 통해서 만들어진 모델에 대한 타당성을 파악하는 것이 중요하다. 머신러닝에서 모델의 타당성을 파악하는 방법은 전체 데이터에서 학습용 데이터와 테스트용 데이터를 구분한 다음, 학습용 데이터에서 찾은 모델을 테스트 데이터에 적용하여 더 나은 적합도를 보이도록 하는 것이 일반적인 방법이다. 이를 모델 적합화 과정 또는 교차타당성 검증(cross-validating process)이라고 한다.

모델 최적화 과정을 위한 데이터는 홀드아웃 교차 검증법(holdout cross validation)과 k-분할 교차 검증법(k-fold cross validation) 등이 있다.

홀드아웃 교차 검증법 데이터	k-분할 교차 검증법 데이터
d d d d d d d … … d d d 학습용 데이터 테스트용 데이터	[k개 분할] d d d d l d d d d l … … l d d d d 1 2 … … k [1단계] d d d d l d d d d l … … l d d d d 학습용 데이터 테스트 데이터 [2단계] d d d d l d d d d l … … l d d d d 학습용 데이터 테스트 데이터 학습용 데이터 ⋮ ⋮ [k단계] d d d d l d d d d l … … l d d d d 테스트 데이터 학습용 데이터

[그림 10-2] 데이터 검증에 따른 데이터

- 홀드아웃 교차 검증법: 학습용 데이터와 테스트 데이터 두 가지로 나누는 단순한 방법이다. 이 방법은 일반적으로 학습용 데이터에 70%, 테스트 데이터에 30%를 배정한다(때에 따라서는 학습용 데이터에 75%, 테스트 데이터에 25%를 배정하는 경우도 있음).
- k-분할 교차 검증법: 데이터 세트를 k개 폴더(fold)로 분할(통상 하나의 폴더의 구성단위는 3, 5, 10, 20개로 구성됨)한 다음 하나의 폴더를 학습용으로 그리고 다른 하나는 테스트용으로 배정하는 방법이다. 모든 폴더의 테스트 결과의 평균과 표준편차를 구한다. 여기서 평균은 모델의 예측 품질을 측정할 수 있는 추정치이다. 표준편차는 예측 신뢰도라고 할 수 있다. 표준편차가 크면 교차 타당성 오차(cross-validation error)가 부정확한 예측 신뢰도를 보인다고 할 수 있다. 결국 타당성 오차가 크다는 이야기는 큰 분산을 가지고 있다는 의미이다.

이러한 모델 최적화 과정이 복잡해 보일 수 있다. 그러나 scikit-learn 라이브러리의 sklearn.model_selection 모듈을 사용하면 쉽게 해결할 수 있다.

3-3 분석

1단계: 데이터 정리와 분석에 필요한 모듈을 준비한다.

데이터 ML.ipynb

```
# Preparation module
import pandas as pd
from pandas import DataFrame
import numpy as np
import matplotlib.pyplot as plt
from sklearn import datasets
from sklearn import model_selection
from sklearn import metrics
from sklearn import linear_model
from sklearn.datasets import load_boston

# from sklearn.cross_validation import train_test_split
from sklearn.model_selection import train_test_split
from sklearn.metrics import mean_squared_error

# visualization
import matplotlib.pyplot as plt
%matplotlib inline
```

2단계: 데이터를 로딩하고 독립변수들을 데이터 프레임으로 전환한다. 이어 종속변수인 MEDV를 데이터프레임에 추가한다. 그런 다음 데이터 형태를 살펴보기 위해서 데이터 앞부분 다섯 행을 볼 수 있도록 명령문을 작성한다.

데이터 ML.ipynb

```
# loading dataset
boston = datasets.load_boston()

# Tranform independent variables into DataFrame
data = DataFrame(boston.data, columns = boston.feature_names)

# Insert dependent variable into DataFrame
data['MEDV'] = np.array(boston.target)

# Display five of front line
data.head()
```

	CRIM	ZN	INDUS	CHAS	NOX	RM	AGE	DIS	RAD	TAX	PTRATIO	B	LSTAT	MEDV
0	0.00632	18.0	2.31	0.0	0.538	6.575	65.2	4.0900	1.0	296.0	15.3	396.90	4.98	24.0
1	0.02731	0.0	7.07	0.0	0.469	6.421	78.9	4.9671	2.0	242.0	17.8	396.90	9.14	21.6
2	0.02729	0.0	7.07	0.0	0.469	7.185	61.1	4.9671	2.0	242.0	17.8	392.83	4.03	34.7
3	0.03237	0.0	2.18	0.0	0.458	6.998	45.8	6.0622	3.0	222.0	18.7	394.63	2.94	33.4
4	0.06905	0.0	2.18	0.0	0.458	7.147	54.2	6.0622	3.0	222.0	18.7	396.90	5.33	36.2

결과 설명 행과 열의 관계형 데이터베이스로 독립변수 13개(CRIM…LSTAT)와 종속변수(MEDV)에 대한 데이터가 나타나 있다.

3단계: 변수 간의 관련성을 알아보기 위해서 heatmap을 이용해 상관관계를 확인해보자.

데이터 ML.ipynb

```
import seaborn as sns
corr = data.corr()
# Set up the matplotlib figure
f, ax = plt.subplots(figsize=(10, 7))

# Draw the heatmap with the mask and correct aspect ratio
with sns.axes_style("white"):
    sns.heatmap(corr, vmax=.3, cmap='YlGnBu', square=True, linewidths=.3)
```

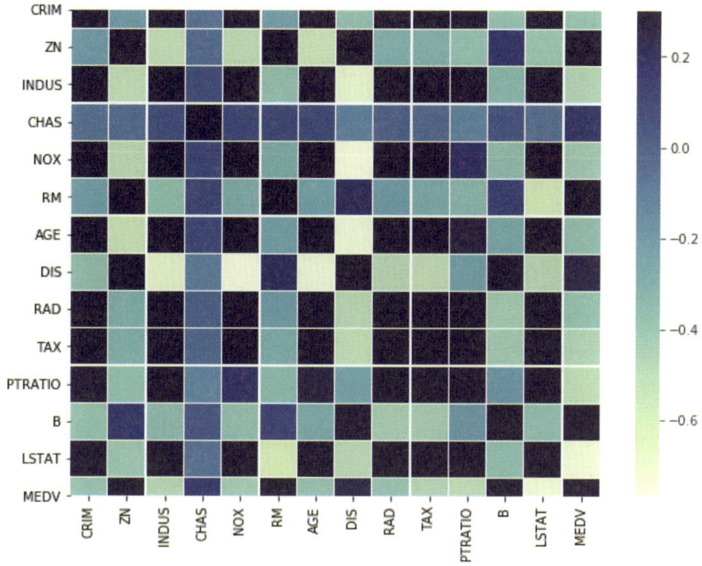

결과 설명 관련성이 높은 상관관계는 진한 색으로 관련성이 낮은 경우는 옅은 색으로 나타나 있다.

4단계: 모델의 일반화 능력을 위해서 정규화하도록 한다. 정규화(normalization, regularization)란 모델이 너무 복잡하지 않도록 추정회귀식에 모델의 회귀계수가 극히 작아지게 만드는 방법을 말한다. 이렇게 하면 추정 분산이 줄어들고 결과를 안정화시킬 수 있다. 일반적으로 정규화 방법은 L1 정규화, L2 정규화, Elastic Net 등이 있다.

- L1(Lasso): 회귀계수들을 0으로 줄여주어 회귀계수를 억제한다. 이 방법은 변수 선택에 이용된다. 이후 Lasso 회귀분석을 실시하면 독립변수 간 상관 정도의 영향이 유지되는 특성을 보인다.
- L2(Ridge): 모델에서 가장 문제가 되는 변수의 회귀계수를 0에 가까운 값으로 줄여준다. 이후 회귀분석을 실시하면 독립변수 간 상관 정도의 영향이 줄어드는 특성이 있다.
- Elastic Net: L1(Lasso)과 L2(Ridge)를 조합한 방법이다.

본 분석에서는 AGE변수, TAX변수, B변수의 측정값이 다른 변수에 비해 상대적으로 크다는 점을 파악하고 L2(Ridge) 회귀분석을 실시하기로 한다. 이를 위해서 다음과 같은 문장을 작성한다.

데이터 ML.ipynb

```
# L2(Ridge) Model
model = linear_model.Ridge()
```

참고로, L1(Lasso) 회귀분석을 실시하기로 한다. 이를 위해서 다음과 같은 문장을 작성한다. 이하 모든 내용은 lasso.ipynb에 저장해놓았으니 참고하면 된다.

데이터 lasso.ipynb

```
# L1(Lasso Model
from sklearn.linear_model import Lasso
lasso = Lasso(normalize=True, tol=0.05, selection='random')
model = linear_model.Lasso()
print(model)
```

L1(Lasso)과 L2(Ridge)의 조합인 ElasticNet을 실행할 경우는 다음과 같이 문장을 작성하면 된다. 아래 내용을 실행하면 'l1_ratio=0.5'라는 결과물이 나타내는데, 'l1_ratio'를 조정하여 분석 방식을 조정할 수 있다. 'l1_ratio=0'이면 L2(Ridge) 회귀가 되고 'l1_ratio=1'이면 L1(Lasso) 회귀가 된다. 결과물처럼 'l1_ratio=0.5'이면 ElasticNet 회귀를 나타낸다. 모든 실행 내용은 Elasticnet.ipynb에 저장해놓았으니 참고하면 된다.

데이터 Elasticnet.ipynb

```
# L1&L2(Elesticnet)
from sklearn.linear_model import ElasticNet
elastic = ElasticNet(normalize=True, selection='random')
model = linear_model.ElasticNet()
print(model)
```

5단계: 모수를 추정하고 모델의 적합도를 확인하기 위해서 다음과 같은 문장을 작성하고 실행한다.

데이터 ML.ipynb

```
# Estimate Parameter
model.fit(boston.data,boston.target)
```

```
Ridge(alpha=1.0, copy_X=True, fit_intercept=True, max_iter=None,
      normalize=False, random_state=None, solver='auto', tol=0.001)
```

결과 설명 Ridge 회귀모델에 대한 모수 추정 방법이 제시되어 있다.

6단계: 상수항과 회귀계수를 출력하도록 한다.

데이터 ML.ipynb

```
# print coefficient and intercept
print(model.coef_)
print(model.intercept_)
```

```
[-1.04595278e-01 4.74432243e-02 -8.80467889e-03 2.55239322e+00
 -1.07770146e+01 3.85400020e+00 -5.41453810e-03 -1.37265353e+00
  2.90141589e-01 -1.29116463e-02 -8.76074394e-01 9.67327945e-03
 -5.33343225e-01]
31.597669818274195
```

결과 설명 Ridge 회귀분석을 실시한 다음 각 회귀계수들과 상수항을 얻을 수 있다. 이 내용을 앞에서 제시한 추정회귀식에 대입할 수 있다.

$$MEDV = \beta_0 + \beta_1 CRIM + \beta_0 ZN + \cdots + \beta_{13} LSTAT + \epsilon_i$$

$$\begin{aligned} MEDV = 31.60 - 0.146 \times CRIM + 0.047 \times ZN - 0.008 \times DUS + 2.552 \times CHAS \\ -10.77 \times NOX + 3.854 \times -0.004 \times \mathrm{AGE} - 1.373 \times \mathrm{DIS} + 0.290 \times \mathrm{RAD} \\ -0.012 \times TAX - 0.876 \times PTRATIO + 0.009 \times B - 0.533 \times LSTAT \end{aligned}$$

7단계: 이제 앞에서 제시한 모델의 적합도를 확인할 차례다. 이를 위해서 데이터를 준비한다.

데이터 ML.ipynb

```
# preparation of data set
X = pd.DataFrame(boston.data, columns=boston.feature_names)
y = pd.Series(boston.target, name="PRICE")
X.dtypes
X.info()
X.describe()
X.nunique()
```

```
<class 'pandas.core.frame.DataFrame'>
RangeIndex: 506 entries, 0 to 505
Data columns (total 13 columns):
CRIM       506 non-null float64
ZN         506 non-null float64
INDUS      506 non-null float64
CHAS       506 non-null float64
NOX        506 non-null float64
RM         506 non-null float64
AGE        506 non-null float64
DIS        506 non-null float64
RAD        506 non-null float64
TAX        506 non-null float64
PTRATIO    506 non-null float64
B          506 non-null float64
LSTAT      506 non-null float64
dtypes: float64(13)
memory usage: 51.5 KB
```

결과 설명 데이터의 기본 성격이 나타나 있다. 506행으로 무응답치가 없으며 실수형 데이터로 나타나 있다.

8단계: 모델 검증을 위해서 Boston Housing Dataset을 홀드아웃법으로 나눈다. 데이터 할당은 학습용 70%, 테스트용 30%로 하기로 한다.

데이터 ML.ipynb

```
# Preparation of train, test data
X_train, X_test, y_train, y_test = model_selection.train_test_split(X, y,
test_size=0.30, random_state=0)
```

9단계: 테스트 데이터에서 모수를 추정한다.

데이터 ML.ipynb

```
# Estimate parameter in train data
model.fit(X_train, y_train)
```

```
Ridge(alpha=1.0, copy_X=True, fit_intercept=True, max_iter=None,
      normalize=False, random_state=None, solver='auto', tol=0.001)
```

결과 설명 Ridge 회귀모델에 대한 모수 추정 방법이 제시되어 있다.

10단계: 학습용 데이터와 테스트용 데이터를 이용해 예측한다.

데이터 ML.ipynb

```
# Forecasting(Train, Test Model)
y_train_pred = model.predict(X_train)
y_test_pred = model.predict(X_test)
```

11단계: 예측된 값과 잔차도표를 그리는 작업을 하기 위해서 다음과 같은 명령문을 입력한다.

데이터 ML.ipynb

```
plt.scatter(y_train_pred, y_train_pred - y_train, c = 'gray', marker = 'o',
label = 'Train Data')
plt.scatter(y_test_pred, y_test_pred - y_test, c = 'blue', marker = 's',
label = 'Test Data')
plt.xlabel('Predicted Values')
plt.ylabel('Residuals')
plt.legend(loc = 'upper left')
plt.hlines(y = 0, xmin = -10, xmax = 50, lw = 2, color = 'black')
plt.xlim([0, 50])
plt.show()
```

```
Text(0, 0.5, 'Residuals')
```

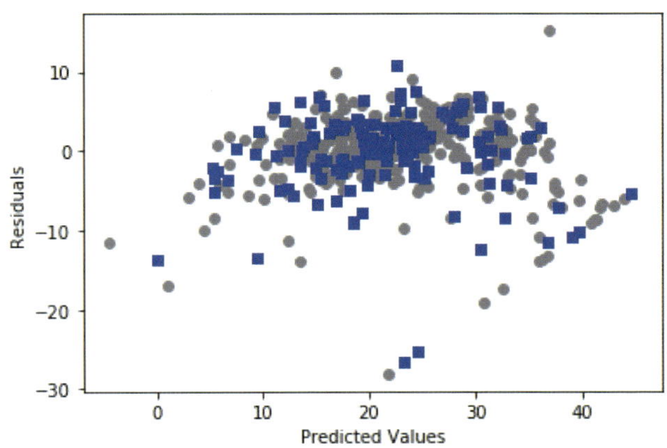

결과 설명 모델의 성능을 평가하기 위해서 예측된 값과 잔차도표를 이용한다. 그림에서 보는 바와 같이 잔차가 0을 기준점으로 고르게 분포되어 있어 문제가 없어 보인다. 다만 x축 오른쪽 하단 예측값(predicted values) 20부터 위쪽으로 일정한 패턴이 나타나 문제가 될 수 있다. 큰 문제가 아닐 수 있어 다음 과정으로 넘어가기로 한다.

12단계: 모델의 성능을 알아보기 위해서 실제 주택시세와 예측 주택시세의 그림을 그려보기로 한다. 모델의 성능을 평가하기 위해서 평균제곱오차(mean square error)와 결정계수(r^2)를 알아보도록 한다. 이를 위해 다음과 같이 입력한다.

데이터 ML.ipynb

```
# Regression Evaluation Measures
from sklearn.metrics import mean_squared_error
from sklearn.metrics import mean_absolute_error
from sklearn.metrics import r2_score

# Print Mean Squared error
print('MSE Train : %.3f, Test : %.3f' % (mean_squared_error(y_train, y_
train_pred), mean_squared_error(y_test, y_test_pred)))

# Print Mean Absolute error
print('MAE Train : %.3f, Test : %.3f' % (mean_absolute_error(y_train, y_
train_pred), mean_absolute_error(y_test, y_test_pred)))

# Print R-square
print('R^2 Train : %.3f, Test : %.3f' % (model.score(X_train, y_train), model.
score(X_test, y_test)))
```

```
MSE Train : 20.145, Test : 27.762
MAE Train : 3.105, Test : 3.602
R^2 Train : 0.762, Test : 0.667
```

결과 설명 학습데이터와 테스트용 평균제곱오차(Mean Squared Error, MSE)가 각각 20.145, 27.762로 나타나 있다. 평균절대오차(Mean Absolute Error, MAE)는 3.105와 3.602로 나타나 있다. 또한 결정계수(r^2)는 0.762와 0.667로 나타나 있다. 각각은 다음과 같은 식으로 나타낼 수 있다. 여기서는 평균제곱오차(MSE)와 평균절대오차(MAE)가 낮고 설명력(r^2)이 76.2%와 66.7%로 모델의 설명력은 높다고 평가할 수 있다.

평균제곱오차(MSE) $\frac{1}{n}\sum_{i=1}^{1}(y_{실제값} - y_{예측값})^2$, 작으면 작을수록 모델이 잘 적합함

평균절대오차(MAE) $\frac{1}{n}\sum_{i=1}^{1}\left|y_{실제값} - y_{예측값}\right|$, 작을수록 모델이 잘 적합함

$r^2 = 1 - \frac{MSE}{SST} = 1 - \frac{MSE}{\sum(Y_i - \bar{Y})^2}$, r^2의 범위는 $0 \le r^2 \le 1$임

13단계: 지금까지 순조롭게 실행해 해석 방법을 알았다면 이제 마지막 고비라 할 수 있는 K-fold를 이용한 교차-타당성을 확인해보자. 이를 위해 다음과 같이 입력한다.

데이터 ML.ipynb

```
from sklearn.model_selection import cross_val_score, KFold
import numpy as np
crossvalidation = KFold(n_splits=10, shuffle=True,
        random_state=1)
scores = cross_val_score(model, X, y,
          scoring='neg_mean_squared_error',
cv=crossvalidation, n_jobs=1)
print('Folds: %i, mean squared error: %.2f std: %.2f' %
  (len(scores), np.mean(np.abs(scores)), np.std(scores)))
```

```
Folds: 10, mean squared error: 23.89 std: 12.40
```

결과 설명 10개 폴더로 구분하여 분석한 결과 평균제곱오차(MSE)가 23.89, 표준편차가 12.40으로 나타났다.

14단계: 다음으로 랜덤샘플링 방식에 의해서 복잡한 데이터의 교차타당성을 판단하는 방법에 대하여 알아보자. 더미 처리(0, 1)한 찰스강(CHAS) 변수를 이용하여 집값 변화를 살펴볼 수 있다. 즉 찰스강 강변 지역인지(1), 강변 이외의 지역인지(0)에 따라 집값의 평균 차이를 볼 수 있어 중요하다. 이를 분석하기 위한 코드는 다음과 같이 작성한다. 이를 실행하면 찰스강 주변과 그 외 지역의 집값에 대한 상자그림(boxplot)을 얻을 수 있다.

데이터 ML.ipynb

```
%matplotlib inline
import pandas as pd
df = pd.DataFrame(X, columns=boston.feature_names)
df['target'] = y
df.boxplot('target', by='CHAS', return_type='axes')
```

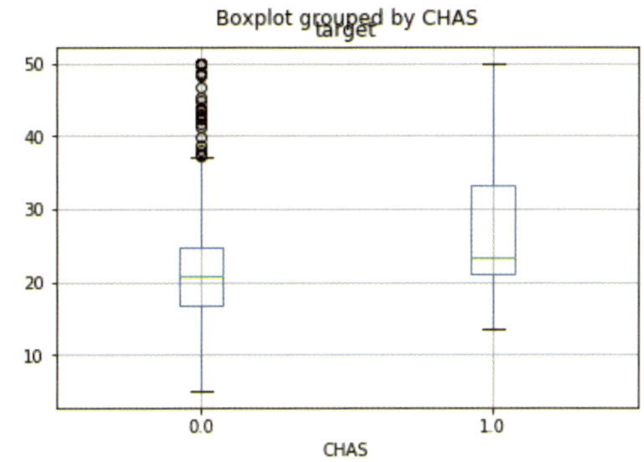

결과 설명 상자그림을 보면, 찰스강 강변 지역(1)이 강변 이외의 지역(0)에 비해 집값이 높음을 알 수 있다.

연습문제

1 머신러닝의 기본 개념을 설명하고, 이 기술을 실생활에 어떻게 활용할 수 있는지 토론해보자.

2 머신러닝 기법에 의한 회귀분석을 실시하라(데이터: diabetes.csv).

- 변수명: Pregnancies(임신횟수), Glucose[글루코스 내성(glucose tolerance) 실험 후의 혈당수치], BloodPressure[확장기 혈압(mm Hg)], SkinThickness[상완 삼두근 피부 두께(mm)], Insulin[혈액 내 인슐린 수치(mu U/ml)], BMI[비만도 수치, weight in kg/(height in m)^2)], Diabetes Pedigree Function(당뇨병 가족력), Age(나이), Outcome[당뇨병 여부, 0(발병 안 함) 또는 1(발병)]

(1) Insulin=f(Glucose, BloodPressure, SkinThickness, BMI, DiabetesPedigreeFunction, Age)을 이용한 회귀분석을 실시하여라.

(2) 회귀분석 이후 $\alpha=0.05$에서 유의한 변수를 언급하라.

(3) 훈련용 데이터는 70%, 검정용은 30%로 나눈 다음 실행 후 타당성을 언급하라.

1 머신러닝은 인공지능의 토대가 되는 기술로 다양한 데이터 분석을 통한 '예측'에 목표를 둔다. 머신러닝의 실용적 가치는 다양하다. 제조업에서는 머신러닝을 통해서 유지보수 시점을 찾아낼 수 있고 고객에게 새로운 가치를 창출하는 방법을 탐색할 수도 있다. 서비스업에서는 방대한 데이터를 토대로 생각지도 못한 환경 변화, 고객의 요구 변화 등에 대응하는 혜안을 찾아낼 수 있다.

sckit-learn 라이브러리를 이용하여 다음과 같은 데이터 분석을 할 수 있다.

- 분류, 회귀분석, 탐지
- 데이터 이상치 발견, 모델 과적합 발견으로 좋은 예측모델 생성
- 많은 변수와 10,000회 이상의 학습을 신속하게 진행
- 자동적으로 데이터 이상치 탐지

2 **(1)** 관련 알고리즘은 연습문제10장.ipynb에 있다.

$$\text{Insulin} = -2.27 + 1.10\text{Glucose} - 0.36\text{BloodPressure} + 0.52\text{SkinThickness} + 0.68\text{BMI} + 7.49\text{DiabetesPedigreeFunction} + 0.28\text{Age}$$

(2)

```
                OLS Regression Results
==============================================================================
Dep. Variable:          Insulin   R-squared:                       0.188
Model:                      OLS   Adj. R-squared:                  0.181
Method:           Least Squares   F-statistic:                     29.32
Date:          Tue, 09 Jun 2020   Prob (F-statistic):           1.15e-31
Time:                  21:15:37   Log-Likelihood:              -4421.5
No. Observations:           768   AIC:                             8857.
Df Residuals:               761   BIC:                             8890.
Df Model:                     6
Covariance Type:      nonrobust
==============================================================================
                             coef    std err          t      P>|t|      [0.025      0.975]
------------------------------------------------------------------------------
const                     -2.2736     20.195     -0.113      0.910     -41.919      37.372
Glucose                    1.1000      0.098     11.183      0.000       0.907       1.293
BloodPressure             -0.3671      0.255     -1.439      0.151      -0.868       0.134
SkinThickness              0.5235      0.380      1.377      0.169      -0.223       1.270
BMI                        0.6862      0.505      1.358      0.175      -0.306       1.678
DiabetesPedigreeFunction   7.4973      8.554      0.876      0.381      -9.295      24.289
Age                        0.2849      0.259      1.100      0.272      -0.223       0.793
==============================================================================
Omnibus:                483.032   Durbin-Watson:                   2.052
Prob(Omnibus):            0.000   Jarque-Bera (JB):             6307.658
Skew:                     2.639   Prob(JB):                         0.00
Kurtosis:                16.010   Cond. No.                     1.12e+03
==============================================================================
```

$\alpha=0.05$에서 유의한 변수는 Glucose임을 알 수 있다.

(3) 실행 결과

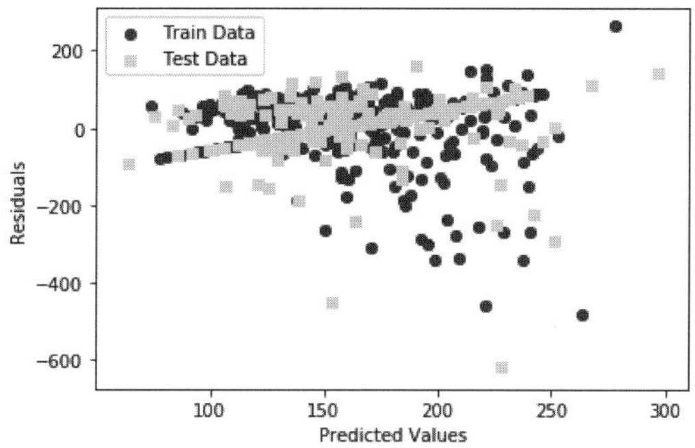

* 인쇄상 제약으로 실제 결과의 색을 반영하지 못했음.

모델의 성능을 평가하기 위해서 예측된 값과 잔차도표를 이용한다. 그림에서 보는 바와 같이 잔차가 기준점 0을 중심으로 고르게 분포되어 있어 문제가 없어 보인다.

MSE Train : 5616.238, Test : 6513.906

R^2 Train : 0.203, Test : 0.144

학습데이터와 테스트용 평균제곱오차(MSE)가 각각 5616.238, 6513.906으로 나타나 있다. 결정계수(r^2)는 0.203과 0.144로 나타나 있다.

ch. 11 인공지능

학습목표

- 신경망과 인공지능의 기본 개념을 이해한다.
- 신경망 분석을 위한 알고리즘 종류를 확인한다.
- 손글씨 분류 문제를 다룰 수 있다.

1 신경망과 인공지능

인공지능(artificial intelligence)은 인간의 학습능력, 지각능력, 추론능력, 자연언어 이해능력 등을 컴퓨터 프로그램으로 실현한 기술을 총칭한다. 머신러닝, 딥러닝, 인공 신경망 등은 모두 인공지능에 속하는 기술이다. 오늘날 정보기술 분야를 비롯하여 여러 분야에서 인공지능 기술을 도입하여 당면한 문제를 밝히고 해결하는 데 활용하고 있다.

분석자는 강력한 머신러닝 어플리케이션이 작동하는 신경망을 이용하여 예측 또는 분류를 할 수 있다. 신경망은 사람의 뇌에 있는 신경세포(neuron)와 이런 신경세포들의 연결 구조에 착안해서 만든 수학적인 모델이라고 할 수 있다. 사람의 신경세포는 주위의 다른 신경세포와 연결되어 있는데, 인접한 신경세포에 전기신호를 전달하여 정보를 처리한다. 하나의 신경세포가 다른 신경세포로부터 받은 전기신호가 일정 수준, 즉 임계수준을 넘어서면 다른 신경세포에도 전기신호를 전달하게 되는데 이를 발화라고 한다. 따라서 여러 개의 노드가 결합되면 신경망이 만들어지게 된다.

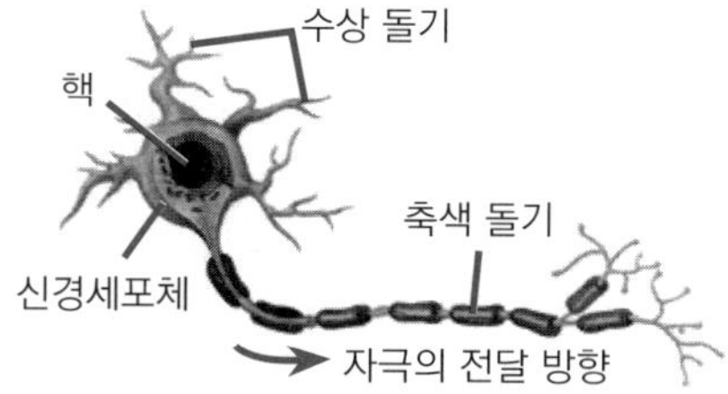

[그림 11-1] 신경세포의 작동 원리

이러한 인간의 신경세포의 작동 원리를 인공적으로 재현한 것이 신경망 노드(node)이다. 인공뉴런 역할을 하는 노드는 신경세포처럼 입력 자극을 받고 그 결과로 일정한 값을 출력한다. 노드는 입력값(x1, x2, x3, ---xn)에 대하여 각각의 가중치(w1, w2, w3, ---wn)를 곱하고 여기에 바이어스(bias)를 더한다. 바이어스란 신경망 모델이 간단해서 알고리즘이 실제 상황을 체계적으로 과대 또는 과소 평가하는 경우를 말한다. 결국, 인공지능에서 좋은 결과를 얻기 위해서는 노드의 가중치와 바이어스를 조정하는 것이 관건이다. 다음 그림은 노드 내부의 작동 방식을 나타낸 것이다.

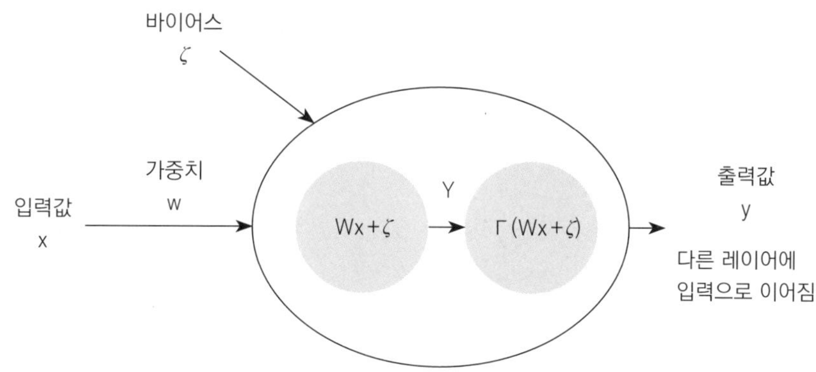

[그림 11-2] 노드 내부 작동 방식

앞에서 언급한 것처럼 많은 뉴런들은 입력층(input layer), 은닉층(hidden layer), 출력층(output layer) 등으로 이루어진 상호 연결된 구조를 형성하게 된다. 입력층에서는 패턴을 인식하고, 은닉층에서는 복잡한 상황을 인식하며 감지한다. 출력층에서는 직관이라는 결과물을 출력한다. 뉴런 네트워크에서 뉴런들은 입력층으로부터 많은 가중치를 가질 수 있다. 이것들은 합산되고 결과물을 제공한다.

다음 그림은 입력층과 은닉층, 출력층이 있는 심층 신경망(Deep Neural Network, DNN) 구조를 그림으로 나타낸 것이다.

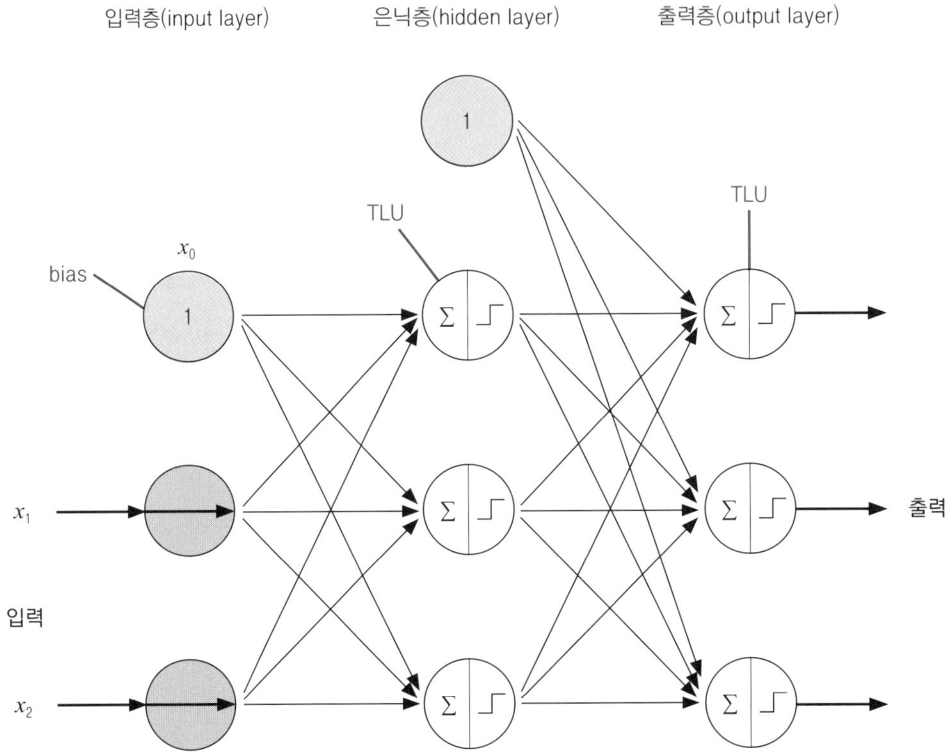

[그림 11-3] DNN 구조

앞으로 인공지능은 인간의 의사결정에 지대한 영향을 미칠 것이다. 중요한 의사결정 고비마다 의사결정을 지원할 것이다. 인공지능은 입학, 입사, 결혼, 병명 판별, 신용등급 판별과 같은 사회의 여러 문제에 두루 사용될 것이다. 이 과정에서 인공지능이 올바른 데이터로 학습하고 공정한 판단을 내릴 수 있도록 인간이 적극 개입하고 판단해야 한다.

2 인공지능 알고리즘

신경망 분석을 위해서는 특별한 하드웨어와 프레임워크가 필요하다. 대표적인 것으로 텐서플로우(https://www.tensorflow.org), MXNet(https://mxnet.apache.org), Pytorch(https://pytorch.org), Chainer(https://chainer.org) 등이 있다. 본서에서는 복잡한 신경망에 대해서는 다루지 않지만, scikit-learn에서 신경망을 구축하고 다른 머신러닝 알고리즘들과 비교할 수 있을 정도의 내용은 살펴볼 것이다. 이에 scikit-learn을 이용하여 간단한 예제를 실행해볼 것이다.

scikit-learn은 신경망을 위한 두 가지 기능을 제공한다.

- MLPClassifier: 분류를 위한 다층 퍼셉트론(Multilayer Perceptrons, MLP)을 실행한다. 이 결과물은 어떤 군집의 존재를 나타내는 확률이라고 할 수 있다.
- MLPRegresoor: 회귀분석을 위한 다층 퍼셉트론(MLP)을 실행한다. 모든 결과물은 예측을 위한 추정치를 계산하는 데 목적이 있다.

두 함수들은 같은 모수를 갖기 때문에 분류를 위한 예로 다층 퍼셉트론을 학습할 수 있다. 본서에서는 손글씨 숫자(handwritten digits) 인식 문제를 가지고 다층 퍼셉트론을 사용하여 다층분류 문제를 다룰 것이다. 뉴럴 네트워크는 수치형 또는 연속형 정보만을 처리할 수 있다. 뉴럴 네트워크는 질적변수(예: 이미지에서 빨강, 파랑, 초록색 같은 질적인 레이블)를 처리할 수 없기 때문에 질적자료를 수치형 값(예: 이변량 값)으로 변환시켜야 한다.

3 예제 실습

1단계: 필요 패키지와 데이터를 불러들인다. 이어 학습표본(training)과 검증표본(test)으로 분리한다.

데이터 neuralnetwork.ipynb

```
from sklearn.model_selection import train_test_split
from sklearn.model_selection import cross_val_score
from sklearn.preprocessing import MinMaxScaler
from sklearn import datasets
from sklearn.neural_network import MLPClassifier
import numpy as np
# 데이터 셋 로딩
digits = datasets.load_digits()
np.unique(y, return_counts=True)
X, y = digits.data, digits.target
X_tr, X_t, y_tr, y_t=train_test_split(X, y,
                                      test_size=0.3,
                                      random_state=0)
```

2단계: 뉴럴 네트워크에 데이터를 지정하고 데이터 정규화를 위해서 다음과 같이 입력한다. 데이터의 정규화는 데이터를 최소와 최대로 전환하는 것이다(예, -1, 1 또는 0, 1). 척도와 분포를 안정화시켜 뉴럴 네트워크가 제대로 작동하도록 하기 위한 것이다.

데이터 neuralnetwork.ipynb

```
scaling = MinMaxScaler(feature_range=(-1, 1)).fit(X_tr)
X_tr = scaling.transform(X_tr)
X_t = scaling.transform(X_t)
```

3단계: 레이어 개수를 정하기 위해서 다음과 같이 입력한다. 뉴럴 네트워크에서 좋은 결과를 얻기 위해서는 뉴런의 구조를 제대로 정의하는 것이 중요하다. 뉴런 구조로 각 층의 개수를 몇 개로 할 것인지, 각 층마다 몇 개의 레이어를 둘 것인지를 정해야 한다. 분석자는 hidden_layer_sizes의 모수를 지정할 수 있다. 여기서는 단일 레이어에 512개의 노드를 구성하였다. 또한 인공지능에서 모델의 표현력을 높여주기 위해서 사용하는 활성화 함수(activation function)를 지정하기 위해서 activation='relu'를 지정하였다. 참고로 relu(rectified linear unit)는 상당히 단순해 보이는 비선형함수[0(x < 0), x(x ≥ 0)]로 딥러닝 알고리즘에서 많이 사용하는 방식이다. 데이터가 많아 Adam을 설정하였다. 회전 횟수는 기본 회전 횟수인 200을 설정하였다.

- L-BFGS: 작은 수의 데이터셋
- Adam: 큰 수의 데이터셋
- SGD: 특정 모수를 제대로 설정하면 모든 문제를 해결할 수 있음

또한 데이터를 섞는 방식인 shuffle은 True(참)를 선택하였다.

데이터 neuralnetwork.ipynb

```
nn = MLPClassifier(hidden_layer_sizes=(512, ),
                   activation='relu',
                   solver='adam',
                   shuffle=True,
                   tol=1e-4,
                   random_state=1)
cv = cross_val_score(nn, X_tr, y_tr, cv=10)
test_score = nn.fit(X_tr, y_tr).score(X_t, y_t)
print('CV accuracy score: %0.3f'% np.mean(cv))
print('Test accuracy score: %0.3f' % (test_score))
```

```
CV accuracy score: 0.979
Test accuracy score: 0.981
```

결과 설명 손글씨 숫자(handwritten digits) 분류는 다층 퍼셉트론(MLP)에 의해서 제대로 예측되었음을 알 수 있다. 즉 손글씨를 98.1%의 정답률로 읽었다는 것은 충분히 실용적으로 쓸 수 있는 수준이라고 판단할 수 있다.

연습문제

1 인공지능의 작동 원리를 설명해보자.

2 인공지능에 의한 회귀분석을 이용하여 회귀분석을 실시하라(데이터: diabetes.csv).

- 변수명: Pregnancies(임신횟수), Glucose[글루코스 내성(glucose tolerance) 실험 후의 혈당수치], BloodPressure[확장기 혈압(mm Hg)], SkinThickness[상완 삼두근 피부 두께(mm)], Insulin[혈액 내 인슐린 수치(mu U/ml)], BMI[비만도 수치, weight in kg/(height in m)^2], Diabetes Pedigree Function(당뇨병 가족력), Age(나이), Outcome[당뇨병 여부, 0(발병 안 함) 또는 1(발병)]

(1) Insulin=f(Glucose, BloodPressure, SkinThickness, BMI, DiabetesPedigreeFunction, Age)에 대한 회귀분석을 실시하여라.

(2) 훈련용 데이터는 70%, 검정용은 30%로 나눈 다음 sklearn.neural_network의 MLPRegressor를 이용하여 실행한 모델의 적합도를 언급하고, 실행 후 타당성을 이야기하라.

1 인공지능 기술은 사람의 뇌에 있는 신경세포(neuron)와 이런 신경세포들의 연결 구조에 착안한 신경망 원리를 기반으로 사람의 지능처럼 작동된다. 인터넷의 발전으로 인한 빅데이터 확보, 기계학습 알고리즘 개발, 컴퓨팅 성능의 획기적인 향상 등에 힘입어 인공지능 기술은 인간의 사고능력을 추월할 정도로 크게 발전하고 있다.

2 **(1)** 명령어는 연습문제11장.ipynb에 저장되어 있으며 추정회귀식은 다음과 같다.

Insulin = −2.27 + 1.10Glucose − 0.36BloodPressure + 0.52SkinThickness + 0.68BMI + 7.49DiabetesPedigreeFunction + 0.28Age

(2)

```
from sklearn.neural_network import MLPRegressor
model = MLPRegressor(hidden_layer_sizes=(512, ),
         activation='relu',
         solver='adam',
         shuffle=True,
         tol=1e-4,
         random_state=1)
model.fit(X_tr, y_tr)
print(model.score(X_t,y_t))
```

모델의 점수는 −0.016으로 현재로서는 적합한 결과를 찾지 못한 상황이다.

ch. 12 모델 최적화

학습목표

- 모델을 최적화하기 위한 다양한 분석 방법을 알아본다.
- 다양한 분석 방법을 실행하고 해석할 수 있다.
- 그리드 서치(grid search)에 대하여 이해한다.

1 모델 최적화 방법

1-1 나이브 베이즈

영국의 통계학자인 토머스 베이즈(Thomas Bayes, 1701~1761)는 조건부 확률의 개념을 도입하여 증거에 의한 조건화된 확률 개념을 주장하였다. 이것이 베이즈 정리(Bayes' theorem)다. 베이즈 정리는 지금까지의 관찰 근거로 사전확률분포를 가정한다. 관찰을 통해서 얻은 데이터는 사전분포에 따라 얻어진 결과이므로 이에 대한 사후 조건부 확률을 구해 추정을 하는 방법이다.

베이즈 정리의 공식은 다음과 같다.

$$P(A|B) = \frac{P(B|A) \times P(A)}{P(B)}$$

이는 B가 일어난다는 전제하에서 A일 확률이라고 읽는다. 간단한 예제를 풀어보도록 하자.

예제

조사에 의하면 집단에서 어떤 사람이 바이러스에 감염될 확률은 35%로 알려져 있다. 또한 모집단에서 남성일 확률은 50%로 알려져 있다. 남성이면서 바이러스에 감염될 확률은 60%로 조사되었다. 그렇다면 바이러스에 감염되었다는 조건하에서 남성일 확률은 얼마인가?

베이즈 정리를 이용해서 풀어보자.

$$P(A|B) = \frac{P(B|A) \times P(A)}{P(B)}$$

$$P(B) = 0.35$$

$$P(A) = 0.50$$

$$P(B|A) = 0.6$$

$$P(A|B) = \frac{0.6 \times 0.5}{0.35} = 85.7\%$$

나이브 베이즈(Naive Bayes) 추정법은 베이즈 정리를 응용하여 분포를 추정하는 방법이다. 나이브 베이즈 추정에서는 사전 예측 확률을 보정하기 위해 가능한 한 모든 정보를 이용한다. 조사한 데이터는 많은 증거를 포함하고 있기 때문에 나이브 베이즈 공식에 의해서 모든 확률을 추정해낼 수 있다. 나이브 베이즈는 많은 데이터를 사용하지 않아도 되기 때문에 인기가 있는 추정법이다. scikit-learn 라이브러리에서는 sklearn.naive_bayes 모듈을 제공하기 때문에 편하게 사용할 수 있다.

나이브 베이즈 추정법은 다음과 같이 여러 분야에 이용된다.

- 스팸 메일 탐색 기능
- 감성 분석(토픽에서 긍정적 태도와 부정적 태도 여부를 인지, 말하는 사람의 감정 상태를 감지)
- 문장에서 오타를 인지, 자주 사용하는 단어 탐색

1-2 KNN

KNN(K-Nearest Neighbors)은 데이터에 근거한 계수와 확률에 의해서 규칙을 만드는 것이 아니라 유사성에 근거하여 작동한다. 유사성은 유클리디안 거리(Euclidean distance) 공식을 이용한다. A, B 좌표에서 AB의 거리를 계산하려면 피타고라스 정리에 의해서 다음과 같이 계산하면 된다.

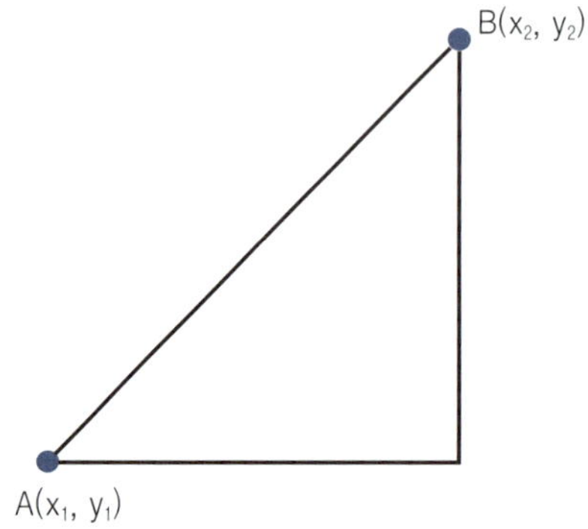

$$ED = \sqrt{(x_2 - x_1)^2 + (y_2 - y_1)^2}$$

[그림 12-1] 유클리디안 거리

KNN에서는 유클리디안 거리 개념을 이용하여 학습 과정에서 먼저 학습된 데이터를 벡터 공간에 위치시킨다. 이후 새로운 데이터와 군집 간의 거리를 계산하여 가까운 곳에 위치시키는 방법이다. 이 방법은 빅데이터가 아니라 변수가 적은 데이터에 자주 이용된다. 빅데이터이면서 변수가 많은 경우는 컴퓨터가 차원 선정에 어려움을 겪어 속도가 느려질 수 있다. scikit-learn 라이브러리에서는 KNeighborsClassifier 모듈을 제공한다.

1-3 의사결정나무

의사결정나무(decision tree)는 자료를 탐색하여 분류·예측하는 방법이다. 의사결정나무는 말 그대로 나무를 거꾸로 세워놓은 구조라고 생각하면 된다. 즉 뿌리(root)가 상단에 위치하고 하단에는 나뭇가지(branch)와 잎(leaf)이 연결되어 있다. 의사결정나무에서 상단에 놓여 있는 나무 구조가 시작되는 마디를 뿌리마디(root node) 또는 부모마디(parent node)라고 부르며, 각 줄기의 끝에 위치한 마디를 끝마디(terminal node)라고 부른다. 뿌리마디와 끝마디 사이를 중간마디(internal node)라고 부르고, 하나의 마디로부터 분리된 2개 이상의 마디들을 자식 마디(child node)라고 부른다. 의사결정나무에서 마디와 마디는 가지(branch)로 연결되어 있다.

1980년대 이후 의사결정나무에 대한 알고리즘이 계속적으로 개발되고 있다. 의사결정나무는 분석의 기본 목적과 자료의 구조에 의해서 분석 방법이 구분된다. 의사결정나무는 분류 기준, 정지 규칙, 가지치기 등의 목적에 따라 방법이 나뉜다. 분류 기준(splitting criterion)은 목표 변수(종속변수)를 분류하는 예측변수(독립변수)를 사용하여 어떻게 분리할 것인지를 정하는 것을 말한다. 예를 들어 '2지 분리'는 의사결정나무 분리에서 2개의 자식 노드를 갖는 경우를 말한다. 정지 규칙(stopping rule)이란 어느 수준에서 의사결정나무 분석을 정지할 것인지를 정하는 것을 말한다. 가지치기(pruning)란 분류의 오류를 최소화하기 위해서 가지를 제거하거나 마디를 병합하는 것을 말한다.

의사결정나무는 질적변수나 양적변수의 자료 분석이 가능하며 다변량 분석의 기본 가정인 선형성, 정규분포성, 등분산성을 따르지 않아도 된다. 의사결정나무의 장점은 분석 결과가 나무 구조로 되어 있어 해석이 용이하다는 점이다. 의사결정나무의 단점은 분석 결과가 표본의 크기에 영향을 받기 쉽고, 연속변수 사용이 많으면 많을수록 모형의 예측력이 떨어질 수 있다는 점이다. 또한 분석에 무리하게 많은 예측변수를 투입하면 과적합(overfit)이 발생할 수 있다. 과적합이란, 모델이 주어진 데이터에 정확하게 맞아 지나치게 복잡하게 표현된 상태를 말한다.

1-4 랜덤 포레스트

랜덤 포레스트(random forest)는 레오 브레이만(Leo Breiman)과 아델 커틀러(Adele Cutler)에 의해서 개발된 것으로 분류와 회귀 알고리즘을 가지고 있다. 랜덤 포레스트는 추정치 분산과 바이어스를 줄여주어 복잡한 의사결정나무에 사용된다. 분석자는 많은 모델을 통합하여 최종 하나의 모델을 만들 수 있는데 이 결과를 앙상블 모델(ensemble model)이라고 부른다. 단일 랜덤 포레스트는 앙상블 모델이 될 수 없다. 랜덤 포레스트는 관련 알고리즘을 가지고 있어 전문가가 아니더라도 사용할 수 있다.

랜덤 포레스트 알고리즘을 사용하는 절차는 다음과 같다.

- 관찰수와 변수를 달리해서 서로 다른 의사결정나무를 많이 만든다.
- 복원추출로 관찰 데이터셋에 대한 부트스래핑을 실시한다. 복원추출에 의한 부트스트래핑을 실시하기 때문에 동일한 관찰 데이터가 나타날 수 있다.
- 각 나무를 위한 변수를 랜덤하게 추출한다.
- 샘플링을 달리하는 의사결정나무에 대한 각각의 성과를 측정한다.
- 빈도수나 추정회귀치의 평균으로 마지막 예측모델을 결정한다.

1-5 GBM

GBM(Gradient Boosting Machine)은 연속 추정치 가중을 위해서 최적화된 계산방식을 사용한다. GBM 방식에서는 과적합 없이 최적의 학습으로 중요 모수를 찾는 것이 관건이다. 이를 위해서는 추정치와 학습률을 고려하여 값을 선택해야 한다. 최적화된 값을 얻으려 노력하다 보면 GBM 알고리즘에 의해서 컴퓨터에 부담을 줄 수 있기 때문이다. GBM에서는 모델이 주어진 데이터에 정확하게 맞아 지나치게 복잡하게 표현되는 과적합을 줄이고 최적의 결과를 얻기 위해서 추정치를 조정하는 과정을 거친다. 이러한 과정을 튜닝(tuning)이라고 한다.

- boosting classifier: 과적합 없이 최적의 학습으로 중요 모수를 찾는 방법이다.
- boosting regressor: 로지스틱 회귀분석과 유사한 예측값과 실제값 차이를 나타낸 손실함수(loss function)를 최소화하는 방법이다.

1-6 그리드 서치

그리드 서치(grid search)는 과학적인 방법에 의해서 과적합이 발생하지 않도록 하는 것이다. 그리드 서치는 가능한 모수 조합의 모델 평가를 통해서 최적 성능의 모델을 찾는 방법이다. 즉, 모델의 최적 성능을 높이기 위해서 변경하고 싶은 매개변수의 목록을 만들어 각각의 성능을 확인하는 방법이다. 이는 넓은 바다에서 크고 좋은 고기를 잡기 위해 처음에 넓은 지역에 간격이 덜 조밀한 그물망을 던져 싱싱하고 큰 고기가 있는 곳을 탐색한 후, 이곳에 조밀한 그물망을 던지는 것과 같은 원리이다.

그리드 서치는 다른 방식의 결과와는 독립적으로 하이퍼파라미터(hyperparameter)가 검증되기 때문에 수행에 어려움이 없는 방식이다. 하이퍼파라미터란, 학습할 때에 더 효과가 좋도록 자동 설정되는 (주변수가 아닌) 매개변수를 의미한다. 하이퍼파라미터는 네트워크 구성 과정에서 사람이 조정해야 하는 모수이다. 하이퍼파라미터는 자동으로 최적화되지 않기 때문에 최적의 하이퍼파라미터를 조정할 필요가 있다.

2 모델 최적화 분석

여기서는 '10장 머신러닝'에서 다룬 바 있는 digits 데이터 세트를 이용하기로 한다. 다양한 분석 방법을 통해서 손글씨를 인식하는 모델을 최적화하는 방법을 다룬다. digits 데이터는 0부터 9까지 손글씨가 8×8 픽셀의 흑백 이미지로 되어 있다.

2-1 로지스틱 회귀분석

1단계: digits 데이터를 불러오기 한다. 이 부분은 앞으로 다룰 모든 분석법에 공통으로 적용될 사항이다.

데이터 cm.ipynb

```
import pandas as pd
from sklearn import datasets
from sklearn import model_selection
from sklearn import metrics
import matplotlib.pyplot as plt
%matplotlib inline

# Data set loading
digits = datasets.load_digits()

# Data preparation
X=pd.DataFrame(digits.data)
y=pd.Series(digits.target, name='Actual')

# preperation of train, test data set
X_tr, X_t, y_tr, y_t = model_selection.train_test_split(X, y, test_
size=0.30,
random_state=0)
```

2단계: 로지스틱 분석과 모델 검증에 관한 출력을 위해 다음과 같이 작업하고 실행한다.

데이터 cm.ipynb

```
# Model selection using Logistic Regression analysis
from sklearn.linear_model import LogisticRegression
clf = LogisticRegression()

# Model fitness
clf.fit(X_tr, y_tr)
```

```
# Forecasting depend on model
y_pred = clf.predict(X_t)

# Model Identification
print("{} Result of Classification : \n{}\n".format(clf,metrics.
classification_report(y_t, y_pred)))
print("Accuracy:\n{}".format(metrics.accuracy_score(y_t, y_pred)))
print("Confusion matrix:\n{}".format(metrics.confusion_matrix(y_t, y_
pred)))
```

```
LogisticRegression(C=1.0, class_weight=None, dual=False, fit_intercept=True,
                   intercept_scaling=1, l1_ratio=None, max_iter=100,
                   multi_class='warn', n_jobs=None, penalty='l2',
                   random_state=None, solver='warn', tol=0.0001, verbose=0,
                   warm_start=False) Result of Classification :
              precision    recall  f1-score   support

           0       1.00      1.00      1.00        45
           1       0.89      0.90      0.90        52
           2       0.96      0.96      0.96        53
           3       0.93      0.96      0.95        54
           4       0.98      1.00      0.99        48
           5       0.98      0.96      0.97        57
           6       0.95      0.98      0.97        60
           7       1.00      0.94      0.97        53
           8       0.92      0.90      0.91        61
           9       0.95      0.93      0.94        57

    accuracy                           0.95       540
   macro avg       0.96      0.96      0.96       540
weighted avg       0.95      0.95      0.95       540
```

```
Accuracy:
0.9537037037037037
Confusion matrix:
[[45 0 0 0 0 0 0 0 0 0]
 [ 0 47 0 0 0 0 2 0 3 0]
 [ 0 0 51 2 0 0 0 0 0 0]
 [ 0 0 1 52 0 0 0 0 0 1]
 [ 0 0 0 0 48 0 0 0 0 0]
 [ 0 1 0 0 0 55 1 0 0 0]
 [ 0 1 0 0 0 0 59 0 0 0]
 [ 0 1 0 1 1 0 0 50 0 0]
 [ 0 3 1 0 0 0 0 0 55 2]
 [ 0 0 0 1 0 1 0 0 2 53]]
```

결과 설명 손글씨에 대한 정밀도(precision), 재현율(recall), F값(f1-score), 지지횟수(support), 정확도(accuracy)가 나와 있다. 모든 지표가 높기 때문에 모델의 성능이 우수하다고 할 수 있다. 또한 평가 결과에 대한 적합도를 알아보기 위해서 혼동행렬(confusion matrix)도 산출하였다. 혼동행렬은 10개로 분류된 결과를 10×10 행렬로 정리한 것이다. 혼동행렬에서 대각선 x_{ij}는 맞춘 개수를 나타내고, 그 이외의 성분은 다른 클래스로 오판하여 틀린 개수를 말한다. 여기서는 오판 개수가 3개 이하로 매우 낮음을 알 수 있다.

2-2 SVM

1단계: 서포트 벡터 머신(Support Vector Machine, SVM)을 실행하기 위해서 다음과 같이 문장을 작성하고 실행한다.

데이터 cm.ipynb

```
# Model selection using Support Vector Machine
from sklearn.svm import SVC
clf = SVC(gamma=0.001)

# Model fitness
clf.fit(X_tr, y_tr)
```

```
# Forecasting depend on model
y_pred = clf.predict(X_t)

# Model Identification
print("{} Result of Classification : \n{}\n".format(clf,metrics.
classification_report(y_t, y_pred)))
print("Accuracy:\n{}".format(metrics.accuracy_score(y_t, y_pred)))
print("Confusion matrix:\n{}".format(metrics.confusion_matrix(y_t, y_
pred)))
```

```
SVC(C=1.0, cache_size=200, class_weight=None, coef0=0.0,
    decision_function_shape='ovr', degree=3, gamma=0.001, kernel='rbf',
    max_iter=-1, probability=False, random_state=None, shrinking=True,
    tol=0.001, verbose=False) Result of Classification :
              precision    recall  f1-score   support

           0       1.00      1.00      1.00        45
           1       1.00      1.00      1.00        52
           2       1.00      0.98      0.99        53
           3       1.00      1.00      1.00        54
           4       1.00      1.00      1.00        48
           5       0.98      0.96      0.97        57
           6       0.98      1.00      0.99        60
           7       0.98      1.00      0.99        53
           8       1.00      1.00      1.00        61
           9       0.98      0.98      0.98        57

    accuracy                           0.99       540
   macro avg       0.99      0.99      0.99       540
weighted avg       0.99      0.99      0.99       540
```

```
Accuracy:
0.9925925925925926
Confusion matrix:
[[45  0  0  0  0  0  0  0  0  0]
 [ 0 52  0  0  0  0  0  0  0  0]
 [ 0  0 52  0  0  0  0  1  0  0]
 [ 0  0  0 54  0  0  0  0  0  0]
 [ 0  0  0  0 48  0  0  0  0  0]
 [ 0  0  0  0  0 55  1  0  0  1]
 [ 0  0  0  0  0  0 60  0  0  0]
 [ 0  0  0  0  0  0  0 53  0  0]
 [ 0  0  0  0  0  0  0  0 61  0]
 [ 0  0  0  0  0  1  0  0  0 56]]
```

결과 설명 서포트 벡터 머신(SVM) 분석 결과를 살펴보면, 손글씨에 대한 정밀도(precision), 재현율(recall), F값(f1-score), 지지횟수(support), 정확도(accuracy)가 나와 있다. 모든 지표가 높기 때문에 모델의 성능이 우수하다고 할 수 있다. 또한 평가 결과에 대한 적합도를 알아보기 위해서 혼동행렬(confusion matrix)도 산출하였다. 혼동행렬은 10개로 분류된 결과를 10×10 행렬로 정리한 것이다. 혼동행렬에서 대각선 x_{ij}는 맞춘 개수를 나타내고, 그 이외의 성분은 다른 클래스로 오판하여 틀린 개수를 말한다. 여기서는 오판 개수가 1개 이하로 매우 낮음을 알 수 있다.

2-3 나이브 베이즈

1단계: 나이브 베이즈(Naive Bayes)를 실행하기 위해서 다음과 같이 문장을 작성하고 실행한다.

데이터 cm.ipynb

```
# Naive Bayes
from sklearn.naive_bayes import GaussianNB
clf = GaussianNB()
```

```
# Model fitness
clf.fit(X_tr, y_tr)

# Forecasting depend on model
y_pred = clf.predict(X_t)

# Model Identification
print("{} Result of Classification : \n{}\n".format(clf,metrics.classification_report(y_t, y_pred)))
print("Accuracy:\n{}".format(metrics.accuracy_score(y_t, y_pred)))
print("Confusion matrix:\n{}".format(metrics.confusion_matrix(y_t, y_pred))
```

```
GaussianNB(priors=None, var_smoothing=1e-09) Result of Classification :
              precision    recall  f1-score   support

           0       1.00      1.00      1.00        45
           1       0.74      0.88      0.81        52
           2       0.96      0.49      0.65        53
           3       0.66      0.85      0.74        54
           4       0.95      0.75      0.84        48
           5       0.98      0.89      0.94        57
           6       0.95      0.98      0.97        60
           7       0.79      0.98      0.87        53
           8       0.61      0.84      0.70        61
           9       0.97      0.58      0.73        57

    accuracy                           0.82       540
   macro avg       0.86      0.83      0.82       540
weighted avg       0.86      0.82      0.82       540
```

```
Accuracy:
0.8240740740740741
Confusion matrix:
[[45  0  0  0  0  0  0  0  0  0]
 [ 0 46  0  0  0  0  0  0  6  0]
 [ 0  6 26  5  0  0  0  0 16  0]
 [ 0  0  0 46  0  0  0  1  6  1]
 [ 0  3  0  0 36  0  2  7  0  0]
 [ 0  1  0  2  0 51  1  2  0  0]
 [ 0  0  1  0  0  0 59  0  0  0]
 [ 0  0  0  0  1  0  0 52  0  0]
 [ 0  5  0  3  0  1  0  1 51  0]
 [ 0  1  0 14  1  0  0  3  5 33]]
```

결과 설명 나이브 베이즈 분석 결과를 살펴보면, 손글씨에 대한 정밀도(precision), 재현율(recall), F값(f1-score), 지지횟수(support), 정확도(accuracy)가 나와 있다. 다른 분석에 비해서 모든 지표가 다소 낮아 모델의 성능이 우수하다고는 할 수 없다. 또한 평가 결과에 대한 적합도를 알아보기 위해서 혼동행렬(confusion matrix)도 산출하였다. 혼동행렬은 10개로 분류된 결과를 10×10 행렬로 정리한 것이다. 혼동행렬에서 대각선 x_{ij}는 맞춘 개수를 나타내고, 그 이외의 성분은 다른 클래스로 오판하여 틀린 개수를 말하는데 여기서는 오판 개수가 16개 이하이다. 다른 분석에 비해서는 모형의 성능이 낮다고 할 수 있다.

2-4 KNN

1단계: KNN(K-Nearest Neighbors)을 실행하기 위해 다음과 같이 문장을 작성하고 실행한다.

데이터 cm.ipynb

```
# K-Nearest Neighbors
from sklearn.neighbors import KNeighborsClassifier
clf = KNeighborsClassifier(n_neighbors=5, p=2)
```

```
#Model fitness
clf.fit(X_tr, y_tr)

#Forecasting depend on model
y_pred = clf.predict(X_t)

#Model Identification
print("{} Result of Classification : \n{}\n".format(clf,metrics.
classification_report(y_t, y_pred)))
print("Accuracy:\n{}".format(metrics.accuracy_score(y_t, y_pred)))
print("Confusion matrix:\n{}".format(metrics.confusion_matrix(y_t, y_
pred)))
```

```
KNeighborsClassifier(algorithm='auto', leaf_size=30, metric='minkowski',
                     metric_params=None, n_jobs=None, n_neighbors=5, p=2,
                     weights='uniform') Result of Classification :
              precision    recall  f1-score   support

           0       1.00      1.00      1.00        45
           1       0.98      0.98      0.98        52
           2       0.98      0.98      0.98        53
           3       0.98      0.98      0.98        54
           4       1.00      0.98      0.99        48
           5       0.96      0.96      0.96        57
           6       0.97      1.00      0.98        60
           7       0.96      1.00      0.98        53
           8       1.00      0.95      0.97        61
           9       0.98      0.98      0.98        57

    accuracy                           0.98       540
   macro avg       0.98      0.98      0.98       540
weighted avg       0.98      0.98      0.98       540
```

```
Accuracy:
0.9814814814814815
Confusion matrix:
[[45  0  0  0  0  0  0  0  0  0]
 [ 0 51  0  0  0  1  0  0  0  0]
 [ 0  0 52  0  0  0  0  1  0  0]
 [ 0  0  1 53  0  0  0  0  0  0]
 [ 0  0  0  0 47  0  0  1  0  0]
 [ 0  0  0  0  0 55  1  0  0  1]
 [ 0  0  0  0  0  0 60  0  0  0]
 [ 0  0  0  0  0  0  0 53  0  0]
 [ 0  1  0  1  0  0  1  0 58  0]
 [ 0  0  0  0  0  1  0  0  0 56]]
```

결과 설명 KNN 분석 결과를 살펴보면, 손글씨에 대한 정밀도(precision), 재현율(recall), F값(f1-score), 지지횟수(support), 정확도(accuracy)가 나와 있다. 모든 지표가 높아 모델의 성능이 우수하다고 할 수 있다. 또한 평가 결과에 대한 적합도를 알아보기 위해서 혼동행렬(confusion matrix)도 산출하였다. 혼동행렬은 10개로 분류된 결과를 10×10 행렬로 정리한 것이다. 혼동행렬에서 대각선 x_{ij}는 맞춘 개수를 나타내고, 그 이외의 성분은 다른 클래스로 오판하여 틀린 개수를 말하는데 여기서는 오판 개수가 1개 이하이다.

2-5 의사결정나무

1단계: 의사결정나무(decision tree)를 실행하기 위해서 다음과 같이 문장을 작성하고 실행한다.

데이터 cm.ipynb

```
# Decision Tree
from sklearn.tree import DecisionTreeClassifier
clf = DecisionTreeClassifier()

# Model fitness
clf.fit(X_tr, y_tr)
```

```
# Forecasting depend on model
y_pred = clf.predict(X_t)

# Model Identification
print("{} Result of Classification : \n{}\n".format(clf,metrics.
classification_report(y_t, y_pred)))
print("Accuracy:\n{}".format(metrics.accuracy_score(y_t, y_pred)))
print("Confusion matrix:\n{}".format(metrics.confusion_matrix(y_t, y_
pred)))
```

```
DecisionTreeClassifier(class_weight=None, criterion='gini', max_depth=None,
                       max_features=None, max_leaf_nodes=None,
                       min_impurity_decrease=0.0, min_impurity_split=None,
                       min_samples_leaf=1, min_samples_split=2,
                       min_weight_fraction_leaf=0.0, presort=False,
                                 random_state=None, splitter='best') Result of
Classification :
              precision    recall  f1-score   support

           0       0.93      0.91      0.92        45
           1       0.90      0.87      0.88        52
           2       0.86      0.81      0.83        53
           3       0.81      0.87      0.84        54
           4       0.88      0.92      0.90        48
           5       0.92      0.82      0.87        57
           6       0.93      0.90      0.92        60
           7       0.88      0.92      0.90        53
           8       0.73      0.70      0.72        61
           9       0.75      0.84      0.79        57

    accuracy                           0.85       540
   macro avg       0.86      0.86      0.86       540
weighted avg       0.86      0.85      0.85       540
```

```
Accuracy:
0.8537037037037037
Confusion matrix:
[[41 0 0 0 0 0 1 0 1 2]
 [ 0 45 1 0 1 0 1 1 1 2]
 [ 1 0 43 2 0 1 0 1 4 1]
 [ 0 0 2 47 0 0 0 0 2 3]
 [ 0 0 0 1 44 0 0 0 3 0]
 [ 0 0 0 3 2 47 1 1 0 3]
 [ 0 2 0 0 2 0 54 0 1 1]
 [ 0 1 0 0 0 0 1 49 1 1]
 [ 2 2 3 4 1 0 0 3 43 3]
 [ 0 0 1 1 0 3 0 1 3 48]]
```

결과 설명 의사결정나무 분석 결과를 살펴보면, 손글씨에 대한 정밀도(precision), 재현율(recall), F값(f1-score), 지지횟수(support), 정확도(accuracy)가 나와 있다. 모든 지표가 다소 낮아 모델의 성능이 다소 낮다고 할 수 있다. 또한 평가 결과에 대한 적합도를 알아보기 위해서 혼동행렬(confusion matrix)도 산출하였다. 혼동행렬은 10개로 분류된 결과를 10×10 행렬로 정리한 것이다. 혼동행렬에서 대각선 x_{ij}는 맞춘 개수를 나타내고 그 이외의 성분은 다른 클래스로 오판하여 틀린 개수를 말한다. 여기서는 오판 개수가 4개 이하이다.

2-6 랜덤 포레스트

1단계: 랜덤 포레스트(random forest)를 실행하기 위해서 다음과 같이 문장을 작성하고 실행한다.

데이터 cm.ipynb

```
# Random Forest
from sklearn.ensemble import RandomForestClassifier
clf = RandomForestClassifier()

# Model fitness
clf.fit(X_tr, y_tr)
```

```
# Forecasting depend on model
y_pred = clf.predict(X_t)

# Model Identification
print("{} Result of Classification : \n{}\n".format(clf,metrics.
classification_report(y_t, y_pred)))
print("Accuracy:\n{}".format(metrics.accuracy_score(y_t, y_pred)))
print("Confusion matrix:\n{}".format(metrics.confusion_matrix(y_t, y_
pred)))
```

```
RandomForestClassifier(bootstrap=True, class_weight=None, criterion='gini',
                       max_depth=None, max_features='auto', max_leaf_nodes=None,
                       min_impurity_decrease=0.0, min_impurity_split=None,
                       min_samples_leaf=1, min_samples_split=2,
                       min_weight_fraction_leaf=0.0, n_estimators=10,
                       n_jobs=None, oob_score=False, random_state=None,
                       verbose=0, warm_start=False) Result of Classification :
              precision    recall  f1-score   support

           0       0.94      1.00      0.97        45
           1       0.89      0.98      0.94        52
           2       0.98      0.89      0.93        53
           3       0.91      0.93      0.92        54
           4       0.94      0.98      0.96        48
           5       0.93      0.91      0.92        57
           6       0.98      0.98      0.98        60
           7       0.94      0.94      0.94        53
           8       0.96      0.90      0.93        61
           9       0.91      0.89      0.90        57

    accuracy                           0.94       540
   macro avg       0.94      0.94      0.94       540
weighted avg       0.94      0.94      0.94       540
```

```
Accuracy:
0.9388888888888889
Confusion matrix:
[[45  0  0  0  0  0  0  0  0  0]
 [ 0 51  0  1  0  0  0  0  0  0]
 [ 1  1 47  1  0  0  0  2  1  0]
 [ 0  0  1 50  0  1  0  0  0  2]
 [ 0  0  0  0 47  0  0  1  0  0]
 [ 1  0  0  0  1 52  1  0  0  2]
 [ 0  1  0  0  0  0 59  0  0  0]
 [ 0  0  0  0  2  0  0 50  1  0]
 [ 0  3  0  1  0  1  0  0 55  1]
 [ 1  1  0  2  0  2  0  0  0 51]]
```

결과 설명 랜덤 포레스트 분석 결과를 살펴보면, 손글씨에 대한 정밀도(precision), 재현율(recall), F값(f1-score), 지지횟수(support), 정확도(accuracy)가 나와 있다. 모든 지표가 높아 모델의 성능이 우수하다고 할 수 있다. 또한 평가 결과에 대한 적합도를 알아보기 위해서 혼동행렬(confusion matrix)도 산출하였다. 혼동행렬은 10개로 분류된 결과를 10×10 행렬로 정리한 것이다. 혼동행렬에서 대각선 x_{ij}는 맞춘 개수를 나타내고 그 이외의 성분은 다른 클래스로 오판하여 틀린 개수를 말한다. 여기서는 오판 개수가 3개 이하이다.

2-7 Gardient Boosting

1단계: Gardient Boosting을 실행하기 위해서 다음과 같이 문장을 작성하고 실행한다.

데이터 cm.ipynb

```
# Gardient Boosting
from sklearn.ensemble import GradientBoostingClassifier
clf = GradientBoostingClassifier()

# Model fitness
clf.fit(X_tr, y_tr)
```

```
# Forecasting depend on model
y_pred = clf.predict(X_t)

# Model Identification
print("{} Result of Classification : \n{}\n".format(clf,metrics.
classification_report(y_t, y_pred)))
print("Accuracy:\n{}".format(metrics.accuracy_score(y_t, y_pred)))
print("Confusion matrix:\n{}".format(metrics.confusion_matrix(y_t, y_
pred)))
```

```
GradientBoostingRegressor(alpha=0.9, criterion='friedman_mse', init=None,
                          learning_rate=0.1, loss='ls', max_depth=3,
                          max_features=None, max_leaf_nodes=None,
                          min_impurity_decrease=0.0, min_impurity_split=None,
                          min_samples_leaf=1, min_samples_split=2,
                          min_weight_fraction_leaf=0.0, n_estimators=100,
                          n_iter_no_change=None, presort='auto',
                          random_state=None, subsample=1.0, tol=0.0001,
                                    validation_fraction=0.1, verbose=0, warm_
start=False) Result of Classification :
              precision    recall  f1-score   support

           0       1.00      1.00      1.00        45
           1       0.96      0.98      0.97        52
           2       1.00      1.00      1.00        53
           3       1.00      0.98      0.99        54
           4       0.98      0.98      0.98        48
           5       0.98      0.96      0.97        57
           6       0.98      0.98      0.98        60
           7       0.96      0.98      0.97        53
           8       0.97      0.98      0.98        61
           9       0.98      0.96      0.97        57

    accuracy                           0.98       540
   macro avg       0.98      0.98      0.98       540
weighted avg       0.98      0.98      0.98       540
```

```
Accuracy:
0.9814814814814815
Confusion matrix:
[[45  0  0  0  0  0  0  0  0  0]
 [ 0 51  0  0  0  0  0  0  1  0]
 [ 0  0 53  0  0  0  0  0  0  0]
 [ 0  0  0 53  0  0  0  0  1  0]
 [ 0  0  0  0 47  0  0  1  0  0]
 [ 0  0  0  0  0 55  1  0  0  1]
 [ 0  1  0  0  0  0 59  0  0  0]
 [ 0  0  0  0  1  0  0 52  0  0]
 [ 0  1  0  0  0  0  0  0 60  0]
 [ 0  0  0  0  0  1  0  1  0 55]]
```

결과 설명 Gardient Boosting 분석 결과를 살펴보면, 손글씨에 대한 정밀도(precision), 재현율(recall), F값(f1-score), 지지횟수(support), 정확도(accuracy)가 나와 있다. 모든 지표가 높아 모델의 성능이 우수하다고 할 수 있다. 또한 평가 결과에 대한 적합도를 알아보기 위해서 혼동행렬(confusion matrix)도 산출하였다. 혼동행렬은 10개로 분류된 결과를 10×10 행렬로 정리한 것이다. 혼동행렬에서 대각선 x_{ij}는 맞춘 개수를 나타내고 그 이외의 성분은 다른 클래스로 오판하여 틀린 개수를 말한다. 여기서는 오판 개수가 1개 이하이다.

2-8 Gradient Boosting Regressor

1단계: Gradient Boosting Regressor를 실행하기 위해서 다음과 같이 문장을 작성하고 실행한다.

데이터 cm.ipynb

```
from sklearn.ensemble import GradientBoostingRegressor
from sklearn.model_selection import cross_val_score, KFold

clf = GradientBoostingRegressor()
import numpy as np
crossvalidation = KFold(n_splits=10, shuffle=True,
                        random_state=1)
```

```
scores = cross_val_score(clf, X, y,
                              scoring='neg_mean_squared_error',
cv=crossvalidation, n_jobs=1)
# Model Identification
print("{} Result of Classif ication : \n{}\n".format(clf,metrics.
classification_report(y_t, y_pred)))
print("Accuracy:\n{}".format(metrics.accuracy_score(y_t, y_pred)))
print("Confusion matrix:\n{}".format(metrics.confusion_matrix(y_t, y_
pred)))
```

```
GradientBoostingRegressor(alpha=0.9, criterion='friedman_mse', init=None,
                          learning_rate=0.1, loss='ls', max_depth=3,
                          max_features=None, max_leaf_nodes=None,
                          min_impurity_decrease=0.0, min_impurity_split=None,
                          min_samples_leaf=1, min_samples_split=2,
                          min_weight_fraction_leaf=0.0, n_estimators=100,
                          n_iter_no_change=None, presort='auto',
                          random_state=None, subsample=1.0, tol=0.0001,
                                    validation_fraction=0.1, verbose=0, warm_
start=False) Result of Classification :
              precision    recall  f1-score   support

           0       1.00      1.00      1.00        45
           1       0.96      0.98      0.97        52
           2       1.00      1.00      1.00        53
           3       1.00      0.98      0.99        54
           4       0.98      0.98      0.98        48
           5       0.98      0.96      0.97        57
           6       0.98      0.98      0.98        60
           7       0.96      0.98      0.97        53
           8       0.97      0.98      0.98        61
           9       0.98      0.96      0.97        57

    accuracy                           0.98       540
   macro avg       0.98      0.98      0.98       540
weighted avg       0.98      0.98      0.98       540
```

```
Accuracy:
0.9814814814814815
Confusion matrix:
[[45  0  0  0  0  0  0  0  0  0]
 [ 0 51  0  0  0  0  0  0  1  0]
 [ 0  0 53  0  0  0  0  0  0  0]
 [ 0  0  0 53  0  0  0  0  1  0]
 [ 0  0  0  0 47  0  0  1  0  0]
 [ 0  0  0  0  0 55  1  0  0  1]
 [ 0  1  0  0  0  0 59  0  0  0]
 [ 0  0  0  0  1  0  0 52  0  0]
 [ 0  1  0  0  0  0  0  0 60  0]
 [ 0  0  0  0  0  1  0  1  0 55]]
```

결과 설명 Gardient Boosting Regressor 분석 결과를 살펴보면, 손글씨에 대한 정밀도(precision), 재현율(recall), F값(f1-score), 지지횟수(support), 정확도(accuracy)가 나와 있다. 모든 지표가 높아 모델의 성능이 우수하다고 할 수 있다. 또한 평가 결과에 대한 적합도를 알아보기 위해서 혼동행렬(confusion matrix)도 산출하였다. 혼동행렬은 10개로 분류된 결과를 10×10 행렬로 정리한 것이다. 혼동행렬에서 대각선 x_{ij}는 맞춘 개수를 나타내고 그 이외의 성분은 다른 클래스로 오판하여 틀린 개수를 말한다. 여기서는 오판 개수가 1개 이하이다.

2-9 신경망

1단계: 신경망(neural network)을 실행하기 위해서 다음과 같이 문장을 작성하고 실행한다.

데이터 cm.ipynb

```
# Neural Network
from sklearn.neural_network import MLPClassifier
```

```
clf = MLPClassifier(hidden_layer_sizes=(512, ),
                    activation='relu',
                    solver='adam',
                    shuffle=True,
                    tol=1e-4,
                    random_state=1)
# Model fitness
clf.fit(X_tr, y_tr)

# Forecasting depend on model
y_pred = clf.predict(X_t)

# Model Identification
print("{} Result of Classification : \n{}\n".format(clf,metrics.
classification_report(y_t, y_pred)))
print("Accuracy:\n{}".format(metrics.accuracy_score(y_t, y_pred)))
print("Confusion matrix:\n{}".format(metrics.confusion_matrix(y_t, y_
pred)))
```

```
MLPClassifier(activation='relu', alpha=0.0001, batch_size='auto',
beta_1=0.9,
              beta_2=0.999, early_stopping=False, epsilon=1e-08,
              hidden_layer_sizes=(512,), learning_rate='constant',
              learning_rate_init=0.001, max_iter=200, momentum=0.9,
              n_iter_no_change=10, nesterovs_momentum=True, power_t=0.5,
              random_state=1, shuffle=True, solver='adam', tol=0.0001,
                validation_fraction=0.1, verbose=False, warm_start=False)
Result of Classification :
              precision    recall  f1-score   support

           0       1.00      1.00      1.00        45
           1       0.96      0.98      0.97        52
           2       1.00      1.00      1.00        53
           3       1.00      0.98      0.99        54
           4       0.98      0.98      0.98        48
           5       0.98      0.96      0.97        57
```

```
           6       0.98      0.98      0.98        60
           7       0.96      0.98      0.97        53
           8       0.97      0.98      0.98        61
           9       0.98      0.96      0.97        57

    accuracy                           0.98       540
   macro avg       0.98      0.98      0.98       540
weighted avg       0.98      0.98      0.98       540


Accuracy:
0.9814814814814815
Confusion matrix:
[[45  0  0  0  0  0  0  0  0  0]
 [ 0 51  0  0  0  0  0  0  1  0]
 [ 0  0 53  0  0  0  0  0  0  0]
 [ 0  0  0 53  0  0  0  0  1  0]
 [ 0  0  0  0 47  0  0  1  0  0]
 [ 0  0  0  0  0 55  1  0  0  1]
 [ 0  1  0  0  0  0 59  0  0  0]
 [ 0  0  0  0  1  0  0 52  0  0]
 [ 0  1  0  0  0  0  0  0 60  0]
 [ 0  0  0  0  0  1  0  1  0 55]]
```

결과 설명 신경망 분석 결과를 살펴보면, 손글씨에 대한 정밀도(precision), 재현율(recall), F값(f1-score), 지지횟수(support), 정확도(accuracy)가 나와 있다. 모든 지표가 높아 모델의 성능이 우수하다고 할 수 있다. 또한 평가 결과에 대한 적합도를 알아보기 위해서 혼동행렬(confusion matrix)도 산출하였다. 혼동행렬은 10개로 분류된 결과를 10×10 행렬로 정리한 것이다. 혼동행렬에서 대각선 x_{ij}는 맞춘 개수를 나타내고 그 이외의 성분은 다른 클래스로 오판하여 틀린 개수를 말한다. 여기서는 오판 개수가 1개 이하이다.

2-10 그리드 서치

1단계: 그리드 서치(grid search)를 위해서 다음과 같이 작성하고 실행한다.

데이터 cm.ipynb

```
# Grid SearchCV
from sklearn.model_selection import GridSearchCV

param_grid =[
    {'penalty':['l1','l2'], 'C':[0.001, 0.01, 0.1, 1,1,100,1000]},
 ]

clf = LogisticRegression(solver='liblinear', multi_class='auto')

grid_search = GridSearchCV(clf, param_grid, cv=5,
                           scoring='accuracy', verbose=2, return_train_
score=True)

grid_search.fit(X_tr, y_tr)

# Forecasting depend on model
y_pred = grid_search.predict(X_t)

# Model Identification
print(grid_search)
print(metrics.classification_report(y_t, y_pred))
print('accuracy is',metrics.accuracy_score(y_pred, y_t))
print(metrics.confusion_matrix(y_t, y_pred))
```

```
Fitting 5 folds for each of 14 candidates, totalling 70 fits
[CV] C=0.001, penalty=l1 ..........................................
[CV] ............................ C=0.001, penalty=l1, total=  0.0s
[CV] C=0.001, penalty=l1 ..........................................
[CV] ............................ C=0.001, penalty=l1, total=  0.0s
[CV] C=0.001, penalty=l1 ..........................................
[CV] ............................ C=0.001, penalty=l1, total=  0.0s
[CV] C=0.001, penalty=l1 ..........................................
```

```
[CV] ............................ C=0.001, penalty=l1, total=  0.0s
[CV] C=0.001, penalty=l1 ...........................................
[CV] ............................ C=0.001, penalty=l1, total=  0.0s
[CV] C=0.001, penalty=l2 ...........................................
[CV] ............................ C=0.001, penalty=l2, total=  0.0s
[CV] C=0.001, penalty=l2 ...........................................
             -중간생략-
[CV] ............................. C=1000, penalty=l2, total=  0.3s
[CV] C=1000, penalty=l2 ............................................
[CV] ............................. C=1000, penalty=l2, total=  0.2s
```

```
GridSearchCV(cv=5, error_score='raise-deprecating',
             estimator=LogisticRegression(C=1.0, class_weight=None, dual=False,
                                          fit_intercept=True,
                                          intercept_scaling=1, l1_ratio=None,
                                          max_iter=100, multi_class='auto',
                                          n_jobs=None, penalty='l2',
                                          random_state=None, solver='liblinear',
                                          tol=0.0001, verbose=0,
                                          warm_start=False),
             iid='warn', n_jobs=None,
             param_grid=[{'C': [0.001, 0.01, 0.1, 1, 1, 100, 1000],
                          'penalty': ['l1', 'l2']}],
             pre_dispatch='2*n_jobs', refit=True, return_train_score=True,
             scoring='accuracy', verbose=2)
                precision    recall  f1-score   support

           0       1.00      1.00      1.00        45
           1       0.92      0.92      0.92        52
           2       0.98      1.00      0.99        53
           3       1.00      0.94      0.97        54
           4       0.96      0.98      0.97        48
           5       0.95      0.95      0.95        57
           6       0.95      0.98      0.97        60
           7       0.98      0.96      0.97        53
           8       0.92      0.90      0.91        61
           9       0.93      0.95      0.94        57
```

```
    accuracy                           0.96       540
   macro avg       0.96      0.96      0.96       540
weighted avg       0.96      0.96      0.96       540

accuracy is 0.9574074074074074
[[45  0  0  0  0  0  0  0  0  0]
 [ 0 48  0  0  0  0  2  0  2  0]
 [ 0  0 53  0  0  0  0  0  0  0]
 [ 0  0  0 51  0  0  0  0  2  1]
 [ 0  0  0  0 47  0  0  1  0  0]
 [ 0  0  0  0  0 54  1  0  0  2]
 [ 0  1  0  0  0  0 59  0  0  0]
 [ 0  0  0  0  2  0  0 51  0  0]
 [ 0  3  1  0  0  1  0  0 55  1]
 [ 0  0  0  0  0  2  0  0  1 54]]
[Parallel(n_jobs=1)]: Done  70 out of  70 | elapsed:   10.0s finished
```

결과 설명 그리드 서치 CV 분석 결과를 살펴보면, 손글씨에 대한 정밀도(precision), 재현율(recall), F값(f1-score), 지지횟수(support), 정확도(accuracy)가 나와 있다. 모든 지표가 높아 모델의 성능이 우수하다고 할 수 있다. 또한 평가 결과에 대한 적합도를 알아보기 위해서 혼동행렬(confusion matrix)도 산출하였다. 혼동행렬은 10개로 분류된 결과를 10×10 행렬로 정리한 것이다. 혼동행렬에서 대각선 x_{ij}는 맞춘 개수를 나타내고 그 이외의 성분은 다른 클래스로 오판하여 틀린 개수를 말한다. 여기서는 오판 개수가 3개 이하이다.

2단계: 그리드 서치에서 가장 좋은 성능의 모델을 가지고 성능에 가장 큰 영향을 주는 특성을 확인해보기 위해서 다음과 같이 입력한다.

```
feature_importances = grid_search.best_estimator_.feature_importances_
plt.bar(range(len(feature_importances)), feature_importances)
```

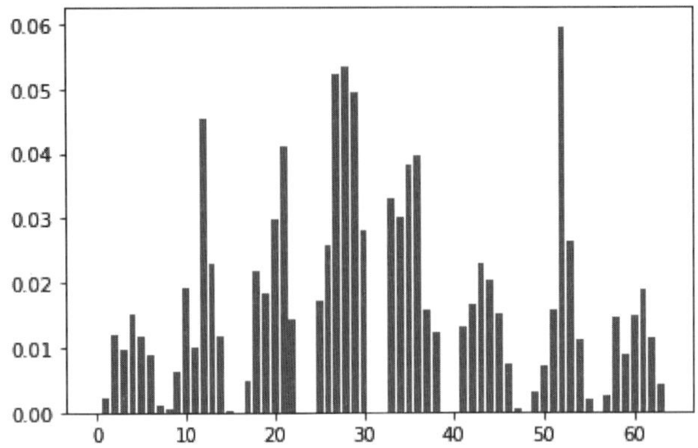

* 인쇄상 제약으로 실제 결과의 색을 반영하지 못했음.

결과 설명 그림을 보면 27~29의 특성과 52의 특성이 모델의 성능에 중요한 영향을 미치는 것이 시각적으로 표현되어 있다.

지금까지 다양한 분석을 시행하면서 느낀 점이 있을 것이다. 데이터 사이언티스트가 하는 일은 모델을 개발한 뒤 그것을 검증하기 위해 다양한 분석 방법을 적용해보는 것이다. 그런 다음 어느 모델이 가장 적합한지 결과와 적합성을 평가해보아야 한다. 반복적으로 모델을 분석하고 보완하다 보면 성능이 우수한 모델을 발견하고 이를 실생활에 적용할 수 있게 될 것이다.

연습문제

1 모델을 최적화하기 위한 다양한 방법을 서로 토론해보자.

2 데이터 세트는 Pima Indians Diabetes Data Set을 사용하였다(데이터: diabetes.csv). 미국 원주민 중 피마(Pima)족은 원래 당뇨병의 유병률이 적었는데 서구식 식습관으로 인해 급속도로 증가하였다. 그래서 이들의 데이터는 당뇨병을 연구하는 데 귀중한 자료로 사용되고 있다.

데이터 세트는 총 9가지 속성으로 구성되어 있다. Pregnancies(임신횟수), Glucose[글루코스 내성(glucose tolerance) 실험 후의 혈당수치], BloodPressure[확장기 혈압(mm Hg)], SkinThickness[상완 삼두근 피부 두께(mm)], Insulin[혈액 내 인슐린 수치(mu U/ml)], BMI[비만도 수치, weight in kg/(height in m)^2], Diabetes Pedigree Function(당뇨병 가족력), Age(나이), Outcome[당뇨병 여부, 0(발병 안 함) 또는 1(발병)].

(1) outcome = f(Glucose, BMI, Age) 관련하여 로지스틱 회귀분석, KNN, SVM 기법을 이용하여 분류하고 정확도를 언급하라.

1 모델을 최적화하기 위한 분석 방법에는 로지스틱 회귀분석, SVM, 의사결정나무, Gardient Boosting, 랜덤 포레스트, Gradient Boosting Machine(GBM), 신경망, 그리드 서치 등이 있다.

2 **(1)** 관련 알고리즘은 연습문제12장.ipynb에 나타나 있으며 각 분석의 정확도는 다음과 같다.

	Accuracy
K Nearest Neighbors	0.772146
Logistic Regression	0.766986
SVM RBF Kernel	0.765704
SVM Linear Kernel	0.765653

김계수 (2017). 《가치창출을 위한 R 빅데이터 분석》. 한나래아카데미.

이시카와 아키히코 지음. 신상재·이진희 옮김 (2018). 《인공지능을 위한 수학》. 프리렉.

John Paul Mueller, Luca Massaro (2019). *Python for Data Science*. John Wiley & Sons. Inc.

Satya Nadella (2017). *Hit Refresh*. Willam Collins.

https://www.datacamp.com/

https://www.guru99.com/

https://medium.com/

https://scikit-learn.org/

https://opensource.com/article/20/4/python-map-covid-19

https://plotly.com/python/box-plots/#box-plot-with-plotlyexpress

A

B

C

D

E

F

G

I

J

K

L

ㄱ

ㄴ

ㄷ

ㄹ

ㅁ

ㅊ

ㅋ

ㅌ

ㅍ

ㅎ